御厨　貴 編著

天皇退位　何が論じられたのか

おことばから大嘗祭まで

中公選書

はじめに

渦中にいる時はまわりで何が行われているか案外わからないものである。二〇一六年夏に平成の天皇（現・上皇）が生前退位のご意向を明らかにすると、その年の秋から半年間、私は「天皇の公務の負担軽減等に関する有識者会議」（以下、有識者会議）の座長代理を務めることになった。高齢社会の今、天皇にも引退を認めていい、との考えがあったから引き受けたので、有識者会議の方向性が「退位ありき」だという批判についてはその通りだと言うほかない。天皇退位への道筋をつけるべく、官邸と宮内庁と会議のあいだで格闘し、毎日のように新聞やテレビの取材に追われた。そのなかで日本社会のあり方やジャーナリズムについての新たな発見もあった。ただ、天皇退位について、誰が、何を論じているか、あるいは今、有識者会議やその中にいる自分が、社会からどのように見られているか、という情報は、今から考えると驚くほど入ってこなかった。あるいは無意識的に避けていたのかもしれない。

二〇一七年四月に一四回目の有識者会議を終え、「最終報告」を安倍首相に渡した時には、よくぞここまでやってこれたという安堵感があった。しかし、無理がたたったのか、しばらくして私は病にたおれてしまった。膀胱がんに加え、感染症にも見舞われた。そんな私にお構いなく、天皇退位への行程は着々と進んでいった。

二〇一九年の五月、平成の天皇が無事退位され、元号が令和となった頃、ようやく体調が戻ってきた。そんななかで、もう一度あの頃、天皇退位について何が論じられていたのかを振り返ってみる気になった。新聞、雑誌を中心に、二〇一六年七月から一九年十二月までの、天皇退位について語られ、論じられたものを集めるだけ集めてみた。

正直なところ、これほど多様なテーマが多彩な執筆者によってさまざまな角度から論じられているとは思ってもみなかった。反対に、論じられて当然と思われる事柄が論じられず、問題提起されていたにもかかわらず、議論がまったく深められずにいることに愕然としたりもした。皇位継承の問題は有識者会議の「最終報告」で、「皇族数の減少に対する対策について速やかに検討を行うことが必要」と提起し、さまざまなメディアで話題になり続けているが、安倍政権の喫緊の課題からは抜け落ちてしまった。「象徴とは何か」といった大問題も含め、その他の課題についてはすでに忘れ去られたと言っていい。


本書の構成について、説明をしておこう。

まず、全体を五つの論点でまとめた。すなわち「平成の天皇をどう位置づけるか」「象徴天皇制とは何か」「天皇と政治」「皇室」「「令和」以後」である。それぞれの冒頭にはリード論文の役割を担う対談や座談会を置いた。次に一つ一つの記事や論文、対談などの特徴についてコメントを付した。コメントの後に記事や論文が並ぶ形になるが、読者のみなさまは先にそちらに目を通した後でコメントをお読みいただいてもいいと思う。各論点の間には、コラムとして、この三年半に私が新聞や雑誌で発表した天皇退位関係の記事を置いた。コラム4は、コメントを付すにあたって全体を読み直した時に、私が接していた宮内庁と特に年少の論者たちの想像する宮内庁とのあいだに距離感があると感じたので、その点について書き下ろした。

本書に収録した論文、記事などは各紙誌に掲載されたものに手を加えず、そのままとしたが、明らかな誤字脱字については訂正した。年月日などを示す数字の表記については漢数字に直し、一冊の本としての統一をはかった。また、近年の言論は新聞や雑誌に限ったものではない。例外的にラジオの対談、ブログ、動画を一つずつ文字化して掲載している。

目次を眺めてみて、一昔前ならば「右から左まで」と言いたくなるほど多様な背景を持つ方々のお名前が並ぶことにあらためて驚いた。一部、紙幅の都合で抜粋とさせていただいたものもあり、転載を許可してくださった方々に、心から感謝を申し上げたい。

また、お名前を一人一人は挙げないが、あの怒濤のような月日を一緒に前へ進んだ有識者会議のメンバー及びその関係者の方々へも心からの御礼を申し上げる。

平成の幕引きとともに、戦後という時代がようやく「本当に」終わったと実感している。

二〇二〇年二月

御厨 貴

天皇退位関連年表

年	月日	事項
2016（平成28）	7月13日	NHKのスクープにより、天皇が生前退位の意向を持っていることが明らかになる。
	8月8日	天皇のビデオメッセージ「象徴としてのお務めについての天皇陛下のおことば」が放映される。
	9月23日	安倍晋三首相が「天皇の公務の負担軽減等に関する有識者会議」（以下、有識者会議）を開催することを決裁。
	10月17日	第1回有識者会議開催（今井敬氏、小幡純子氏、清家篤氏、御厨貴氏、宮崎緑氏、山内昌之氏）。座長に今井氏、座長代理に御厨氏。
	11月7日	第3回有識者会議。有識者ヒアリングが行われる（平川祐弘氏、古川隆久氏、保阪正康氏、大原康男氏、所功氏）。
	11月14日	第4回有識者会議。有識者ヒアリングが行われる（渡部昇一氏、岩井克己氏、笠原英彦氏、櫻井よしこ氏、石原信雄氏、今谷明氏）。
	11月30日	第5回有識者会議。有識者ヒアリングが行われる（八木秀次氏、百地章氏、大石眞氏、高橋和之氏、園部逸夫氏）。
2017（平成29）	1月23日	第9回有識者会議。「今後の検討に向けた論点の整理」を決定。安倍首相に手交する。

	3月17日	衆参両院の正副議長が天皇の退位を認める特例法制定を促す国会提言をまとめ、安倍首相に手交する。
	3月22日	第10回有識者会議。有識者ヒアリングが行われる（秋下雅弘氏、本郷恵子氏、君塚直隆氏、新田均氏）。
	4月21日	第14回有識者会議。「最終報告」を決定。安倍首相に手交する。
	6月9日	天皇の退位等に関する皇室典範特例法成立。
	12月8日	同月1日の皇室会議を経て、この日の閣議で２０１９年（平成31年）4月30日をもって天皇明仁が退位することが正式に決定される。
２０１８（平成30）	2月20日	政府、天皇の退位儀式を国事行為で実施する方針を決める。
	11月29日	秋篠宮が誕生日に先立つ記者会見で、大嘗祭の国費支出に疑問を呈す。
２０１９（平成31）	2月24日	天皇陛下御在位三〇年記念式典開催される。
	3月12日	天皇陛下「退位及びその期日奉告の儀」。退位に向けた儀式が始まる。
	4月1日	「元号に関する懇談会」が開催され、新元号「令和」が発表される。
	4月30日	天皇退位特例法に基づき、天皇明仁の退位の儀式である「退位礼正殿の儀」が行われる。
（令和元）	5月1日	皇太子徳仁親王が第一二六代天皇に即位する。
	10月22日	新天皇が内外に即位を宣言する「即位礼正殿の儀」が行われる。
	11月14・15日	大嘗宮の儀が行われる。

目次

1 「日本国の象徴」とは何か

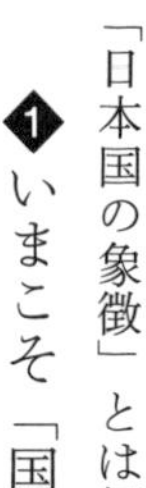

2 「日本国民統合の象徴」とは何か

3 「公務」とは何か

編集協力　越智　秀明

天皇退位　何が論じられたのか

――おことばから大嘗祭まで

象徴としてのお務めについての天皇陛下のおことば

二〇一六年八月八日

戦後70年という大きな節目を過ぎ、2年後には、平成30年を迎えます。

私も80を越え、体力の面などから様々な制約を覚えることもあり、ここ数年、天皇としての自らの歩みを振り返るとともに、この先の自分の在り方や務めにつき、思いを致すようになりました。

本日は、社会の高齢化が進む中、天皇もまた高齢となった場合、どのような在り方が望ましいか、天皇という立場上、現行の皇室制度に具体的に触れることは控えながら、私が個人として、これまでに考えて来たことを話したいと思います。

即位以来、私は国事行為を行うと共に、日本国憲法下で象徴と位置づけられた天皇の望ましい在り方を、日々模索しつつ過ごして来ました。伝統の継承者として、これを守り続ける責任に深く思いを致し、更に日々新たになる日本と世界の中にあって、日本の皇室が、いかに伝統を現代に生かし、いきいきとして社会に内在し、人々の期待に応えていくかを考えつつ、今日に至っています。

そのような中、何年か前のことになりますが、2度の外科手術を受け、加えて高齢による体力の低下を覚えるようになった頃から、これから先、従来のように重い務めを果たすことが困難になった場合、どのように身を処していくことが、国にとり、国民にとり、また、私のあとを歩む皇族にとり良いことであるかにつき、考えるようになりました。既に80を越え、幸いに健康であるとは申せ、次第に進む身体の衰えを考慮する時、これまでのように、全身全霊をもって象徴の務めを果たしていくことが、難しくなるのではないかと案じています。

私が天皇の位についてから、ほぼ28年、この間(かん)私は、我が国における多くの喜びの時、また悲しみの時を、人々と共に過ごして来ました。私はこれまで天皇の務めとして、何よりもまず国民の安寧と幸せを祈ることを大切に考えて来ましたが、同時に事にあたっては、時として人々の傍らに立ち、その声に耳を傾け、思いに寄り添うことも大切なことと考えて来ました。天皇が象徴であると共に、国民統合の象徴としての役割を果たすためには、天皇が国民に、天皇という象徴の立場への理解を求めると共に、天皇もまた、自らのありように深く心し、国民に対する理解を深め、常に国民と共にある自覚を自らの内に育てる必要を感じて来ました。こうした意味において、日本の各地、とりわけ遠隔の地や島々への旅も、私は天皇の象徴的行為として、大切なものと感じて来ました。皇太子の時代も含め、これまで私が皇后と共に行(おこな)って来たほぼ全国に及ぶ旅は、国内のどこにおいても、その地域を愛し、その共同体を地道に支える市井(しせい)の人々のあることを私に認識させ、私がこの認識をもって、天皇として大切な、国民を思い、国民のために祈るという務めを、人々への深い信頼と敬愛をもってなし得たことは、幸せなことでした。

　天皇の高齢化に伴う対処の仕方が、国事行為や、その象徴としての行為を限りなく縮小していくことには、無理があろうと思われます。また、天皇が未成年であったり、重病などによりその機能を果たし得なくなった場合には、天皇の行為を代行する摂政を置くことも考えられます。しかし、この場合も、天皇が十分にその立場に求められる務めを果たせぬまま、生涯の終わりに至るまで天皇であり続けることに変わりはありません。

　天皇が健康を損ない、深刻な状態に立ち至った場合、これまでにも見られたように、社会が停滞し、国民の暮らしにも様々な影響が及ぶことが懸念されます。更にこれまでの皇室のしきたりとして、天皇の終焉に当たっては、重い殯(もがり)の行事が連日ほぼ2ヶ月にわたって続き、その後喪儀(そうぎ)に関連する行事が、1年間続きます。その様々な行事と、新時代に関わる諸行事が同時に進行することから、行事に関わる人々、とりわけ残される家族は、非常に厳しい状況下に置かれざるを得ません。こうした事態を避けることは出来ないものだろうかとの思いが、胸に去来することもあります。

始めにも述べましたように、憲法の下(もと)、天皇は国政に関する権能を有しません。そうした中で、このたび我が国の長い天皇の歴史を改めて振り返りつつ、これからも皇室がどのような時にも国民と共にあり、相たずさえてこの国の未来を築いていけるよう、そして象徴天皇の務めが常に途切れることなく、安定的に続いていくことをひとえに念じ、ここに私の気持ちをお話しいたしました。

国民の理解を得られることを、切に願っています。

論点1　平成の天皇をどう位置づけるか——縦軸に見る、横軸に見る

これからの象徴天皇制を考える

原 武史 明治学院大学名誉教授
君塚直隆 関東学院大学教授
河西秀哉 名古屋大学大学院准教授
佐藤 信 東京大学助教

（『中央公論』二〇一九年五月号）

「おことば」から実現した退位

原 今回の代替わりでまず問題となるのは、内閣の了解のもとでの退位表明だったのか、という点だと思います。

「象徴としてのお務めについての天皇陛下のおことば」（以下、「おことば」）の発表が二〇一六年の八月八日のことでした。しかし、七月十三日にNHKが退位をスクープしたとき、菅官房長官は「そんなことは承知していない」と言っている。確かに天皇は、同じ年の十二月二十三日の誕生日に際して「内閣とも相談しながら表明しました」と述べていますが、時系列的に見ると、あらかじめ十分な了解を取っていたとは思えません。ところがその点が曖昧なまま運んでしまい、一連の過程がきちんと検証されていない印象を受けざるを得ません。

佐藤　だからこそ、「おことば」自体にもあれだけ憲法の則（のり）を強く意識していることを滲ませていらっしゃったのでしょう。内閣の助言と承認のもと行われたものでないことを前提にされたうえで、あえて国民感情に訴えて、物事を動かそうとされた。実際に国民が圧倒的な支持をしたことで、政府も含めて、退位の方向へ動き出しました。このような手段を使うことがよかったかどうかは別にして、平成という三〇年の歴史を積み重ねていく中で、今の天皇と国民との間に、共通の意識が醸成されたのだと思います。

河西　天皇と憲法との関係については、「おことば」の前から、危ないなと思っていました。私は「塀の上を歩いている」と表現していましたが……。でもご本人は、「象徴天皇である自分が、意思を発するのは当然だ」と考え、あのような表明になったのだと思います。この「おことば」には、自分がやってきた仕事に対する自負心を強く感じました。そうした「おことば」の意図がどこまで国民に理解されているかは分かりませんけれど。

君塚　七月に最初のスクープが出たとき、非常に唐突に思ったんですね。八十二歳で在位は二七年、キリが良くない。おそらくかなり前から意思はお持ちだったのだろうと想像しました。しかし宮内庁が政府とコミットできないまま時が過ぎ、ついに我慢しきれなくなった——その流れが滲み出ていたように感じます。

「おことば」の三年前の二〇一三年、陛下が八十歳の誕生日を迎えた年ですが、一月にオランダのベアトリクス女王が、七月にベルギーのアルベール二世が、退位を表明しました。陛下と年齢が近く、同じような経験や苦労を共有しているお二人が、高齢化により退位を決意なさった。特にベアトリクス女王の演説には、「人々に寄り添い」とか「苦楽をともにして」など「おことば」と非常に近い表現が使われています。ビデオで録画しておいて国民一人一人に訴えかけるというスタイルもまったく同じ。三年間、かなり研究されて臨まれたんだろうと思いました。

原　一六年七月の第一報があるまでは、「陛下も八十歳を過ぎてお年だから、そろそろやめてもいいのでは」とか、「天皇の終身在位は非人間的な制度であるから退位する自由を認めなければ」などの声が国民から上がっていたかというと、ほとんどなかったと思います。むしろ、天皇は終身在位するのが当たり前と考えられていた。ところが、「おことば」の後、あっという間に風向きが変わり、九割が支持をするという流れになった。前に新聞のインタビューで答えましたが、これは、玉音放送を思い出さざるを得ない。メディアで一発流しただけで、風向きがいっぺんに変わる――天皇の持っている特別な力、敗戦やそれに伴う新憲法制定を経てもなお変わらない天皇制の政治構造、それは一体何なのかを、考えざるを得ません。

『文藝春秋』のスクープによれば、二〇一〇年の参与会議で最初に天皇が退位を表明したとき、摂政を置けばいいのではと皆がとめたけれども、結局、天皇の意思は動かなかった。何故歴代の内閣がこの問題に手をつけなかったのか。天皇の意思に従って退位を認めてしまうと憲法に抵触する可能性が出てくるため、避けてきたわけです。それから六年ぐらいが経過し、最終的にしびれを切らした天皇側が動いた。

河西　今回の退位は、「疲れたからやめたい」ではなくて、むしろ「自分の仕事を全て引き継がせたい」という思いが強くあると思うんですよね。象徴というものを模索し、いろいろな仕事をしてきた。「年をとってきたから、昭和天皇と同じように公務を減らしましょう」という話が出ているが、「自分はノーなんだ」と。「減らされたら象徴の理想のあり方ではなくなるから、このまま次に継がせてやめたい」と。そこを「おことば」で提起したんだと私は受け止めました。それに対し、「そんなこと言っちゃダメだよ」とか「その自負心は間違ってます」と言ってもよかったのですが、そういう意見はほとんど出なかった。本当に退位すべきなのか、違う道があるのかをもっと議論してもよかったはずなのですが。

佐藤　河西先生がおっしゃるように、「象徴のあり方の模索を、これからも続けてほしい」というメッセージを感じました。そのことはしかし、国民も政府も「『象徴』という機能は何なのか?」という問いを天皇に丸投げして、「天皇がやってることが『象徴』だよね」としてきたことの反映でもあると思います。とりわけ政府に落ち度がないと言えば嘘になると感じます。

たとえば「譲位」「退位」のどちらがいいのか、言葉遣いが議論され、政府は「退位」を使うことにしていますが、天皇皇后ともに昨年の誕生日のメッセージで、あえて「譲位」つまり、「自分の次に譲る」という表現を選んでいます。身体を持つ人間ですから、当然意思があるわけですが、それをどう制度としてカバーするのか。それは本来、政府の役割なのに、漏れ出してしまっている。

天皇の身体性、つまり個性の問題は重要で、たとえば茶谷誠一先生のご研究によれば、戦後の現行皇室典範制定のときに退位の規定が盛り込まれなかったのは、その時点で天皇が退位すれば皇太子——今の天皇陛下ですが——が若すぎるので摂政が置かれることになる。その摂政は秩父宮が病気療養中なので高松宮になるが、昭和天皇がそれを嫌った、という経緯があったからです。具体的な身体を前提としている制度だからこそ、理屈だけで回らないところは必ずある。今回の高齢化のような事態は、天皇が具体的な身体を持っている以上、政府として十二分なサポートを用意しておくべきでした。

君塚　ヨーロッパの各国も「終身在位」が基本です。ただ、ヨーロッパの諸外国と比べると、日本は圧倒的に広報が足りず、八十歳を超した人間にどれだけ大変な負担があるのか、国民に見えてこない。ベルギーのアルベール国王のケースも、特異な例を除くと、生前退位は（同国で）初めてのことでした。日本は憲法上、天皇が政治に介入できませんが、ベルギーの場合はむしろ介入し、オランダ語系とフランス語系の民族問題の調整役までも七十歳を超えた国王が引き受け、困憊しているのを国民が知っていますから、「これは引退して当たり前だよね」と。最近、ベネルクス三国は譲位が多くなっています。

昭和の時代との比較

原　平成と昭和では、宮中祭祀一つとっても、天皇の出席回数がかなり異なります。昭和天皇のときは、侍従次長や侍従長を務めた入江相政が天皇の体調を考慮し、六十代後半から負担を減らしていった。八十代になると、ほとんど新嘗祭しかやらなくなってしまう。それに対して、平成の場合は、天皇が八十代になってもほとんど皆勤。代拝という発想がまったくありません。

河西　今の天皇にはないですね。

原　確かに「おことば」にある通り、ものすごく熱心です。行幸啓ももちろん昭和天皇の比じゃなくて、北は宗谷岬から、西は与那国島まで、その足跡を書き込んでいくと、日本列島が埋め尽くされる。それを引き継ごうとしているわけです。

河西　明らかに無理があります。

原　「おことば」の中では「象徴天皇の務めが常に途切れることなく、安定的に続いていくことをひとえに念じ」と最後に言っている。宮中祭祀と行幸啓を中核とする平成のスタイルを、今後もずっと続けるよう求めているわけで、めちゃくちゃハードルを上げています。象徴の中身が、昭和から平成になって格段に厳しいものになった。

河西　とても大事な点です。昭和は「いればいい」、威厳があって、そこにいてくださって——というのでよかった。だけど平成の場合は、それだと国民から無関心のまま終わってしまうため、積極的に能動的に動いていった。私は「天皇制の生存戦略」と言っていますが、このままの象徴天皇制を維持するため、皇室に対する無関心層への働きかけをものすごく熱心にこの三〇年間やってきた。結果として仕事が増え、どんどんハードルが上がっていった。本人たちは超人的だからできるのですが、次の代は無理だなと感じます。

佐藤　僕は昭和六十三年生まれで、平成しか知りません。昭和天皇には資料で触れるしかないのですが、それなりの期間元首を務め、国民との間にもその関係が残っている人と平成は、大きく違うわけですよね。昭和天皇は当然政治性を強く持っていて、だからこそ反対運動も起こる。政治性をあえて消す作業をしなければいけない天皇と、はじめから政治性が希薄で、新しい「象徴」を追い求めてきた天皇とは違うだろうと思います。しかし、積極的に新しい公的行為を増やしていくわりには、自分たちのことを知ってもらうための広報活動をするわけではない。僕よりさらに若い世代にとって、天皇という存在は遠くて、ぼんやりと「かわいらしい夫婦で理想だ」といったイメージなのだと感じます。

河西 昭和の終わり、私は十代でした。十代でも、昭和天皇が亡くなる前には、メディアを通じて「天皇制とは何か」「その構造は何か」問われていることは感じ取ったんです。今は、まさに佐藤先生がおっしゃるように、天皇皇后の人柄なんですよね。天皇と皇后はこんなに素晴らしい人たちで、とか、被災者との面会でこんな微笑ましい発言をされて、とか。そうすると、構造にまで話が至らない。天皇制に対する批判を「しない」ではなく、なんとなく「できない」雰囲気になっていて、それは「いい人だからいい」という感じになっているんです。

佐藤 「天皇制」ではなく「天皇」。個人というか夫婦というか……。象徴としていかに社会秩序と結びついているかという議論にならない。

君塚 昭和天皇は現人神だった時代もあるわけですから、その違いは大きいと思います。ヨーロッパ、特にイギリスは、公務が忙し過ぎるんです。国事行為を除き、表に出るものだけで、大体王族二〇人で年間三〇〇〇件以上。エディンバラ公が二〇一七年に「もう単独の公務はやめたい」とおっしゃったのは翌月九十六歳になろうというときでしたが、七八五の団体の会長や総裁をやっていました。美智子皇后がいろいろな福祉施設を訪問されるのは、皇太子妃の時代から世界中を見ていらっしゃいますから、海外の王族のお仕事をご覧になって、自分たちも同じようなことを、とやってこられたのではないでしょうか。

平成と、次の新しい時代――この雑誌が出る頃には元号が決まっていますね――も、違えていいのではないかと思います。今の皇太子は国際的な水問題を研究されていますし、昨年十二月九日の雅子さまのお誕生日に際しての感想でも、地球環境問題や子どもに対する虐待、貧困の問題に関心があるとおっしゃっていました。スウェーデンのシルヴィア王妃も、最近問題になっている子どもに対する性的虐待を撲滅するため、一九九九年に「世界子ども財団」を立ち上げました。これがかなり広がって、ヨーロッパ中の女性王族もみんなメンバーになっています。雅子さまも真剣にこの問題に取り組まれたいのであれば、こうした「女性王族ネットワーク」に加わることも可能なのではないかと思います。

原　明治から大正に代替わりしたときもスタイルが変わりました。具体的に言うと、明治天皇は私的な理由で休んだことはほとんどなく、御用邸には一度も滞在しなかった。ところが大正になると、天皇が皇后と二人で葉山や日光に一ヵ月も二ヵ月も滞在し、ヨットや馬に乗るようなスタイルに変わりました。当然、山県有朋をはじめとする元老や軍関係者からは不評で、最終的に大正天皇はそのプレッシャーに負けたと僕は思っています。大正流は定着しなかった。今の天皇も同じで、雲仙普賢岳の大火砕流や阪神・淡路大震災のとき、皇后とともに被災者にひざまずいて話しかけた振舞いに対して、右派から批判を浴びました。しかし、それを貫き通し定着させた。ここが大正と平成の違いです。前の時代の記憶が残っている間は、どんな新しいことをやっても批判は出ると思う。ところが、それを粘り強く続けていくことで、記憶が薄まり、スタイルが定着していく場合もあります。

河西　難しいのは、今の平成のあり方が国民に大変支持されていること。これをラディカルに変えていくことができるかどうか。祭祀は国民に見えないところがあるので、変化したことがわかりにくいかもしれません。けれども、たとえば地方への行幸を減らすことができるのか。それをしたときに国民はどう感じるのか。もう一つ、君塚先生が先ほど指摘されていた問題と関係して、皇太子は先日の記者会見で、水問題や国際問題に言及されていましたが、今の天皇と皇后は、日本国民・日本国の象徴であり、いわゆる国民国家の象徴です。ところが環境問題や水問題になると、これは国際問題であり、国民国家を飛び越えます。天皇が日本国憲法に書いてある以上の、国際的なことを熱心にやり始めたとき、はたして今と同じように国民的な支持を得られるかどうか。

佐藤　次代につないでいくときの正統性の問題があると思うんですね。明治から大正への代替わりのときにもそうでしたが、天皇の交代は正統性を揺るがすので、そこでなんとかして正統性を確保するために、しばしば国民に寄り添う――戦前は「君民接近」と言ったわけですが――行動が選択されます。しかし実際に出ていき身体を国民にさらすと――まさに大正流です――そこでの振る舞いで正統性が不安定になる虞(おそれ)がある。イギリスでも、君主制廃止さえ議論されるなか、王室はメディアに出ていくことで国民からの支持を回復したわけですが、出過ぎることで今年一月のエディンバラ公のように交通事故を起こしたりすると正統性が傷つくこともある。ですから代替わりは、新しい天皇の形、新しい象徴の形を模索するものであると同時に、象徴の正統性をどの程度維持できるかへの挑戦でもあると思います。

原　今度の代替わりは、今の皇太子夫妻が天皇、皇后になると同時に、秋篠宮夫妻が皇嗣、皇嗣妃になるわけです。次の天皇、皇后の新しいスタイルが、国民から反発を浴びたとする。それを横で見ているのが皇嗣、皇嗣妃です。本来は天皇や皇后にならなかったはずの人が、皇位を継承していくとき、より強く平成を継承しようという意識が出てくる気がしています。国民の不満が、皇嗣、皇嗣妃に対する期待とつながってくる可能性は大いにあり、現在より不安定になることは間違いない。

君塚　そのような懸念から、戦後のヨーロッパは女性系相続権を認める方向へ進んだわけですね。さらに、スウェーデンは一九七九年に他国に先がけて、男女を問わず第一子が継承権で優先される「絶対的長子相続制」にしました。これに倣って、オランダ（八三年）、ノルウェー（九〇年）、ベルギー（九一年）、デンマーク（二〇〇九年）、ルクセンブルク（一一年）、そしてイギリス（一三年）とヨーロッパ各国がこれを採用しましたので、今、原先生がおっしゃったようなことはもう起こらない。

河西　上皇、上皇后が残るということも、公務のあり方を考えていく際に、非常に難しいことになると思います。最初は、安全スタートで行くしかないでしょう。

君塚　なんのための譲位、あるいは退位なのか。全部任せて完全に退くのか、はっきりしない。赤十字などの団体の役職は引き継ぐのでしょうが、それ以外の問題をどうするかですよね。

佐藤　上皇の権限や、今後の形について法制化するという議論はありましたが、政府はあえてやらずにおくという選択をした。天皇制というよりも天皇皇后個人に相当の信頼があるという現状で、同じ方々が、権能は譲るが、しかし存在していらっしゃるとなると、象徴の二重性は当然生じます。そこをどう調整するのか、国民や政府にルール作りができず、次代の天皇たちがどのように新しい形を見出していくのかに賭けるしかなくなってしまいました。

原　昭和初期、大正天皇が亡くなった後も貞明皇后が存命で、皇太后として大きな力を振るうようになり、天皇よりも大規模な地方視察を行ったり、戦中期まで宮中祭祀に出たりしました。今回の特例法には、上皇后についてほとんど何の規定もなく、フリーハンドです。

河西　ご本人たちだけに任せるのはまずいというのが、私の持論です。象徴の地位は国民の総意に基づくわけですから。「退位して新しい代になって、元号変わってよかったね」で終わらせてはいけない。退位に関する皇室典範の特例法を決めた国会の付帯決議で、その効力が発揮したら女性宮家などについて話し合うことになっています。そこを含めて象徴天皇制に関する問題をきちんと声に出していかないといけない。うやむやにすると、「なんか終わったね」でおしまいになってしまいます。

宮内庁の責任

佐藤　天皇の身体性と制度が整合しない部分が出てきたとき、政府との間で打ち合わせをし、「こういう方向で行く」という道筋を作るのが当然です。そうでないと憲法に則って運用していることになりません。そこで宮内庁の役割は極めて重要です。新しい天皇や皇后の意思として、いろいろなことをやりたいと言ったときに、どれぐらい政府との間で折り合いをつけられるか。

二〇〇九年、天皇と当時中国の国家副主席だった習近平との引見がセットされた時、政府の一員である羽毛田信吾宮内庁長官が政府の方針を公然と批判して、「政治的利用かどうか」が大きな議論になりました。なぜ宮内庁長官が政府の方針に反旗を翻すのか。羽毛田長官の言葉を借りれば「自分は官房長官の指揮命令に従うと同時に、陛下のお務めのあり方を守る立場にある」からです。そのバランスが託されているから、宮内庁は難しい。二月の御在位三〇年記念式典でも天皇陛下自身が「これまでの私の全ての仕事は、国の組織の同意と支持のもと、初めて行い得た」とあえて述べていらっしゃるのは、今回の「おことば」からの行動も、内閣の承認は得ていなくても宮内庁の同意は得ていたと主張するものでしょう。しかし、天皇と政府与党との「かすがい」であるはずの宮内庁の調整能力が不足していたために、二〇〇九年や今回のように政府内で調整すべき案件が政治的問題として表出してしまう。

一九八八年から九六年まで宮内庁長官を務めた藤森昭一さんのように、長官就任前に内閣官房副長官まで務め、全省庁についてある程度の知識を持っている人であればうまく回すことができたでしょうが、その後の長官のように一つの省庁の次官級が就任する体制では、憲法の範囲内で、国民の支持を得ながら、内閣や複数省庁をまたいで調整をするという高度な作業には限界があるのではないか。とりわけ新しい方向を目指すとき、長官に調整能力のある人を据えておかないと、軋轢が生じかねない。法制度で決めきれないのであれば、人的に、機構的にカバーできる仕組みを作っていかないと。

君塚　宮内庁長官もそうですし、課長クラスも含めて、外務省や警察庁などからの順繰り人事で、しかも数年でいなくなってしまう。生え抜きで「宮内庁のために、皇室のために」という人を育て、人材を蓄積していかないと。

河西　天皇を公私にわたって支える侍従の存在も重要です。昭和の時代は、侍従長を務めた入江相政のように、何十年も皇室に仕え、高所からものを考え、天皇や皇族から信頼を得ていた人たちがいました。平成でも、生え抜きではありませんが、渡邉允侍従長などはそういう存在だったかもしれません。彼らは皇室の仕事や様子を国民に伝える積極的な役目も担っていました。長期的かつ広い視野で考えられる人が天皇周辺にいることが重要です。そういう人が次の新しい時代に出てくるかがポイントだと思いますね。

佐藤　とりわけ官邸主導が言われる中で、その官邸出身者がいるかどうかは重要です。前の代替わりと改元のときには藤森さんがいて、官邸側にも官房副長官が石原信雄さん、その下に首席内閣参事官の古川貞二郎さんという、藤森さんともつながりの強いスタッフがいました。内閣との間でうまく調整できないと、「政治的利用」と言われかねないような事態が起こってしまいます。

原　私自身、昭和末期に記者として詰めていたのでよくわかるのですが、宮内庁の庁舎自体が、旧宮内省の時代の、ものすごく古色蒼然とした建物なんです。昭和天皇が玉音放送を録音した歴史的な場所ですが、あの建物がよくないんじゃないか。宮内庁の庁舎自体を、政府に対抗できるぐらいのものに変えていく、気分を一新するのはどうでしょう。

河西　なるほど。（笑）

積み残された課題

君塚　皇族の数が絶対的に減ってしまっています。公務が増えてハードルは高くなっているのに、分担できる人の数が減っていく。まずは臣籍降下を見直すという問題が一つあります。しかしそれだけでは一時的なもので終わってしまいますから、「女性」「女系」をどうするのかということになっていくと思うのですが。

河西　公務の負担もありますし、もう一つ、皇后を含めて女性の負担も考えなくてはならないと思います。今のままでは、悠仁(ひさひと)親王と結婚する女性にものすごく精神的な負担が掛かることは目に見えている。膨大な仕事をこなさなければならないうえに、子ども、しかも男の子を産まなければならない。そのようなプレッシャーを与え続け、女性に犠牲を払わせ続けなければならない制度のままでいいのかどうか。「男の子でなくてもいい」、「子どもは産まなくてもいい」という話をしておかないと、制度として立ちゆかなくなるのではないでしょうか。

佐藤　僕より一回り若い学生を教えていると、「象徴天皇」の話をするとき、憲法学説の説明から始めなくてはなりません。皇室神道が残っていて、万世一系で、しかも男性で、さらにその人が「日本国民統合の象徴」と言われたときに、常人の感覚ではポンと腑に落ちない。女性も活躍する社会で、はたして今のまま国民の支持を維持していけるのか、不安定性があるのは確かです。今後、歴史的な経緯について一から教育し、「歴史的に重要な意味があるんだ」と正統性を掘り起こしていくのか、もしくは、象徴天皇や皇位継承の原理がすんなりとは腑に落ちない新たな国民に納得できる形の象徴を作ることで正統性を担保していくのか。これまで思考停止してきたわけですが、自分たちの象徴としての天皇のあり方に、国民、そして政府がどれぐらい積極的にコミットできるかということが、今、問われているのではないでしょうか。

原　在位三〇年のスピーチでもっとも注目したのは、「次の時代、更に次の時代と象徴のあるべき姿を求め、先立つこの時代の象徴像を補い続けていってくれることを願っています」という言い方です。『補っていってくれる』という言い回しには、「おことば」で話した象徴としての務めをあくまでも中核とし、変えてはならないという天皇の強い思いが表れています。国民がこれだけ圧倒的に支持をしているのは、万世一系イデオロギーを信奉しているからではなく、とりわけ三・一一以降、被災地を訪れる天皇と皇后の姿がしばしば報道されるなど、露出度が上がったからです。それは河西さんがいま絶版になっている『明仁天皇と戦後日本』（洋泉社新書）で分析された通りです。

君塚　愛子さまが二〇〇一年生まれですよね。同い年のベルギーのエリザベート王女、二つ下のオランダのカタリナ＝アマリア王女、さらに一つ下のノルウェーのイングリッド・アレクサンドラ王女、さらに一つ下のスペインのレオノール王女、全員、女王になるんです。それに先だって、スウェーデンには「ヴィクトリア女王（一九七七年生まれ）」も誕生する。ヨーロッパではイギリスとデンマーク以外はほぼ、同世代は女王になる。相当先の話なのでそこまでは待っていられませんが、愛子さまと同世代の人が女王になっていく、という事実もあるわけです。

皇室に求められるもの

佐藤　国民が今、天皇を支持している前提は、安心感だと思います。公務を熱心に続けてこられたことに対する信頼感がある。決して、政治的な影響力を行使することが期待されてきたわけではありません。ですから、社会の分断が大きな問題となっている現代、その修復に寄与する存在として捉えるのは、天皇制の安定の観点からも危険だと感じます。

河西　今の平成の皇室のあり方は、分断された社会の中で、相対的に下のほうの層に、積極的に触れてきました。被災地や過疎化した島々、沖縄を訪問することもある意味では、そうだと思います。分断した社会だからこそ、天皇は能動的に動かざるを得なかったのです。そうしないと、共同体としての日本は崩壊する可能性すらあると天皇は考えたのかもしれません。そして、日本という共同体からこぼれ落ちそうな場所に足を運び、「国民統合の象徴」として緩やかな統合を図ろうとしてきた。しかしこれは、政治の不作為を覆い隠してしまう可能性もあります。天皇が行くことでなんとなく不満が解消されてしまう。政治への不満を表出するエネルギーが減退してしまう――いい意味と悪い意味があり、私たち自身がその両面があることを認識しなければなりません。

佐藤　国民を統合する行為を主体的にしていいものかどうか。天皇自身に象徴性が集約されたとしても、それが日本国の、日本国民統合の象徴になるかどうかはまた別で、たとえば「天皇は信じるけど日本国は信じられない」ということもあり得るわけです。こぼれ落ちそうな人々の国民統合を図ろうとすることは好ましく聞こえますが、河西先生がおっしゃるように、本来的には政治がなんとかすべき問題で、象徴はそのあとに位置づけられるものではないのか。天皇に国民統合を期待するのは人情としてはあると思いますが、どの程度、天皇の主体性を認容していいのかは、議論すべき問題だと思います。

河西　そうですね。しかも、平成の最後の最後、天皇が静岡県を訪問した際に日本語を学ぶ外国人を激励し、誕生日の会見で、日本で働く外国人にも言及して、驚きました。多くの外国人が日本におり、今後も増えていくことが予測される今、彼らを含めた統合をしなければならないということを、次の天皇に課したのかもしれません。そこを私たちがどう受け止めるかもまた、難しい問題だと思います。

君塚　立憲君主制は、現代の社会においては、広く言うと国民や国に継続性と安定性を与えてくれる存在だと思います。外国人問題については、北欧、特にノルウェーでは深刻化しています。陛下と長年の友人である国王ハーラル五世が、在位二五周年の園遊会で、人口が約五〇〇万人で王室と国民の距離が近いこともあり、外国から来た移民出身の人もお祝いの席に招待しました。その場で国王が「この国に住んでいる人はみんなノルウェー国民だ」ということを言ったのです。もちろん、拍手、そして涙です。日本の場合は二〇倍以上の人口ですから同じようにはいきませんが、外国籍の人も含めての国民統合の象徴というのは一つの理想だし、やろうとしている先達もいます。

原　現在の天皇皇后は、津々浦々回っているものの、実は在留外国人の学校や施設にはほとんど行っていません。これからは外国人の労働者や観光客をどんどん受け入れていこうという流れになっていますから、平成と次の時代は、明らかに状況が変わってきます。そういう中でいかに正統性を築いていくのか。外国人にとっても尊敬されるような存在であり続けるにはどうしたらいいのか。鍵を握っているのは、皇后になる雅子妃だと思います。外交官としての経験があり、外国語も非常に堪能である。平成流とは違うものが出てこなければ、新しい時代に、佐藤さんがおっしゃる正統性を保つことは難しいのではないでしょうか。私たちも新しい象徴天皇のあり方について、考えていくことが大事だと思います。

コメント論点1　平成の天皇をどう位置づけるか

御厨　貴

平成という時代に、天皇という存在がどう変わったのか、あるいは変わらなかったのか。平成の天皇固有の問題点、または特殊性というものがあるとすれば、それは何か。これは、国家の「象徴」とは何か、ゆるやかに考えていくことに通じます。全体の見取り図としては、歴史という縦軸、そして現在の世界という横軸を考えました。そこには日本は立憲君主国なのかという大きな問いが見えてきます。

原武史×君塚直隆×河西秀哉×佐藤信「これからの象徴天皇制を考える」

まずはじめに「これからの象徴天皇制を考える」という座談会を読んでいただきました。論点1というより、この本全体の導入として読むことができると思います。二〇一六年八月の「おことば」から三年近くが経ち、この間何が論じられたか、あるいは論じられなかったのかがわかります。

天皇明仁が自ら退位を表明するとはどういうことだったのでしょうか。言うまでもなく日本国憲法の第一条から第八条までは天皇についての規定ですが、今回の退位自体、憲法には定められていません。また、「おことば」には、河西氏、佐藤氏も指摘する通り、高齢のため象徴としての務めができなくなったので退位し、次代に自分の仕事をすべて引き継ぎたいとの強い思いがありました。日本国憲法第一条に「天皇は、日本国の象徴であり日本国民統合の象徴」との文言がありますが、その象徴とはどのような存在で、象徴としての務めとは何なのか、何も定められていません。憲法が定められて七〇年近くが経ち、初めてそれらが問われることになったのです。

私は二〇一六年十月から一七年四月にかけて、「天皇の公務の負担軽減等に関する有識者会議」（以下、有識者会議）の座長代理を務めました。その時、会議のメンバーおよび会議でヒアリングさせていただいた識者の方々に、必ず質問したことがあります。それは、「陛下は自分の仕事――象徴としてのお務め――をすべて次の天皇に引き継ぎたいとおっしゃっているが、これについてどうお考えですか」というものです。すべて引き継がれるべきだ、という答えは、平成の天皇がなさったことを大きく評価する方であっても、有識者会議の委員にもヒアリングのメンバーにもありませんでした。次の天皇にはご自分のお考えもあるだろうし、それは無理だという点で一致したのです。

しかし、陛下は、その後の在位三〇年の祝典などでも、「象徴のあるべき姿を求め、先立つこの時代の象徴像を補い続けていってくれることを願っています」とのおことばがあったように、そうは考えていません。この食い違いは今後の大きな議論となってくるだろうと思います。

後で紹介しますが、三谷太一郎氏が平成の天皇の特徴として、「能動的」という言葉を当てています。三谷氏はもちろん積極的な意味で使っておられるのですが、この言葉は、良い方向だけではなく、良くない方向にも作用する可能性があります。ヨーロッパの王室では近年退位（譲位）のケースが増えているようですが、象徴の二重性について問題となっていないのか。ご専門の君塚氏に詳しく聞いてみたいところです。

これから論点1について、五つの論考や対談をお読みいただきますが、その前にポイントを示しておきます。

1　昔から変わらない存在

山崎正和「古来、天皇は一貫して「象徴」であった」

まずは、縦軸に見た四点です。最初の山崎正和氏のものは二〇一六年八月の「おことば」直後のものです。タイトル通り、歴代の天皇の延長線上に平成の天皇がいるという見方で、昭和、平成、今上と三代の天皇に接した経験のある大物らしい議論です。日本は権威と権力が分かれていて、権威を担当したからこそ天皇がこれだけ長く続いたという見方は、山崎氏の独創というわけではありませんが、天皇論の有力なものの一つだと言えます。したがって、明治の体制もある種の象徴天皇制であり、それが敗戦後に日本国憲法によって名実を伴うようになった。もともと象徴だった天皇という存在が次第に脱皮していった過程だと捉えられるのです。

この見方を踏まえておく必要はありますが、すべてを脱皮過程と捉えるならば、中世に皇統の迭立が起きたり、院政が敷かれたりという天皇をめぐる歴史上のさまざまな闘争を大きな問題として取り上げられなくなり、議論を封じてしまう面があることも了解しておくべきだと思います。

2　それぞれが違う存在

平川祐弘「漱石が仰ぐ「立憲君主制」の天皇」

平川祐弘氏は、明治、大正、昭和、平成、それぞれの時代によって天皇のあり方が違っているという見方です。ただ、「漱石の時代も今も日本は立憲君主制である」とあるように、前提として、明治以降の日本を立憲君主制という枠で一つに大きく括ることができるという立場だと言え、その意味では、あとで紹介する君塚氏の横軸で見た時の議論とも共通しています。

冒頭の座談会で、佐藤信氏が天皇が今回の退位において、「あえて国民感情に訴えて、物事を動かそうとされた」「このような手段を使うことがよかったかどうか」と留保あるいは疑念を表明していました。平川氏は、漱石が『法学協会雑誌』に寄せた「明治天皇奉悼之辞」というものを引用し、漱石が皇室に対する敬意を表しつつも、天皇といえども法律を遵守すべきだとし、さらに情に流されやすい世間の風潮をも戒めたことを述べています。まさに今回のケースと二重写しになっているのです。

末尾に漱石がノートに残した〈昔は御上の御威光なら何でも出来た世の中なり〉〈今は御上の御威光でも出来ぬ事は出来ぬ世の中なり〉〈次には御上の御威光だから出来ぬと云ふ時代が来るべし〉という言葉を引いていますが、これは平川氏の意見表明でもあるでしょう。なかなかの深みがあります。天皇は行動を控えるべきなのだというこの意見にどれだけの人が賛成するかはわかりませんが、一つの理屈として通っていると思います。

3 新憲法で変わった
伊藤之雄「女性、女系除外の必要ない」

伊藤之雄氏は連続性という観点でいえば、戦後、昭和天皇が象徴天皇制を受け入れ、公務というものを始めたところで変わったという見方だと言えます。たしかに、天皇の公務は天皇家の伝統ではなく、「戦後の発見」です。おそらく大事なのは、昭和天皇が戦後の行幸、そして公務に携わる姿を国民に見せていなければ、国民が天皇に関心を持たなくなり、天皇制の存続が問われる状況になっていただろうという点です。将来の公務がどうあるべきかについては、天皇は自身の思いを内閣に伝え、相談しながら決めていくべきだとしていて、その点、平成の天皇の公務をすべて引き継がなければならないとは言っていません。

「女性・女系天皇を除外する必要はない」とされていることも含め、全般として、伊藤氏のこの意見は、小泉内閣の皇室典範改正についての有識者会議の結論部分を再確認しているようにも思われます。

4　平成で変わった

石川健治×姜尚中「象徴としての天皇と日本国憲法――今上天皇の「退位」を巡る考察」（抜粋）

憲法学からみた天皇論であり、その意味で論点2や論点3につながるものです。これが文芸誌『すばる』に掲載されたというのも面白い。主に石川氏が持論を述べる形ですが、石川氏がこれだけ自由に話すことができたのは、姜氏という優れた聞き手を得たことも大きいでしょう。

連続性の観点から言えば、昭和の終焉とともに本来の象徴天皇の時代が始まったということになります。冒頭の座談会でも、河西氏が天皇の存在は平成になって「積極的に能動的に」変わったと発言しています（河西氏は二〇一六年十月十四日の『朝日新聞』「耕論 国家の象徴とは」でも「昭和天皇は、「象徴としての君主」」、「今上天皇は「象徴として国民とともにある」という意識だと思」うと述べています)。平成の天皇は折々の「おことば」に滲み出ていたように、自らを平和国家の象徴として掲げている。それは憲法にきわめて整合的であり、正しいやり方であった。これがいわば結論となるわけですが、そこへ議論をどう持っていくか。読み応えのある、見事な対談です。

石川氏は、戦前の日本統治下の京城帝国大学で教鞭を執っていた尾高朝雄と清宮四郎という二人の教授の天皇と国家についての議論が、戦後の天皇制を考える上でいかに先駆的なものであったか、と言います。尾高は西田幾多郎門下の法哲学者、清宮は天皇機関説を唱えた美濃部達吉門下の憲法学者です。東大法学部で美濃部の後継となったのは宮沢俊義ですが、宮沢は美濃部流の天皇機関説を日本国憲法にあてはめれば、戦後の天皇は「形式的儀礼的な国事行為を行う国家機関」であり、判子を押すだけのロボットだと言いました。ただ、この説明では「「国家機関であること」と「象徴であること」」との間にずれが生じ」る。これに対し、天皇には「国家機関としての地位」とは別に「象徴としての地位」があると主張したのが清宮でした。石川氏は清宮の主張を「ひとつの真っ当な見方だと言える」と評価します。

尾高は一九三六年に『国家構造論』を著し、国家が国家として成り立つためには、なぜそこに国家があるのか、人々にその意味があらかじめ把握されていなければならない、と述べました。これを尾高は「意味的全体性」という言葉で表現します。この意味的全体性の核心には法や矩がありますが、そこにはもう少し文化的な膨らみもあって、心情や物語のようなものが織り込まれうる。さらに尾高は、国家の意味的全体性が実現されるためには、その体現者が必要であると説きました。これが日本国憲法のいう「象徴」にほかならない。戦前のこの段階で、すでに「象徴」を先取りしていたわけです。立憲君主制において、国家の意味的全体性を体現すべく意味づけられたのが君主であり、日本においては天皇であるということになります。

一九三六年という戦前日本の危機的状況のなかで、日本統治下の朝鮮がある種のエアポケットとなり、そこに国家がなぜ国家として成り立つのかという純粋に論理的な議論が生まれ、立憲君主制擁護の言説が展開されていた。これはやはり興味深い事実です。

しかし、戦後の東京大学法学部では宮沢の「判子を押すロボット」説が浸透しましたから、象徴の中身について誰も考えなくなりました。東大法学部の中で、そう見なされてきたことは、私が専攻した政治学でも同様で、政治過程論の講義の中で、京極純一が、戦後の天皇は唯一定年のない、税金を払わなくていい公務員だと言い、黒板に「公務員」と書いたことを、私は今でも覚えています。あの芦部信喜の憲法学の講義でも、憲法第一条について、「これについては議論しない」と言っていたくらいです。その意味で、陛下自ら今回の退位を言い出されたことが、強烈な問題提起になったことは確かです。「おことば」では、ここ数年考えてきたことを内閣とも相談しながら表明したと表現していますが、実際のところを聞いてみれば、天皇が内閣、ましてや宮内庁と話し合いをして、その結果としての退位表明ではなかったことははっきりしています。宮内庁の参与会議で五年間揉んだ挙げ句に結論が出ず、その可能性がなくなったと思っていたところでNHKのニュースで忽然と出たのですから。

姜氏が「石川さんの言う象徴天皇を含む社会の意味的全体性というのは、国の統合という観点から見てどういう意味を持っているのか」と問うと、石川氏はドイツの公法学者ルドルフ・スメントを援用しつつ、「日本国憲法が用意した象徴としての天皇も、あくまで憲法が何を目指しているのかを一瞬で想起させ、国民の統合をひきだすために置かれている」と答えます。日本国憲法の実質的価値が何にあるかと考えれば、それは平和主義であり、平成の天皇が、旧現人神だった昭和天皇に比べて人格的統合力が弱かったからこそ平和主義を体現するという本来の象徴の役割に転じることができたのだと。

長い対談なので主に後半の抄録となりましたが、前半のほうが石川氏が自由に議論を展開している面もあります。関心を持たれた方はぜひ全文をお読みください。

5 世界と同じ立憲君主

君塚直隆「象徴天皇制はどこにいくのか——世界の潮流から考える」

最後は、君塚直隆氏の非常によくまとまった論文です。ここまで歴史という縦軸で平成の天皇のありかたを見てきましたが、君塚氏はヨーロッパの君主との比較ですから、横軸ということになります。時期的には冒頭の座談会と重なります。

問題提起として面白いのは、君主制をとる国は第一次大戦を皮切りに実はどんどん減っているが、にもかかわらず、共和制の国のほうが良い政治をやっているかというと、そうでもない、という点です。北欧やベネルクスなどでは、国民生活が豊かになったり国王自身が新しい課題に取り組んだりしていて、ヨーロッパのポピュリズム台頭が叫ばれるなか、君主制が見直されている、とします。

オランダのベアトリクス、ベルギーのアルベール二世、スペインのファン・カルロスの三君主は、退位の表明を記者会見ではなく、事前に録画したビデオを放映するという点で、平成の天皇に先行するものであり、さらにベアトリクス女王が述べた「人々に寄り添い、悲しみを共にし、喜びや国の誇りを分かち合えたことは、本当に貴重な体験となりました」は、天皇の「おことば」とシンクロしている。平成の天皇が彼らを非常によく見ていたのは、間違いのないところでしょう。ただ、イギリスではエリザベス女王は亡くなるまで君主であり続けるので、これは平成の天皇とは逆の方向性にあります。

皇位継承について、世界的に見ればいまや女性が増えている、とも指摘しています。スウェーデンでは絶対的長子相続制度が導入され、デンマークも今後そうなっていく。最古の君主国である日本はどうするのか、と問うています。この問題については、論点4で考えていきます。

1 昔から変わらない存在

古来、天皇は一貫して「象徴」であった

山崎正和　劇作家・評論家

（『中央公論』二〇一六年九月号）

君主の権力と権威

突拍子もないようですが、現在、世界最大の君主国はどこでしょうか。中国です。もちろん現在の中国は、個人や一家としての君主が存在するわけではなく、中国共産党という組織が君主ということになります。純粋に政治的に見れば、中国共産党は古代以来興亡を繰り返してきた王朝の一つです。

中国には昔から「易姓革命」という思想があります。「姓が易わり、命を革める」。「姓」は一族であり、悪い統治を行なった君主の一族は「革命」によって「易わり」、新たな一族が立てられる。

この場合、「革命」の「命」とは何か。「命」とは誰が出すのか。天、あるいは道といった、人間を超えた力が間違った人間の統治を「革める」わけです。興味深いことに、革命において、新たな君主は、実際上は暴力的に前の君主を倒すにもかかわらず、しばしば形式的に禅譲の儀式が行なわれます。単に権力によって前の君主を倒したのではなく、前の君主から権威を譲られたという形を示すためです。要するに政治とは、純粋な権力だけでは行なえないものなのです。

権威を持たず、純粋な権力しか持たない君主は暗殺を恐れるあまり、二十四時間眠ることができません。眠っていても暗殺されないだけの力、すなわち権威が、天から与えられなければならないのです。

中国に限らず、あらゆる歴史上の国家には権力と権威の分立構造があります。たとえば古代メソポタミアの遺物においても、王は必ず神と一緒に彫られています。王の背後には何らかの権威が必要だと考えられてきたのです。

時代が下るにつれて、権力と権威は人間社会の中で分離し始めます。これが目に見えて現れたのが、神聖ローマ帝国です。ここではローマ法王と皇帝とが分立し、法王が権威、皇帝が権力を担いました。しかし、この関係には微妙なものがあり、皇帝が法王に破門されて赦免を請い、許された事件もありました（カノッサの屈辱）。

日本の天皇はきわめて早い段階で権力と権威の分離を行ないました。天皇は少なくとも九世紀の藤原時代以降、一貫して権威を担ってきました。その意味で、世界史上類例のない君主だと言うことができます。

権威は持続することによって生じる

権威とは、実は統治される側の道徳上の義務、忠誠の産物だと言うことができます。では道徳とは何か。文明論では常識に属しますが、道徳は習慣に由来します。英語で道徳はエシックスと言い、ギリシャ語で習慣を意味するエートスが語源です。われわれが生活の便宜上、繰り返し行なうことによって生まれる習慣は、やがて道徳という規範性を持つものになる。

君主の権威も習慣、すなわち持続することによって生じます。権力を捨てた天皇は政争の外に立ち、「姓」として長く続くことによって、権威を得ることに成功しました。天皇の権威が高まった平安朝が、権力は藤原氏の手に移って、天皇が無力化した時代だったのは、皮肉な事実でしょう。逆に言えば、「望月の欠けたることもなしと思へば」と歌に詠んだほど栄華を極めた藤原道長でさえ、自らが天皇になろうとはしませんでした。不思議と言えば不思議です。

武士の世の中になっても、武士は決して天皇に取って代わろうとは考えませんでした。権力と権威の分離がここでも保たれたのです。南北朝時代がいい例です。武士同士が戦い、正統性を勝ち取るために、どちらも天皇という存在を必要としたのです。

二つに分かれた天皇家は、最終的には双方の政治的妥協により、一つに戻ります。その後も、織田信長のような実力主義者でさえ、天皇を廃絶しようとは考えず、天下を統一した豊臣秀吉に至っては、むしろ朝廷に太政大臣、関白という位を求め、進んで臣下となりました。秀吉を倒した家康は征夷大将軍であり、天皇から見れば、東部派遣軍の長という立場に過ぎません。

日本という国が実力主義の政治を否定してきたわけではありません。権力者はもちろん実力を求めたのですが、なぜかそれだけでは足りないという感覚を持ち続けてきたのです。

象徴天皇は占領政策の産物ではない

歴史的に見て、天皇が持つ権威が否定されたことはほぼありません。問題となるのは、その「形」です。

第二次世界大戦の敗戦は、天皇が権力であったならば、最大の危機となったはずです。しかし日本は、敗戦はあくまで権力が倒れたのであり、権威は倒れていないという論理により、その危機を切り抜けました。占領軍も権威は生かしたほうがいいと考えました。そして、天皇にいささかの権力も与えず、純粋な権威とする形を整えたのです。俗に言う〝象徴天皇〟はこの時生まれました。

しかし、私に言わせれば、天皇は古来、一貫して象徴だったのです。天皇が親政を志し、実行したのは、平安京を造営した桓武天皇と南北朝時代の後醍醐天皇など、ごくわずかに限られます。なぜか日本において親政はうまくいきませんでした。基本的に親政を行なわないのが日本の天皇の伝統であり、現代の天皇はその伝統に則っています。象徴天皇は占領政策の産物ではなく、むしろ占領軍が日本の伝統に乗っただけなのです。

近代の天皇は明治天皇に始まります。大日本帝国憲法は天皇を統治者とし、元首としましたが、憲法の文言には「神聖にして侵すべからず」とあり、精神的存在であることが明らかです。明治天皇とその周辺は、新しい時代の君主、立憲君主とはどうあるべきか、懸命に模索を続けました。結果として、明治天皇は形式上いささか権力者の振りをさせられましたが、現実には、明治天皇も象徴天皇だったと私は考えています。内閣総理大臣は天皇が下命することになっていましたが、あくまで形式上のことであり、重臣から推薦されたものを承認していたに過ぎません。日清・日露の両戦争にせよ、明治天皇が先導して行なった戦争ではありません。国会の開設、憲法の発布なども、すべて重臣の決定でした。

大正天皇は明治天皇よりもっとはっきりと、純粋な権威としての君主を目指されました。民間の噂話や流言では、天皇らしくない存在とされる大正天皇ですが、残された御歌は非常に優れたものであり、丸谷才一さんは後水尾天皇以来最高の帝王歌人と評しています。長生きしていれば、文化的君主、文人君主として名声は定着したかもしれません。

昭和天皇と今上天皇の試行錯誤と模索

昭和天皇は帝国主義的な時代の中で、天皇という存在を自覚的にデザインしようと考えた君主でした。「君臨すれども統治せず」というイギリス流の君主を目指した昭和天皇はしかし、生涯に二度だけその原則を破っています。最初が二・二六事件であり、二度目が終戦の決断です。

そして敗戦後、〝象徴天皇〟としての長い試行錯誤が始まります。自分は神ではない、人間であると宣言しましたが、しかし、天皇ではある。そのような存在がどのように振る舞うべきか。一つ一つが悩みであり、一つ一つが模索であったに違いありません。

昭和天皇の試行錯誤は、日本中を巡幸し、国民の前に姿を現すことから始まりました。われわれ老人の記憶に鮮やかなのは、昭和天皇の、あの帽子の取り方です。ソフト帽を手に、軽く会釈はするけれども決してお辞儀はされない。また、昭和天皇は国民の前で、膝をつくということを一度もなさらなかったのではないか。すなわち、国民と同じ目線に立つことはなく、必ず台の上から、車の上から、国民に相対しました。

かつて昭和天皇にご進講をする機会がありました。私と陛下のあいだは五メートルほども離れていたでしょうか。私が話をすると、ご興味が湧いてきた陛下の膝が次第に開いてきて、私がそれに目をやると、すっと直される。そうした仕種がとても人間的に感じられました。一方、その時に気づいたのは、陛下が一人称代名詞も二人称代名詞も決して口になさらないことでした。「わたくしは」も「おまえは」も存在しません。講義を終えると陛下から質問があるのですが、一人称と二人称をお使いにならないので、「何々と思うが」とおっしゃったら、自分すなわち陛下が思われたことを意味し、「何々と言ったが」とおっしゃったら、おまえ、すなわち私が言ったことを意味する。お使いになる日本語さえも、試行錯誤の痕跡が見えるものだったのです。

近代の象徴天皇として、その権威の「形」は、今上天皇の三〇年近くで完成の域に達したと思われます。

今上天皇の振る舞いは昭和天皇と明らかに違います。被災地を訪問されれば、床に膝をつき、必ず被災者と目線を同じくして耳を傾けます。記者会見の時など、「わたくしは」という一人称代名詞を使われます。戦後日本の平和を支えていくという姿勢は、昨年パラオのペリリュー島で戦没者を慰霊し、平和を祈念されたように、近年その傾向が顕著です。ご発言が時の政権と微妙にずれる場合もありますが、その場合、必ず平和主義の方向へずれます。

今上天皇が皇太子時代、御所に招いていただいたことがあります。美智子妃殿下もご一緒で、食事を頂き、雑談をしました。お住まいは率直に言って、粗末です。お二人の居間を通り抜けて客間へ行くという不思議な間取りになっていて、居間でひょいと見ると、菓子箱に白い紙を貼り、「ハープの糸」と書いてあったことを思い出します。一般の家庭と変わるものは何一つありません。ただし、入る時と出る時だけは違います。皇太子と皇太子妃がドアの横に並ばれて、何もおっしゃらず、ただお辞儀をされる。「いらっしゃい」も「さようなら」もありません。全体としては親しく接してくださるけれども、始めと終わりは権威に戻られる。試行錯誤の一つとして、これが皇太子としての考え方だったのでしょう。

現在の皇太子について、印象的なことがありました。皇太孫時代、イギリスへのご留学を前にお話をする機会があり、何気なく、殿下が歴史を勉強されるのは、三笠宮殿下の影響ですか、と聞いたのです。三笠宮殿下はご承知の通り、古代オリエント史の大家です。すると殿下は、違います、とおっしゃる。「わたくしがまだ小さな頃、赤坂御所の中を歩いておりましたら、庭の片隅に石が倒れていて、そこに『此より東、東北道』と彫ってありました。それを見てわたくしは、日本には道というものがあり、この閉じられた世界の外に広い日本というものがあることを自覚したのです。わたくしは外の世界に憧れて、交通史というものを勉強しようと思ったのです」と。意地の悪い見方をすれば、出来すぎたお話です。しかし、それほどまでに皇太孫としての自覚が徹底していたのです。

天皇と皇室のこれから

明治、大正、昭和、平成と天皇が歩まれた道は、近代という時代の中で象徴という存在をどう実体化し、どう実現していくかという試行錯誤、模索の連続でした。その結果として、日本国民は、私も含めて、現在の天皇家の姿を受け入れ、敬愛しています。現在では、天皇を誹謗したり、天皇制を廃止しようとする政治活動を見ることはありません。

中でも変わったのは日本共産党です。国会の開会式には天皇が臨席され、「おことば」を述べることになっていますが、共産党はこれを憲法で禁じられた政治的行為であるとして、国会開会式をボイコットしてきました。しかし、今年一月の通常国会からは出席するようになり、一大方針転換がなされたのです。実に六九年ぶりのことです。事実上、戦前から天皇制廃止を唱えてきた共産党の敗北だと言ってよいでしょう。

かつて世界的に次々と王室が廃止され、民主化されていく時代がありました。しかし現在、その流れは一段落し、君主の存在が見直されているようです。ヨーロッパの国で本当の意味で危機に瀕している王室はないと言っていいでしょう。スペインなど王室が復活した国もあれば、ベルギーのように文字通り王室があることによって統一が保たれている国もあります。冒頭で述べた中国のように、権力で直接的に支配する〝君主国〟がどうなっていくかは予測が難しいのですが、権力と権威が分離する方向に、やがては動いていくと思います。それがいわば人類史の法則だからです。

天皇としての権威の「形」のあり方は、これからも模索が続いていくでしょう。皇位継承順位の問題など、大変難しいものがあることは確かです。継承者を直系男子に限り、しかも一夫一妻制を守る。これは生物学的に不可能に近い話です。ただし、この問題はわれわれ国民がしっかりと時間をかけて議論しなければなりません。その上で、女子も継承者に入れるというのが、これからの天皇と皇室のあり方において、順当ではないかと、私個人は考えています。

（談）

2 それぞれが違う存在

漱石が仰ぐ「立憲君主制」の天皇

平川祐弘 東京大学名誉教授

（『産経新聞』二〇一六年十二月二十二日「正論」）

念頭になかった作家活動

妻につらく当たりもした漱石だが、一妻主義で優しい面もあった。明治二十九年六月に鏡子と結婚し熊本で暮らしたころ、看護して徹夜したこともある。

〈枕辺や星別れんとする晨(あした)〉

産婆が間に合わず、漱石が寒天のようにぷりぷりしたものをあわててとりあげた。

〈安々と海鼠（なまこ）の如き子を生めり〉

歳末にこんな句を詠んだ。

〈行年を妻炊（かし）ぎけり粟の飯〉

翌三十年の歳末にはこう詠んだ。

〈行く年や猫うづくまる膝の上〉

月並みな句だが、それが暦に印刷されるのは、出世作『吾輩は猫である』との連想のせいだろう。昨今は日本一の作家といわれる漱石だが、自然主義全盛期には「女を知らないから女が描けない」とけなされた。

早稲田派が文壇を制し、改造社が現代日本文学全集を出す際、早稲田の文学部をつくった坪内逍遥には一巻五〇〇頁を割り当てたが、慶應の福沢諭吉には三頁だった。かくて『福翁自伝』は文学外に追いやられた。

平川家では親が買った文学全集を少年の私が納戸から引き出して読んだ。『夏目漱石集』は愛読したから本がぐにゃぐにゃだ。『吾輩は猫である』は繰り返し読むたびに面白い。繰り返し笑うところと、以前は気づかなかった新発見に驚くところがある。

熊本時代の漱石は、作家活動はまだ念頭になく

〈明天子上にある野の長閑(のどか)なる〉

天下泰平で、自分も国民も

〈行く年の左したる思慮もなかりけり〉

という様であった。私もさしたる思慮もなく夏目漱石を読んできた。

胸に迫る明治天皇奉悼之辞

それが今年の年末は皇室との関係が気になる。

『こゝろ』では明治天皇の崩御と乃木大将の殉死を機に、作中人物の先生は「明治の精神」への殉死という形で自殺を決意する。だがその辺の必然性がどうもわからない。あれは頭で拵(こしら)えた物にちがいない。

するとそんな小説より、文学外の漱石の方が興味を惹く。まず漱石は手紙がいい。『漱石追想』

（岩波文庫）に拾われた元生徒たちの言葉の数々もいい。政治家、鶴見祐輔は「一高の夏目先生」で「生徒の質問に対する返事が痛快であった。真地目な質問には、真地目に答えられた。拗（ねじ）くった質問には、拗くって答えられた」と英文の実例まで添えている。

英語教師だった漱石の面目躍如だ。もっともこんな偏愛が生ずるのは私も語学教師のはしくれだったせいかもしれない。

『こゝろ』の先生よりも、漱石が『法学協会雑誌』に書いた明治天皇奉悼之辞の方が直接、胸に迫る。明治の国づくりを肯定した堂々たる学者の文章である。

過去四十五年間に発展せる最も光輝ある我が帝国の歴史と終始して忘るべからざる
大行天皇去月三十日を以て崩ぜらる
天皇御在位の頃学問を重んじ給ひ明治三十二年以降我が帝国大学の卒業式毎に行幸の事あり日露戦役の折は特に時の文部大臣を召して軍国多事の際と雖も教育の事は忽にすべからず其局に当る者克く励精せよとの勅諚を賜はる
御重患後臣民の祈願其効なく遂に崩御の告示に会ふ我等臣民の一部分として籍を学界に置くもの顧みて
天皇の徳を懐ひ
天皇の恩を憶ひ謹んで哀衷を巻首に展ぶ

国民感情に乗じてはならない

だが漱石の漱石たる所以は、一面では皇室にこのように深い敬意を表しつつも、天皇といえども法律の順守をはっきり言う点だろう。漱石は皇族の勝手気儘はいさめた。明治天皇崩御の際も、情に流されやすい世間の風潮を戒め、それを「悪影響」と断じた。

新聞が「畏れ多い」と一斉に右に倣えをする。すると漱石は諸新聞の皇室に対する言葉遣いが極度に仰山過ぎて「見ともなく又読みづらく候」（森次太郎宛、大正元年八月八日）といい、オベッカの語すら用いて非難した。

漱石の時代も今も日本は立憲君主制である。記者も学者も「大御心」とか「承詔必謹」などの言葉を安直に使うのは控えるべきだろう。政府も政党も国民感情に乗じたり、動じたりしてはならない。

漱石は天皇陛下のご意向を優先することの是非を自問自答して、ノートにこう記した。これは戦前の『漱石全集』には遠慮から掲載されていないが、含蓄に富む言葉であるまいか。

〈昔は御上の御威光なら何でも出来た世の中なり〉
〈今は御上の御威光でも出来ぬ事は出来ぬ世の中なり〉
〈次には御上の御威光だから出来ぬと云ふ時代が来るべし〉

その漱石は百年前、大正五年十二月に亡くなった。まだ四十九歳であった。

3 新憲法で変わった

女性、女系除外の必要ない

伊藤之雄 京都大学名誉教授

(『毎日新聞』二〇一七年六月十四日「論点」)

国民は「天皇はご高齢のため、退位されていい」との意見が大半だったと思う。退位が特例法という形でも実現したことは評価したい。しかし、本来なら退位を実現するために、将来の天皇にも適用される皇室典範を改正すべきだった。「皇室典範改正には時間がかかる」という議論もあったが、戦後、旧皇室典範を改めた際は約三ヵ月で行った。政府は現在の天皇の退位を認めざるを得なくなったので、仕方がなく特例法にしたのだと思う。今後、皇室典範を改正する場合、天皇がいつ退位されるか、年齢などで退位時期を一律に定めるのではなく、皇室会議で天皇の意思を確認して、最終的には国会が認めていくという方式でいいのではないだろうか。

天皇陛下の退位を巡る政府の有識者会議の昨年一一月のヒアリングでは、「天皇は祈っているだけでよい」などの意見が出ていたが、明治以後の天皇制は大きく変わっている。さらに江戸時代から古代にさかのぼると、天皇制は随分と変遷を経ており、儀式すら十分に行われていない時期もあったし、儀式の内容も変わってきている。明治以後は欧米のアジアへの進出、藩閥の対立、日清戦争、日露戦争などを乗り越えるために、明治天皇が最小限度の調整をすることで国家が解体しなかったのではないかと思う。

戦後の昭和天皇も、戦争に負けて、米国の占領下で「今後の日本はどうあるべきか」と考えて、「象徴天皇制も受け入れる」という思い切った決断をされた。憲法では国事行為しかできないことになっているが、昭和天皇が日本各地への訪問などの公務を始め、占領下の日本政府も、連合国軍総司令部(GHQ)も認めた。公務は天皇家の伝統でもないし、江戸時代の天皇は京都の御所からほとんど出なかった。

昭和天皇が始めた公務を天皇陛下は受け継いで発展させておられる。東日本大震災の被災地で、膝をつきながら被災者に言葉をかけられたのは、戦後民主主義が成熟し、平等が根付いてきた中での公務のあり方を考えた結果だと思う。天皇の公務がなかったらどうなっているかというと、国民が誰も関心を持たなくなり、天皇制の存続が問われるような状況になっていたかもしれない。公務はどうあるべきか——。将来の天皇は自分の思いを内閣に伝え、相談しながら決めていけばいいと思う。

女性天皇や、父方が天皇の血筋ではない女系天皇を認めるかどうかは、多くの国民の支持を得るという点で、男系でいけるのであれば男系でいけばいいと思う。しかし、男系のままでは天皇制の存続が難しい状態になってきた。戦後、旧皇室典範を改める際、内閣諮問機関「臨時法制調査会」でも、新憲法が男女平等を規定することから女性天皇容認論が議論された。

男女平等の社会になって、女性・女系天皇を除外する必要はない。男系を維持するため七〇年前に皇籍離脱をされた方が、仮に復帰されて天皇になったとしても国民の尊敬が得られず、象徴天皇制は揺らぎかねない。女性・女系天皇を認めるための皇室典範改正も課題だ。

（聞き手・南　恵太）

4 平成で変わった

象徴としての天皇と日本国憲法
――今上天皇の「退位」を巡る考察（抜粋）

石川健治 東京大学教授×姜尚中 東京大学名誉教授

（『すばる』二〇一八年一月号）

（前略）

戦後の天皇論の二つのスタンダード

姜　憲法上における天皇の在り方を問う議論は、大きく言うと、どんな流れがあるのですか。

石川　戦後日本の憲法解釈におけるスタンダードを形成した、宮沢俊義と清宮四郎というふたりの憲法学者による議論があります。宮沢俊義は、先ほどお話に出た「天皇は判子を押すロボットであればいい」というスタンスの人です。宮沢先生は、天皇機関説を唱えた美濃部達吉の後継者ですが、そこにいう天皇機関説とは、権利と義務を担う主体である「法人」という法学的カテゴリーで国家を捉える、一個の法学的国家論（いわゆる国家法人説）を、帝国と帝国憲法に当てはめたものです。

その背後には、フランスその他における主権国家の形成の歴史から、「近代」全般における「国家」の理念型を抽出する、国家の一般理論の営みがあります。そして、そこから得られた「国家」や「憲法」の概念は、性質上洋の東西を問わないはずで、日本にも必ず現れるものであるから、そういう普遍妥当的な概念によって、帝国と帝国憲法を理解すべきだ、というのです。

そして、そうした概念によって、帝国憲法における「統治権の総攬者」としての天皇を解釈したのが、美濃部の天皇機関説でした。法学のメガネをかけて観察すれば、帝国は「法人」であり、帝国憲法は法人としての帝国の「定款」です。そして、いかなる種類の法人にも、法人の最終的な意思を決定する「最高機関」の定めがなくてはならず、定款としての帝国憲法の定めに照らしてみれば、法人としての帝国の「最高機関」が天皇であるのは、自明です。

そういうドライで明晰なものの見方を、日本国憲法にあてはめると、「最高機関」の地位は天皇から国民（正確には「選挙人団」）に移ったのであって、戦後の天皇は「形式的儀礼的な国事行為を行う国家機関」であり、「判子を押すロボット」だという説明になります。一九四六年の「人間宣言」に際し、宮沢は「実証主義的な法学者はもともと、神聖とか神格化という表現は、たんなる形容詞としか考えない」と発言し、戦後の天皇についても機関説的な解釈を展開します。宮沢の議論によれば、「天皇の法律的性格」は「国の象徴たる役割をもつ国家機関」に限定され、天皇は、法学のメガネをかけて見れば、国事行為を行う公務員とみなされることになる。

この解釈に従えば、天皇は国事行為だけを行うのが仕事の国家機関ですから、国事行為が忙しくて体がもたないのであれば、憲法の定めにより、摂政や代行となる人間に代わってもらえばいい、という話になる。ところがこの説明では、「国家機関であること」と「象徴であること」との間にずれが生じてきてしまうわけです。

姜　宮沢さんの天皇論では、天皇の象徴的意味を法学的には認めていないということになる。

石川　ええ、そのとおりです。法学のメガネに映るのは、国事行為を任務とする公務員（いわば「象徴職」公務員）としての天皇の姿だけであり、それ以外の姿が映っていたら、そのメガネは法学的には不純だ、ということになります。これに対し、天皇には「国家機関としての地位」とは別に「象徴としての地位」があることを指摘したのが、やはり宮沢と同じく美濃部達吉門下だった清宮四郎です。

清宮のこだわりの論拠は、そもそも「象徴」たり得るからこそ天皇は天皇として在るのではないか、という点にあって、天皇は「機関的地位」を持っているだけではなく、それに先行して「象徴的地位」を有している、という主張でした。

普通、国家の「象徴」として用いられるのは、国歌や国旗であり、西洋の憲法では、初めの方の条文で、国歌や国旗の定めをおいていることも少なくないのです。ワイマール憲法三条は、それまでのドイツ帝国の黒白赤の三色旗に代えて、あえてドイツにおける市民的自由主義の旗印である黒赤金の三色旗を、「象徴」として選択しました（ただし商船の旗としては黒白赤を残しました）。同様に、日本国憲法も、初めの条文で、日本国の「象徴」について定めをおいた。ただし、それは国歌や国旗ではなく、人間としての天皇であった、というのが清宮説で、これはひとつの真っ当な見方だと言えると思います。

宮沢説は、天皇の象徴的行為と呼ばれるものは、国事行為の一つである「儀式」のところに入れればよい（憲法七条一〇号）、と説明しました。これに対し清宮は、日本国憲法の構造上、象徴的行為は、天皇の「象徴としての地位」に対応する行為として、国事行為や私的行為とは別にカテゴライズされるべきだ、と考えました。国事行為としての儀式とは、筋が違うというわけです。

ただし清宮は、天皇の行う「象徴的行為」が政治的な機能を帯びる可能性があるので、これを野放しにしてはならず、国事行為に関する三条を類推適用して、象徴的行為にも「内閣の助言と承認」を要求すべきだ、という注釈を加えています。現在、天皇や宮内庁がとっている見解は、この清宮説に依拠したものです。八月八日のビデオメッセージについても、ここ数年考えてきたことを「内閣とも相談しながら」表明しました、と強調しておられるのはそのためです（天皇誕生日に先立つ二〇一六年十二月二十日の記者会見）。

姜　清宮学説が、今の天皇の在り方の一つの指針となっているとすれば、今上天皇は当然その清宮学説を読んでいるわけですね。

石川　はい、八月八日のビデオメッセージにおける概念の咀嚼のされ方からみて、清宮先生の教科書をご自身でも精読しておられるな、という印象をいだきました。

そしてこの清宮説を語るとき、キーパーソンとなるのが、法哲学者の尾高朝雄です。清宮も尾高もヨーロッパに留学した際に、ウィーン大学のハンス・ケルゼンという当時大変人気のあった法理論家に師事しています。

ケルゼンは、基本的統治権の所在を定める法規範を「根本規範」と呼び、それを頂点とする「法秩序」というメガネを通して、社会を読み解こうとしました。尾高はその解釈をさらに広げて、社会を意味づけるルールや仕組みのようなものが、まず社会に先行して存在しており、その意味づけは法だけでなく文化的なものにまで開かれる、というように考えました。

尾高は、『国家構造論』(岩波書店、一九三六年)の中で、国家が国家として成り立つためには、なぜそこに国家があるのか、その意味というものがあらかじめ把握されていなければならない、ということを述べています。これが尾高の考えた「意味的全体性」という観念です。そこには、もちろん、「法」とか「矩(のり)」みたいなものが核心にありますが、もう少し文化的なふくらみがある。法の論理が芯をなしていますが、心情や物語みたいなものも織り込まれ得ます。

たとえば、近代国家が近代国家として捉えられるためには、近代国家とはどういうものかという意味的全体性が、人々の意識のなかで先行して成立している必要がある、というのが尾高の論点でした。同様にして、まず日本国という意味的全体性が先行して存在し、その部分としての日本人として位置づけられることによって、初めて我々は日本人になっているのではないか、そういう観点から、彼は国家の構造を解明しようとしたわけです。

姜　尾高さんは宮沢のような法学だけに焦点を当てるドライな見方ではなく、法以外に日本人として位置づけられる要素に着目した。それが意味的全体性ということですか。

石川　ええ、そういうことになります。少し細かい話になりますが、国家を法的にしか見ないということは、それ自体が実は、ある種の政治的立場を示してしまうことになるのです。法治主義であり、したがって自由主義の立場ということですね。国家を法的にしか見ないということは、その人が自由主義者であるということの反映でしかない。不純な法律家はさておき、法律家たるもの、本来的には自由主義者であるはずなので、当然といえば当然なのですが、それでは厳密には中立とは言えない。尾高は、社会学から入った学者ですから、もう少し幅の広い、ウェットな情緒や、文化的な要素も入ったメガネで、国家を見ていこうというわけです。

尾高は、社会を意味的な構成物と考える、社会構成主義の開祖であるアルフレート・シュッツの親友であり、ウィーン留学時代に、シュッツとともに現象学的社会学を除幕した学者なんですよ。それを、「政治」や「国家」に延長してみたのが、『国家構造論』です。

姜　なるほど。

石川　そして尾高は、国家の意味的全体性が実現されるためには、その「体現者」が必要であると説いた。これが、日本国憲法のいう、「象徴」にほかなりません。立憲君主制において「国家的全体を体現すべく意味づけられた事実人」は君主だということになります。これを大日本帝国に当てはめるなら、それは天皇であると尾高は考えたのです。

姜　その議論を深めていったのが、清宮・尾高が赴任していた、日本統治時代の京城帝大なのですね。しかし、いかに学問に従事していたとはいえ、植民地の支配者側の立場としてそこにいたことは、彼らの思想に何らかの影響を与えているのではないですか。

石川　もちろんそうです。ただ、その影響については、京城帝大の設置者である朝鮮総督府と、大学における学問の自律性をめぐる、なかなか複雑な説明が必要です。

まず、『国家構造論』が上梓された時期の日本には、天皇機関説事件の嵐が吹き荒れていたのですが、当時の朝鮮総督だった宇垣一成は、京城帝国大学をその嵐から守ったのです。そこで尾高や清宮たちは、中央の思想統制の及ばない、植民地の人工的な空間にいたからこそ、なおしばらくは大学の自治を享受し、自由な学問を続けていくことができました。

他方で、京城という場所は中央の影響から遠い日本の辺境であったわけですが、清宮や尾高はそうした辺境にいたからこそ、逆に国家とは何であるかという一般理論的な主題を、真剣に考える切実さを持つことができたのだと思います。それだけに彼らは、海で隔てられた東京や京都よりも、欧州と地続きであることの方を強く意識し、留学中の友人たちとともに国家理論の最前衛を担う気概をもっていました。

それゆえ、京城は、日本の理論憲法学のメッカとなり、そこでの思索の成果は、戦後の体制変革期に役立てられることになりました。戦後日本の憲法変動の解明は、京城学派の理論に依存するところが大きかったのです。渦中にあった天皇自身もまた、自己の立場を了解するために、結果として京城学派に依拠することになったわけです。

しかし、彼らは、植民地統治の最前線にあって、なぜ自分はここにいるのか、なぜ朝鮮人の上に立っていることができるのかということを、考えざるを得ない立場にいました。とりわけ看板教授だった尾高の場合は、大学の設置者、朝鮮総督府の統治にコミットせざるを得ず、天皇という存在が自明ではない被治者朝鮮民族に対して、理屈でそれを説明するという、イデオローグとしての役割も担っていました。

一方で彼は、天皇機関説事件以降、内地では公定の学説になっていた天皇主権説、つまり天皇を最高の決定権者とする考え方を、思い切って退けます。これは結構勇気が要ったでしょう。他方で、天皇機関説（国家法人説）の前提であった国家主権説に戻ることもできないので、「国家そのもの」が主権者なのではなく、「国家における全体」が主権者である、と主張します。

この「全体」は、国民や国土をその「部分」として認識させる了解枠組みですが、何か実体をもっているわけではありません。あくまで「全体」は、国民に共有された「意味」として存在しており、その「体現者」を必要とします。それが、日本では、天皇だというわけです。

天皇によって体現される、主権的存在としての「意味的全体性」は、「政治の矩」「根本法」（戦後は「ノモス」）と名づけられる立憲主義を基軸の一つにしており、それによって政治の暴走が抑制されることが期待されています。と同時に、彼が解明しようとした「意味的全体性」は、そうした法や平和だけでなく、国防やら文化やら経済やらの、統治の諸目的が調和的な一体をなした、各種の「道徳」や「正義」のアマルガム（「道義」）であり、時代の要請により「道義」の重心は、次第に国防に傾いてゆきました。

このような意味的全体性について、その「体現者」としての天皇を共に頂くことにより、大日本帝国がどういう道義を掲げる国であるのかが明らかになる、というような理屈で、講演会などを熱心にやって朝鮮民族を説得しようとしたのですが、あまりうまくはいかなかった。良心的な植民者ではあったのですが、しょせんは植民者の立場でしかなかったのです。

そういうなかで、尾高は「皇民化運動」のイデオローグになり、「創氏改名」も積極的に推進します。しかし、彼が積極的に付与しようとした「皇国臣民」として生きることの道義的意味は、同時に独立した民族としての意味を剝奪することにほかならなかったわけで、一部の人は尾高の説明に感激して、積極的に日本人になって「道義」のプロジェクトに加わろうとしたけれども、当然、最後まで納得しない人の方が遥かに多かったわけです。

姜　それはそうでしょう。ある意味それは京城学派の影の部分とも言えますね。

個も生き、全体も生きる「装置」として

石川　「意味的全体性」の論点については、少しほかの視点から見ると、わかりやすいかもしれません。丸山眞男が若いときに一番最初に書いた論文がありますね。

姜　丸山が二十二歳の時に『緑会雑誌』に発表した論文のことですね。僕も読んでいます。

石川　あの論文の最後に「弁証法的全体主義」という言葉が出てくる。弁証法的全体主義というのは、「全体」を想定するという意味では全体主義の一種ですが、同時に「部分」としての個人も生かすべく、「全体」と「個」の弁証法的なダイナミズムを維持しようという考え方です。

あの当時、個体としての人間のみを実在と考える、個人主義というのは、もうあり得ないわけですので、「全体」に軸足をおきつつ、弁証法的なダイナミズムを確保して、同時に「個」を活かす道を確保するほかはない、というのが、あの論文で丸山青年が言おうとしたことだと思うんです。

その頃、たとえば、東大で教えた筧克彦のような憲法学者は、汎神論的な世界観のもとで、天皇

が表現する「普遍我」としての「全体」に、「個」としての「我」を埋没させる回路をつくっていました。これに対抗していかにして個を生かしていくのか、という方策をたてることが、自由主義者にとっての戦略的核心でした。

この点、丸山は特定の論者に依拠した論証は行っていませんが、尾高の考え方はまさに弁証法的全体主義でした。そして、一方的に「全体」を演出するのではなく、個と全体との往復という弁証法的な回路そのものを演出する存在として、天皇を位置づけてゆくというのが、京城学派の天皇論の狙いでした。

あくまで「全体」を想定するという前提にたつ以上、全体を演出する装置が必要です。この点で、民主制における「国民代表」としての国会も、その候補たり得ますが、どうしても部分利益の代表者になってしまい、意味的全体性の表現者あるいは体現者としては、なかなか機能しない。むしろ、ナチスのような独裁政治を生み出してしまう。京城学派は、きわめて苛烈な、ナチスの批判者でした。

全体主義の風潮に、清宮も尾高も抵抗し続け、そのかたわらでヘーゲルを読み続けます。そういう観点から、「立憲君主制」擁護の言説が展開されるのです。部分利益が反映されていく議会制がある一方で、全体性を表現する存在として君主が存在するのは、むしろメリットだ。部分利益を反映する議会と、全体の利益を体現する天皇とが両輪となって、部分と全体の弁証法が確保されるからです。個を生かすために、象徴としての天皇がいることが役に立っている、というわけですね。いわば社会構成主義の観点からヘーゲルを読み直す企てです。

そして、そのようにして確保された弁証法的回路のなかに、「部分」が輝けば「全体」が輝くという理屈で、「自由権」をねじこんでいく。尾高は、皇民化運動の旗振りをするかたわらで、ほとんど美濃部憲法学の水準にまで自由権を回復させる立憲主義憲法学の可能性を、戦時中に発表した『実定法秩序論』(岩波書店、一九四二年)において追求しています。

ただ、尾高のこの議論には問題があって、個の自由権といっても、全体あっての個、あくまで部分としての個でしかなかった。超国家主義の時代にあっては、全体と切り離された、国家と無関係な個の生というものは許されない。けれども、そんな不自由な時代にあって、せめて部分としての活躍の道を確保すべく、道筋(「政治の矩」)を開こうとしたというわけです。そして、その道筋の体現者が、天皇だったのです。

姜　なるほど。個の自由権を追求するにはあまりにも不自由な時代であったということですね。国家とは無関係な自由な個が回復したのは、戦後の現行憲法によってですね。

石川　はい、それに関してはちょっと感動的な話があります。民本主義で知られる吉野作造と留学中に親交を結び、京都から大正デモクラシー擁護の論陣を張った、佐々木惣一という憲法学者がいますが、その老大家が「すべて国民は、個人として尊重される」という日本国憲法一三条を読んで、そのなかに「存在権」というコンセプトを発見する物語です。

当初彼は、当時の多くの憲法学者と同じく、一三条をただの「自由権」の条文だと考えていたのですが、最終稿の段階で天啓があり、「存在権」という全く新しいコンセプトが、佐々木の脳裡に降りてきたのです。

それまでは、戦前の立憲君主制的な自由権論の頭で日本国憲法を見ていたのが、この憲法は違う、一三条が保障しようとするのは、国民ひとりひとりが、それ自体としての目的をもつ、一個の全体（「全部者」）として生きることができる世の中なのだ、ということを佐々木は発見します。

姜　それは非常にエキサイティングな一瞬だったでしょうね。戦時中は、個の存在権なるものはないに等しかったわけだから。

石川　彼は、独特の悪筆で、猛然と朱を入れ始めます。国家という、他の全部者のための「部分」として輝くのではなく、一個の全部者として、尽きなく自分の〈生〉を生きることが初めて認められた、これを佐々木は「国民の存在権」と呼んで、「自由権」と区別したのです。結局、この「存在権」の観点から、引用された憲法の条文以外、全文書き直してしまいました。

驚いたことに、佐々木は、あちこち間違えながらも読みにくい原稿を漸くにして組み上げた、植字工の努力の結晶である初校のゲラを、再び赤線で全部消してしまいます。そして、今度は、「国民の地位」から「人間の生活する立場」に視点を移動させ、国家と国民の関係だけでなく、私人と私人の関係においても「存在権」を確保する道を、追求してゆくのです。

国家の統合作用としての象徴天皇

姜　先ほど言及された丸山眞男の緑会論文ですが、僕は昔これを読んですぐにはすっと入ってこなかった部分もある。記憶にあるのは、ファシズムというものは、市民社会が分裂、分断されていく過程で台頭してくると。そうならないために、市民社会の分断を、どうやってヘーゲルの法哲学でいうアウフヘーベンするかということが非常に明確に書いてあったと思うんです。そうした思考実験が弁証法的全体主義という言葉でくくられている。

石川 そうですね。

姜 そういう丸山さんの問題意識が提示されてから、ゆうに八十年の月日が流れているわけですが、あらためて今の市民社会を見てみれば、部分利益の絶えざる競合や対立にさらされ、あちこちで分断や分裂が起きている。そんな状況下で、国民国家という形で統合していくのは至難の業ともいえる。その意味では、いまアメリカが一番苦しんでいますよね。アメリカの現大統領は単なる部分利益であるところの白人至上主義者の代表にすぎないではないかという議論が盛り上がると、今度はわっと反対の議論が押し返し、あちこちで対立が巻き起こっています。僕はそれを内戦的状況、あるいは疑似戦時体制という言い方をしているのですが、世界中で分断、対立、内戦的状況が起きているのは間違いない。そして、ヨーロッパでは、難民問題を機に極右政党がナショナリズムを煽って、軒並み力を誇示し始めていますね。

丸山さんは二十代の最初にして、そうした市民社会が分裂していくときに起こり得る危うさ、ファシズムの台頭を見抜いて、あの論文を書いたわけで、あれは単なる市民社会礼賛論ではないですよね。

石川 おっしゃる通りだと思います。

姜 戦争が終わったとき、上官に「丸山君、天皇陛下はどうなるんだ」と聞かれて、「大丈夫です。立憲君主制と民主制は整合的です」と答えたというエピソードもありますね。

僕自身は、以前から共和制がいいのではないかと思っていたのですが、最近の国情を見ていると、どうもそれも危うい。共和制を敷いている国々のほとんどが政治的に非常に混乱をきたしています。国民国家というのは、こうした絶えざる内戦的状況を、いわば国内平和を通じて一つにまとめ上げていかなければいけない使命があるわけですが、そこで今日のテーマに立ち返ると、石川さんの言う象徴天皇を含む社会の意味的全体性というのは、国の統合という観点から見てどういう意味を持っているのか、そこをお聞きしたいと思うんです。

石川 天皇という存在を使うか使わないかは別として、国家には統合作用がなければなりません。それがないと国家が国家ではなくなってしまうという問題は、ワイマール期の憲法学からずっと議論されてきたことです。

とりわけ権力分立は、国家における遠心力を働かせる装置ともいえるので、三権分立してしまったら、ばらばらになるのが自然です。にもかかわらず、現実にはそうなっていない。ということは、大なり小なり、弱くなったり強くなったりしつつも統合作用が働いているわけです。それが何であるかを探求することは、いつの時代も共通の主題としてあったのですね。

たとえばドイツの公法学者ルドルフ・スメントは、統合には三つの契機があると言っている。一つは、誰がそこに立っているかという人格的統合。例の郵政解散の折、郵政民営化が何かはわからないけれど、あの小泉さんが命を賭けてやろうとしているのなら、応援してやろうという気に多くの人々がなった、あの感じです。

二つ目は、共同作業をするなかで発生する作用的統合。誰に命じられたのか、何のためにやっているのか、わからないような事務作業でも、みんなでやっているうちに心が一つになってゆく。あるいは、国会前で、誰かが太鼓をどんどん叩いてリズムをとっているうちに、立場の違うみんながいつのまにか一つになってゆく、というあの感じです。

三つ目は、これは説明が難しいのですが、「誰が」ではなく、「何を」に視点を置いて、何を実現しようとするのかという理想とか価値とかによる統合です。「誰が」ではなく「何を」ということなので、（主体に対する）「客体」――（人に対する）「物」――を契機とする統合、と表現されます。平和主義をかかげているから、GHQの介入で出来た憲法だけど日本国憲法を支持しよう、という感じです。

このスメントの説明で注目すべきなのは、この分類において「象徴」はどこに入るのかといえば、人（主体）による統合ではなく、三つ目の物（客体）による統合の文脈であるということです。「何を我々は目指すのか」ということを示すために、「象徴」は使われるんです。

姜　なるほど。人が目指すもののシンボルとしてあるということですね。

石川　そうです。たとえば、日本国憲法はどういう価値を実現しようとしているのか。これをまじめに議論するだけでも、統合作用は働くんです。戦前とは違って「存在権」も保障しているとか、国民主権の憲法であるとか、平和主義の憲法であるとか、そういう価値の認識があるだけで、少なからぬ人が統合されるのです。

けれども、憲法が目指す価値というのは結構難解ですし、たっぷり時間をかけた討議なり熟議が必要な内容だとは思います。そこで、複雑な思考作用をショートサーキットして、我々が目指すのは「これ」だ、ということを一瞬で直観的に想起させて統合力をひきだすために、「象徴」という装置が用意されるわけです。

通常は国旗か国歌です。しかし、旗や歌そのものが価値や理想なのではなく、それを通じて、堅い話抜きで価値や理想を想起させよう、という装置としてそれらは用意されます。日本国憲法が用意した象徴としての天皇も、あくまで憲法が何を目指しているのかを一瞬で想起させ、国民の統合をひきだすために置かれているのです。

ただし、この統合作用は、しばしば錯綜しやすいと、スメントも指摘しています。しばしば「誰が」による統合と、「何を」による統合とが混同されてしまう。誰がやっているかという問題と、何をやろうとしているかという問題が、癒着しやすいということです。

特に日本の場合は、憲法が、国旗でも国歌でもなく、天皇という人間象徴を置いてしまったので、この制度設計のもとで、「人」による統合と「価値」による統合との区別が非常につきにくくなっている、という構造的な問題を抱えています。とりわけ昭和天皇は旧現人神ですから、その「人」にまつわる個人カリスマによって、むしろ「人による統合」作用を戦後日本にもたらしていた、といえます。しかし本来、象徴というのは「何を」実現するかを一瞬にして想起させるための装置として置かれるわけです。ですから、日本国憲法が何を実現しようとするのか、それを示すために置くのが「象徴」の正しいあり方です。ですから、個人カリスマをもつ昭和天皇の崩御を承けて即位した今上天皇が、「皆さんとともに日本国憲法を守り」とおっしゃって、まず憲法の価値を象徴する役割を果たしていこうとされたのは、きわめて正しいやり方だったわけです。

その意味では、人格的統合力の弱い天皇が登場し、本来の象徴の役割に転じたということが、日本国憲法にとっては活気の源になっているともいえるでしょう。昭和天皇が戦後すぐに生前退位していればまた話は別でしたが、旧現人神のもつ人格的な統合力が、昭和の終焉とともに天皇制から切断されたところから、ようやくにして本当の「象徴天皇」の時代が始まったと私は見ています。

姜　非常に腑に落ちる解説ですね。

石川　そうした流れの中で、日本国憲法が統合力を発揮してきた実質的価値とは一体何なのだろうかと、あらためて考えてみると、やはり平和主義が浮かび上がってきます。平和国家というシンボルを、自らが掲げるのだという今上天皇の在り方は、折々の「おことば」ににじみ出ていますが、それはきわめて憲法に整合的で、しかも安全で正しい象徴の在り方だと思います。

姜　天皇と憲法の整合性についての、そういう解釈は初めて聞きました。そこまで聞くと、今上天皇の生前退位に向けたビデオメッセージの意味が納得できますね。ある意味、今上天皇が平和主義の体現者として振る舞うことで、憲法の構造上の齟齬や乖離を埋めて、整合性を生み出したともいえるんじゃないですか。

石川　そうですね。もちろん、難しいことを言えば、平和主義の原理と、それ以外の基本的人権や国民主権の原理とが、ちゃんと鼎立するのかというと、なかなかそれはうまくいかないことが多い。実はそれぞれ仲が悪いわけですよね。

姜　日本だけでなく、世界のあちこちでさまざまな対立が起きているのは、常にその綱引きがあるということだし、国民国家としての統合作用が利かなくなってきているということでもありますね。

石川　ええ、国民主権を押し出せば、平和主義や人権が引っ込むとか、人権と平和主義だって実は反りが合わないとか、そういう綱引きは常にあります。しかし、そうした問題があるにせよ、とにかく「日本国憲法はこれだ」ということを打ち出せるのが、「象徴」です。それだけに、象徴として平和主義の理念を掲げるのは、きわめて自然で正しいやり方なのではないかと思いますね。

姜　政権与党は、口を開けば改憲で、時局はどうも危ない方向に進んでいます。そういう時局のなかで天皇論も変わっていったという歴史もあるわけですし、皇室の在り方はいつの時代も難しいと思います。

石川　はい。そこでメッセージの解釈になるわけです。政府は、今の天皇陛下一代限りのこととして退位特例法で生前退位を容認しました。けれども、退位問題は、今回一回きりのことではありません。日本国憲法が続く限り存在し続ける、構造的な問題なのです。今回、事実上初めて、その問題を考えるチャンスが来たわけですから、本格的な議論を回避してしまったのは、もったいなかった。本来は、皇室典範を改正して退位システムを制度化することの是非まで、議論すべきでした。

（後略）

5 世界と同じ立憲君主

象徴天皇制はどこにいくのか――世界の潮流から考える

君塚直隆 前掲

（『Journalism』二〇一九年四月号）

君主制は時代遅れなのか

今年五月、日本に新しい天皇が誕生する。一二六代目を迎える日本の天皇は、現存する最古の君主制の長となる。

今から一世紀ほど前の第一次世界大戦（一九一四～一八年）が始まる直前、世界の大半は皇帝や国王が君臨する君主制国家とその植民地とに覆われていた。共和制をとっていたのは、アメリカ合衆国以南の南北アメリカ大陸と、ヨーロッパでもフランス、スイス、それにポルトガルぐらいのものので、共和国は少数派であった。

それが大戦により大きく状況は一変する。第一次大戦は史上最初の本格的な「総力戦」となった。すなわち国家総動員で敵に当たらなければ勝てない戦争となったのだ。一九世紀までの戦争は、国民の数%のみが実際の戦闘に関わり、万一その戦闘に負けたとしても「臣民」たちは君主のもとに駆けより、主君を鼓舞したものである。

ところが、老若男女のすべてが戦争に関わるようになり、父や夫や息子を戦争で失った女性や子どもたちにとって、「敗戦」の責任はすべて君主とその取り巻きに帰せられることとなった。ヨーロッパに五〇〇年以上にわたり君臨してきたハプスブルク家は倒壊され、ドイツもオスマンも帝国は崩壊した。大戦中の革命でロシアのロマノフ家も滅亡した。

さらに第二次世界大戦(一九三九~四五年)後には、イタリアやバルカン半島でも王制はそれぞれの事情で消滅していった。

二一世紀のこんにち、国連加盟国一九三ヵ国のうち、君主制をとる国は(日本も含めると)二八ヵ国に過ぎない。これに英国君主が国家元首を兼ねる英連邦王国(一五ヵ国)をあわせても四三ヵ国なのである。いまや君主国のほうが少数派になってしまった。

とはいえ、君主制をとる国とその国民とのほうが、共和制より「時代遅れ」の体制下にあるなどと考えるのは早計である。国民ひとりあたりのGDPがここ何年も世界一を誇るルクセンブルク大公国をはじめ、国民生活が豊かな国は君主制をとっている場合が多い。

また北欧やベネルクス諸国に代表されるように、女性や子どもの権利の擁護、男女同権、地球環境の保全、LGBT問題など、世界の最先端をいく種々の問題に積極的に取り組んでいる国々も君主制をとる場合が多い。それだけではない。こうした種々の問題の解決に各国の王室が支援団体などを組織して全面的に協力しているのである。

さらに昨今問題視されている、各国における「ポピュリズム」の台頭にあたり、民主主義の行き過ぎに歯止めをかけてくれる存在として、政党間や民族間、場合によっては宗教間の対立のなかで「公正中立」の立場を厳守する王室は、国家の紐帯となりうるのだ。

本稿では、新しい天皇への代替わりにあたり、今後の象徴天皇制のゆくえを探るうえで、ヨーロッパの君主制の歴史と現状に目を向けながら、比較史的に論じていきたい。

「生前退位」の系譜

二〇一六年八月八日の午後三時から、日本列島は「象徴としてのお務めについての天皇陛下のおことば」の放映で揺れ動いた。天皇が、記者会見ではなく、テレビを通じて自らの見解を国民に直接伝えたのは、東日本大震災直後（二〇一一年三月）以来のことであり、自らの進退（退位）についてその意思を伝えたのは、前代未聞の出来事である。

この「おことば」をきっかけに、二〇一七年六月には「天皇の退位等に関する皇室典範特例法」が国会を通過し、今年四月に明仁天皇が退位されることに決まった。明治以降では、初めての天皇の「生前退位」となる。

報道等によれば、明仁天皇はすでにこのテレビ放映の何年も前から「生前退位」の意向を周囲に洩らしていたようであるが、この意向の表明のあり方には、半世紀以上にも及ぶ友好で天皇と結ばれたヨーロッパの同世代の王侯たちからの影響もかいま見られるのだ。

現代ヨーロッパの王室で「生前退位（譲位）」が見られるようになったのは、一九四八年にオランダのウィルヘルミナ女王（在位一八九〇～一九四八年）が退位表明を行ったときと考えられる。女王は四〇年五月にナチス・ドイツ軍によって国土が蹂躙されたのちも、ロンドンに亡命してBBC（英国放送協会）のラジオを通じ、国民に徹底抗戦を呼びかけた。まさに救国の英雄だった。しかし帰国後に、戦時中のストレスに加え、国民の大半と世代的なギャップが生じていることに気づき、戦後復興のめどがついた四八年に退位した。

この譲位の「慣行」は次代のユリアナ女王（在位一九四八～八〇年）にも引き継がれた。彼女も七一歳の誕生日を迎えた八〇年四月に長女のベアトリクス（在位一九八〇～二〇一三年）に譲位した。さらにベアトリクス女王も、その在位が三三年にも及び国民からの人気が絶大であったにもかかわらず、二〇一三年一月にテレビ放映で国民に退位を表明した。

いずれの場合も、女王自身の高齢化と、その在位中に世継ぎとなる人物が国内外で様々な公務をこなし、外交の面でも世界的に知己を得ているなど、「経験と実績」が買われ、後事を託しても良いという状況が醸成されていることが条件になっているといえよう。

同様の状況は隣国にも現れている。ウィルヘルミナ女王と同じく、一九四〇年にナチの侵攻に遭い国を追われたルクセンブルクのシャルロット大公（在位一九一九～六四年）も、連合軍とともに祖国を救った英雄であった。そして帰国後に、政府と協力しながら自国を世界有数の経済大国に育成し、後継者にも経験を積ませた後に、六四年に長男ジャン（在位一九六四～二〇〇〇年）に大公位を譲った。そのジャンも長年にわたり国民とともに手を携えて国を繁栄させた後に、現大公アンリに譲位した。

そしてベルギーでも近年、「生前退位」が見られることとなった。オランダやルクセンブルクに比べ、ベルギーでは建国以来、北部のフランデレン系（オランダ語話者）と南部のワロン系（フランス語話者）のあいだに民族的・言語的な対立が顕著に見られてきた。こうした対立は議会政治にも持ち込まれ、二〇一〇～一一年には一年以上にわたって正式な政府が樹立できないという状況が続いたほどであった。

これに「活を入れた」のが国王だった。アルベール二世（在位一九九三～二〇一三年）は建国記念日のテレビ放送で、諸党派の指導者たちに国民の怒りを代弁して早期の対話を訴え、このおかげで史上最長の五四一日もの空白期を終えて、ベルギーに正式な政府が誕生したのである。ベルギーでは他のヨーロッパ諸国に比べても、政党間の対立にあたり、国王自身の調整能力がきわめて重要となってくる。

しかし高齢と病気に加え、皇太子のフィリップが二〇年にわたって国内外で多くの経験を積んできたこともあり、二〇一三年七月にアルベール国王は退位を表明した。

さらにスペインでは、国王自身の高齢と病気とともに、次女の夫が収賄容疑をかけられたことも影響し、ファン・カルロス一世（在位一九七五～二〇一四年）が二〇一四年六月にフェリーペ皇太子に譲位することとなった。

このベアトリクス、アルベール、ファン・カルロスという三人の君主は、いずれも記者会見形式ではなく、事前に録画をしておいたビデオを放映することで、国民ひとりひとりの目をみつめながら、切々と退位のきもちを表明している。それは二〇一六年八月の明仁天皇の「おきもちの表明」でもとられた方法であったといえよう。

それればかりではない。ベアトリクス女王が退位表明で述べた、「人々に寄り添い、悲しみをともにし、喜びや国の誇りを分かち合えたことは、本当に貴重な体験となりました」という言葉は、「この間私は、我が国における多くの喜びの時、また悲しみの時を、人々と共に過ごして来ました」という明仁天皇の「おことば」とも共通点が見られる。

明仁皇太子がベアトリクス王女と初めて会ったのは、皇太子が一九歳でオランダを訪問されたときのことである（一九五三年）。またアルベール王子と出会ったのも同じときだった。爾来六〇年以上にわたる親交のなかで、ともに君主となり、同じような苦労や経験を共有していくなかで、この長年の親友たちの「身の処し方」から明仁天皇が何がしかをつかんだとしても不思議ではあるまい。

国民の支持あっての王室

このように近年、君主自身の高齢化と後継者の存在とが相まって、各国で「生前退位」が見られるようになったなかにあっても、依然として公務を続ける君主がいる。

イギリスのエリザベス二世女王（在位一九五二年～）である。今年の二月でその在位は六七年に達し、四月には満で九三歳を迎える。現存する世界の君主（さらには国家元首）のなかでは、文句なしに最長の在位を誇り、また最高齢記録を更新中である。

イギリスでは、中世の時代に政争で追い落とされたり、近代になってからも「名誉革命（一六八八〜八九年）」で王位を追われたりした場合を除いては、君主が「生前退位」を行うという例は見られなかった。現代で唯一の事例が、有名な「王冠をかけた恋」によって自らの退位を決意した、エドワード八世の場合であろう（一九三六年一二月）。

それゆえエリザベス女王も亡くなるまで君主にとどまり続けることになる。不測の事態が生じた場合には、チャールズ皇太子が「摂政」を務めるのが慣例になっている。

二度の世界大戦を経て、いまやヨーロッパ王侯世界の頂点に立つイギリス王室は、世界中の人々からも注目を集め、二〇一一年のウィリアム王子（チャールズ皇太子の長男）、一八年のヘンリ（ハリー）王子（同次男）の「ロイヤル・ウェディング」はともにテレビで中継され、何億もの人々が見たとされている。

かつてエジプト王国の「事実上」最後の王となったファルーク一世（在位一九三六〜五二年）は、「この世で最後まで生き残る王様は五人だけだ。トランプの四人の王とイギリス国王だけである」との名言を残した。

事実、第一次大戦後に「大国」のなかで唯一残った君主はイギリス国王であり、世界に冠たる「大英帝国」を維持できたのもイギリス国王だけだった。とはいえ二〇世紀前半にそれまでの貴族政治の時代が終わりを告げ、大衆民主政治の時代が到来するなかにあって、そのイギリス国王も安穏としていたわけではない。

第一次大戦で国民とともに勝利をつかんだのが、現女王の祖父にあたるジョージ五世（在位一九一〇~三六年)である。彼は大戦中も常に国民を慰問、激励し、戦後は「国父」とみなされるようになった。さらに次の第二次大戦で同じく国民とともにナチスに徹底抗戦したのが、エリザベスの父ジョージ六世(在位一九三六~五二年)だった。総力戦と大衆民主政治の時代にあって、もはや王室も政府も国民からの支持なくしては存立しえない。

しかし第二次大戦後の世界は「米ソ冷戦」の時代に突入した。いまや「大英帝国」などは溶解し、イギリスは超大国の座から滑り落ちていった。そのような斜陽の帝国を国民とともに支えていったのが、終戦から六年半後に即位したエリザベス二世であった。

二五歳で玉座に着いた美しい女王は、国民から絶大な支持を集め、王室も安泰であるかに見えていた。しかしそのイギリス王室が存亡の危機を迎えたときが一度だけあった。

一九九七年八月末に、チャールズ皇太子の前妃ダイアナがパリで交通事故死した直後のことである。女王は、王室を離れたダイアナに特に弔意も示さず、ロンドンから遠く離れたスコットランド北部にとどまり続けていた。しかし多くの国民感情がそれを許さなかった。葬儀の前日に急いでロンドンに戻り、テレビで演説を行った後に、葬儀に王族すべてが出席したことで、国民の怒りは幾分かは和らげられたが、王室の支持率は急降下した。

実は、ダイアナは王室内でも「異端児」だった。彼女の死を伝えるテレビニュースでは、連日、彼女が晩年に関わった慈善活動の場面を流していた。国民の多くは、自分たち民衆のために手を差し伸べてくれるのはダイアナだけで、他の王族などみな冷たいとの印象を強くした。しかし事実は異なったのである。

イギリス王室は一九世紀以来、貧しいひとや障碍(しょうがい)のあるひとなどのために慈善団体を立ち上げ、数多くの活動に参加していた。しかしそれは「つつましく」行うのが礼儀であり、ダイアナのように自分が前面に立って慈善パーティーなどを開くのは「いやしい」という感情を王族たちは抱いていたのである。ところが時代は変わっていた。

そこで「ダイアナ事件」の直後から、王室はホームページを本格的に立ち上げ、自分たちの活動を多くの写真を入れて大々的に喧伝するようになった。「つつましく」やっていては誰も気がついてくれない、もっと大々的に喧伝しなければ国民は納得してくれない。「ダイアナ流」のやり方を導入しなければならない時代となっていたのだ。

おかげでイギリス国民の多くが目から鱗が落ちる思いをした。王室のおよそ二〇名ほどのメンバーだけで、実に三千以上もの団体の会長や総裁を務め、年間にこれまた三千件以上の公務を国内外でこなしていることが明らかになった。さらに時代が進むにつれ、王室はツイッターやユーチューブ、インスタグラムなども導入し、その活動は映像や画像のかたちで毎日更新され、世界中に配信されているのである。

こうした「努力」の甲斐もあって、二〇一二年にはエリザベス女王の「在位六〇周年記念（ダイヤモンド・ジュビリー）」を、国民は盛大にお祝いした。八〇歳をとうに過ぎているこの女性が、年間三〇〇件に近い公務をこなし、功労者にはひとりひとりに勲章を着け、彼女が会長や総裁を務めている六〇〇を超える団体のためにも日夜働いている姿を見て、国民は心底からこの女王を敬愛するようになったのである。

そして二〇一〇年代から、新たにキャサリン妃（ウィリアム王子妃）とメーガン妃（ヘンリ王子妃）を王室に迎え、ウィンザー王家はますます国民からの支持を集めている。

こうした「広報」の努力は今も続けられ、他のヨーロッパ王室にとっても「模範」となったばかりか、三年後にはいよいよイギリス史上初の「在位七〇周年記念（プラチナ・ジュビリー）」を迎える女王陛下に対する国民の信頼をさらに強めていくことになるだろう。

女性君主の可能性

このように、二〇世紀後半から急激に時代の変化がおとずれている世界情勢へ呼応するかたちで、王室もまた時代とともに変わりつつあるのである。それは「男女同権」というやはり二〇世紀後半から世界中で「常識」とされるようになった思潮にもあてはまる。

キリスト教を文化の中枢に据えてきたヨーロッパでは、中世以来、「男系男子」にのみ王位継承権を認める法が一般的であった。しかし「一夫一婦制」をとるキリスト教諸国では、やがてそれが王家の存続にとっての手かせ足かせとなっていく。事実、一七世紀後半からは、ヨーロッパ各地で「王位継承戦争」が絶えず生じることになり、王室だけではなく、広く国民（臣民）生活やヨーロッパ全体の安全まで脅かす要因となった。

第一次世界大戦でこうした旧弊な相続法を持つ帝国が崩壊した後も、北欧のデンマークでは相変わらず「男系男子」に王位継承を限っていたが、第二次大戦後の一九五三年に、ついに憲法改正が実現した。当時のフレゼリク九世（在位一九四七〜七二年）に女子しかいなかったことで、ここに女子相続権が認められ、国王の死とともに長女マルグレーテ二世（在位一九七二年〜）がデンマーク史上初の女王に即位したのである。

同じく「男系男子」に限る継承法を保っていたのが隣国スウェーデンであった。ここはデンマークやノルウェーに比べても国王の権限が強かったが、それも第二次大戦後に縮減されていく傾向が大勢を占めていった。そして一九七四年の憲法改正により、「政府が王国を統治し、政府は国会に責任を負う」政治体制に劇的に転換した。それまで国王に認められていた大権のほとんどが失われ、国王は儀礼的・国家代表的な権能の行使のみが保証されることになった。「象徴君主制」の誕生である。

これを契機に、それまでの王位継承法も改定され、七九年には「女系同等王位継承制」が導入された。すなわち、男女に関係なく、第一子が王位継承において優先されるという「絶対的長子相続制」が確立されたのである。これによりカール一六世グスタヴ国王（在位一九七三年〜）の長女が、弟に優先して次期王位に即くことも決まった。

スウェーデンは「絶対的長子相続制」導入の嚆矢となった。デンマークでさえ、女子への相続権は認めたが、いまだ「男子優先」だったのである。こののち、オランダ（一九八三年）、ノルウェー（九〇年）、ベルギー（九一年）、デンマーク（二〇〇九年）、ルクセンブルク（一一年）、イギリス（一三年）と、主要王国ではスペインを除くすべての王室が「絶対的長子相続制」を採用した。そこには国民の大半からの強い支持も見られた。

なお、スペインではいまだに「男子優先」が続くが、女子にも相続権が認められており、現国王の次は皇太子のレオノール王女と決まっている。

このように、ヨーロッパ王室の大半が「男女同権」という現代的思潮を反映した制度を導入したこともあり、あと三〇年もすれば、スウェーデンのヴィクトリア（一九七七年生まれ）を筆頭に、ベルギーのエリザベート（二〇〇一年生まれ）、オランダのカタリナ＝アマリア（〇三年生まれ）、ノルウェーのイングリッド・アレクサンドラ（〇四年生まれ）、スペインのレオノール（〇五年生まれ）、そしてヴィクトリアの次代のスウェーデンにはエステル（一二年生まれ）という具合に、ヨーロッパには数多くの「女王陛下」が君臨することになる。

ヨーロッパにおいては、王室はまさに「時代を映す鏡」となっているのである。

これからの皇室への期待

「ヨーロッパで小麦が栽培されているのと同じやり方で、タイの土壌で米を育てることなどできない」。これはタイの近代化に尽力した「チュラロンコーン大王」こと、ラーマ五世（在位一八六八〜一九一〇年）の言葉である。

確かに王室制度に限らず、政治や経済や法律、社会や文化など、ヨーロッパで生まれ育ったものをそのまま他の地域に移入することは難しい。特にアジア各国は、ヨーロッパと同じかそれ以上に古い歴史や伝統を有している場合が多い。

とはいえ、このグローバル化の時代において、ヨーロッパ発祥の産物かもしれないが、いまや全世界的に価値があると認められているような思潮や慣行が拡がっているのが現実である。民主政治

（デモクラシー）や人権の尊重、男女平等、多文化共生社会の実現、地球環境の保全など、これらは地域も国も超えて、多くの人々から賛同を得つつある。

こうしたなかで、新たな天皇の時代に突入する日本においても、これまでの伝統や慣習にしばりつけられない、あらたな発想の転換が必要になってくるのではないか。

冒頭でも記したとおり、日本の天皇は現存最古の君主制の要である。しかしその天皇を支える皇族の数が減少傾向にあるのは周知のとおりである。現行の皇室典範第一二条にある女性皇族の「臣籍降下（皇族以外の男性と結婚する場合には皇室から離脱する）」というしばりは、もはや通用しなくなっているのではないか。さらには「男系男子」のみに皇位が継承されるという慣例も、難しくなっているのではないか。

マスコミから俗に「平成流」と呼ばれた、明仁天皇と美智子皇后がこの三〇年間で築かれた「象徴天皇」としての新たな公務のあり方は、天皇が二〇一六年八月の「おことば」でも述べているとおり「国民の理解を得られること」が前提となっていた。

新たに天皇・皇后となられるおふたりにも、平成の天皇・皇后が進められた「国民に寄りそう」公務を続けていかれるとともに、さらにおふたりの「持ち味」をいかされ、よりグローバルな活動も視野に入れながら、同じく「国民の理解」のうえに、新しい時代を築いていってもらいたいと祈念してやまない。

コラム1　有識者会議への批判に応える

（『中央公論』二〇一九年五月号）

御厨　貴

〝偉人伝〟は歴史研究ではない

二〇一六年七月十三日、天皇陛下による「生前退位のご意向」のNHKニュースが飛び込んできて以降、陛下ご自身と宮内庁、政府、そして首相の私的諮問機関「天皇の公務の負担軽減等に関する有識者会議」（以下、有識者会議）の間でどのようなやり取りがあったのか――このプロセスについての検証が、今後の課題として残されています。

すでに一部のメディアが関係者の証言を報じていますが、有識者会議の座長代理を務めてきた私からすると、「物語化」が始まっているように見えます。歴史的な検証作業は〝偉人伝〟作りとは異なり、批判的な意見も含めて丁寧に行われなければならないものです。

ところが今回の退位に関しては、情報が外部に漏れないよう口頭ベースで進められたため、公文書がほとんど残されていません。しかも、有識者会議のメンバーはわずか六名、関係した官僚もごく少人数と限定的。

このように伝聞証拠しか残らない場合、役立つのはオーラル・ヒストリー（歴史研究のために関係者から直接、口述記録をする方法）です。これまで私は口述記録をする側でしたが、実は有識者会議と同時並行で口述記録をしてもらっていました。

先日たまたまその記録を見たら「こんなことを考えていたっけ」と我ながら驚きました。回顧録はどうしても結果に向けて合理的に結びつけた説明になりがちです。これに対して同時並行だと、先が見えていない時点での記録だけに、非合理的な面まで含めて本当の気持ちが表れます。とりわけ「この試合は勝たなければいけない」と考えていたことを思い出しました。「決定者」としての役割を全うしようとしたのです。研究者としては本来やりたくないことですが、この時はいかに反対を抑えるかに注力していたのです。

安倍官邸と宮内庁

有識者会議に対する「一代限りの特例法という結論ありきだった」との批判は承知しています。そう見られても仕方がありません。しかし皇室典範の改正ではなかったとはいえ、また同様のケースが生じた時、有識者会議の最終報告書が参照されることは間違いありません。特例法は慣習法化していくものと考えています。

当初、安倍内閣は本心としては天皇の退位を望んでおらず、困惑していました。官邸と宮内庁はほとんど意思疎通ができていなかった。宮中と内閣が対立しているような構図の中で、どうやって退位の文脈に結びつけていくのかが課題となりました。また陛下ご自身による「おことば」に、多くの国民は一も二もなく賛意を示していた以上、安倍政権は自らの考えをゴリ押しできず、あの解決法が導き出されたのです。官邸と陛下、宮内庁がある種の緊張関係にあったことが、今回の結果を生んだのだと言えます。

宮内庁は今、かつてのような故事来歴に詳しい者や、長年要職を務める重鎮がいません。外務省や警察庁からの出向者が多いせいか、陛下を抱えている役所という特殊性への理解が足らず、新しい天皇像、皇室像を作っていこうという雰囲気がまったくありません。ゆえに陛下ご自身がリーダーシップを発揮するしかないという状況になったのです。

プラグマティックでなければ前に進まない

これまで憲法改正の問題が取り沙汰されるたび、九条もさることながら、そろそろ天皇条項に手を付けなければならないのではないかと私は主張してきました。陛下をある意味で自由に、憲法から解放してよいのではないか、と。

そんな私は、今回、陛下はすぐさま憲法を改正できないからあえて超憲法的に出たのだなと直感しました。もちろん憲法を厳密に解釈すれば、陛下が自ら退位を言い出されたこと自体が政治的行為であり違反になります。私は折々、この経緯を「憲法の規定から足が出ているか、土俵の上に乗っているか、極めて危うい状況」という比喩で表現してきました。

しかし陛下が先手を打たれたことによって、最初から焦点が象徴制に絞られました。そして、誰もが崩御されるまで在位し続けるものと考えていたところに、陛下が自ら高齢化を退位の理由にあげたのを受け、私は「高齢社会の今、天皇にも引退を認めていいのではないか」と思い、有識者会議を引き受けたのです。

憲法違反か否かを云々し始めると議論が止まってしまいますし、皇室典範に手を付ける時間は到底ありません。ゆえに、有識者会議ではプラグマティック（実利的）に徹し、退位問題に絞った特例法の制定が最速の方法と結論づけたのです。この判断は間違っていなかったと私は思います。

象徴を語れる研究者はいるか？

有識者会議へのもう一つの批判に、「象徴について、十分な議論がなかった」というものがあります。これはその通りです。象徴としての務めを論じ始めたら、そちらに議論が集中してしまったことでしょう。

最大の心配は「右派」からの反発でした。宮中祭祀以外の、行幸啓、慰霊の旅など今の陛下が拡大してきたお務め自体に疑義を持っているからです。退位が急がれたため、象徴とは何かの議論で会議を停滞させることはできませんでした。「右」からの反対は今なお続いていますが、保守を代表する安倍総理だからこそ抑えることができるのでしょう。

象徴としてのお務めについては、研究者がもっと議論しておくべきでしたし、今後も議論すべきです。しかし残念ながら、なかなか手は付かないと思います。なぜなら今回、そもそも憲法違反の疑いを指摘していたのは政治学者の一部だけであり、憲法学者は左派の数名を除いて口をつぐんでいました。だから象徴のあり方については陛下が主導権を握っています。ご自身のお仕事が象徴なのだと。たまたま平成の時代は自然災害が多く被災地を見舞われる機会が増えたこと、そして昭和天皇から引き継いだ戦災地への慰霊の旅とが重なって、お務めが肥大化しました。これが次代にも継続されるかというと難しい面があります。

こうした問題に、研究者が基本的に無関心でいるのが残念です。

新たな象徴像について

もともと昭和天皇が崩御された時、今の陛下ご自身も次に何をなすべきか、おわかりにはなっていなかったことでしょう。試行錯誤をしながら次第に今の道を切り開かれたのです。皇太子さまにも時間が必要です。

今の陛下は日本列島津々浦々を訪れていることから、国内重視と言っていいでしょう。皇太子さまは、国内問題についてどのような取り組みをするのかを考えると同時に、これだけ世界が狭くなった時代に、どうやって国際化に対応していくか、考える必要があるように思います。

皇太子ご夫妻は環境や子供の虐待・貧困といった世界共通の課題への関心が高いようです。雅子妃は外交官出身ですから国際化で力を発揮できるかもしれません。これまで皇室外交は憲法違反の疑いを指摘されてきましたが、得意分野で新しい時代を築いてほしいと思います。

残された課題

最後に、代替わりの後に、残された課題を二つ指摘しておきましょう。一つは上皇、上皇后に加え、皇嗣、皇嗣妃が並ぶという、象徴のいわば「三分裂」になりかねない状況になってしまったことです。

二つめは女系、女性天皇の問題です。退位の問題で最初多くの人々が「おやっ?」と感じたのは、小泉純一郎内閣の時代に議論していた女系、女性天皇ではなく、退位問題を議論するのかという点でした。しかし、今回の一連の経緯の結果、天皇のあり方が流動化、能動化してきましたから、女系、女性天皇の議論にもう一回火がつくだろうと思います。

国際化の文脈では当然、なぜ女性が天皇になれないのかが問われます。国内においても近年は女性が男性と肩を並べ、あるいはそれ以上というのが当然なのに、皇室だけは違うと主張するのは難しい。しかも現実に女性皇族がほとんどで、悠仁さまの次はどうなるのか不透明。少子化のトレンドから天皇家もまた逃れられないわけで、有識者会議はなるべく早期に女系、女性天皇の議論を再開するように要望を出しました。

さらに言うと、崩御でなくても退位できる自由を得た天皇に対して、旧皇族の方を含めるなど皇位継承資格を広げるか否かという論点があります。男対女というだけでなく、幅広な課題が浮かび上がってきました。

論点2

象徴天皇制とは何か——憲法第一条から考える

天皇と象徴を考える　お気持ち表明を受けて

長谷部恭男　東京大学名誉教授
杉田　敦　法政大学教授
岩井克己　朝日新聞特別嘱託
（『朝日新聞』二〇一六年九月十八日「考論」）

天皇陛下が先月、生前退位の願いを強くにじませた「お気持ち」を表明した。長谷部恭男・早稲田大教授（憲法）と杉田敦・法政大教授（政治理論）の連続対談は今回、昭和天皇の時代から皇室を取材してきた岩井克己・朝日新聞皇室担当特別嘱託を交えて、天皇制の現在と今後の課題などについて論じてもらった。

反省すべきは「政治の不作為」

岩井　陛下は八月八日、生前退位の意向を強くにじませたお気持ちを表明されました。朝日新聞の九月の世論調査では、実に九割が生前退位に「賛成」しています。ただ、今回の表明が、「天皇は国政に関する権能を有しない」とする憲法四条に違反する恐れはないでしょうか。退位の意向が報道先行で表に出るまでの経緯も不透明ですし、天皇が望めば政府はその通りに動くのだという認識が広がるとすれば問題です。

長谷部　道路交通法などと違って、憲法違反か否かは、条文を直接の根拠にスッパリと線が引けるわけではありません。個別の事情を勘案しながら総合的に判断せざるを得ない。今回は天皇が「個人として」の考えを述べられた。明言はされませんでしたが、要は、今の制度には不備があると指摘されている。日本国憲法が想定する天皇の象徴としての地位を安定的に維持するためには、これまで行ってきたような規模と内容の公務を続けるしかない。しかし私は高齢で無理になってきている、このままでは天皇としての役割や地位を安定的に支えられないと。このことを提起できるのは、天皇自身しかないでしょう。メッセージの内容も、日本国憲法を出発点とする真っ当なもので、非難されるべき点があるとは思えません。

杉田　とはいえ、生前退位の実現には新たな立法が必要になる。一定の政治的帰結をもたらすのは事実で、お気持ちと法整備の間には何らかの距離感が必要です。ただ、当事者たる天皇が指摘するまで政治が何も対応してこなかったとすれば、むしろそのことを反省すべきだと思います。象徴とは何か。天皇の役割とは何なのか。抽象的規定だけで、具体的に議論されてこなかった。これは強く言えば「政治の不作為」です。生身の人間が象徴としての機能を果たすという非常に難しい問題がそもそもある上に、高齢化や後継者不足など深刻な問題が生じている。これまではなんとなくあいまいにしてきましたが、国民的議論が必要です。

岩井　生前退位を実現するには、皇室典範改正と特別法の制定という二つの方法があります。政府は、いまの陛下に限って生前退位を可能とする特別措置法を検討しているようですが、私は邪道だと思います。憲法には、天皇の世襲は皇室典範に基づくと書いてあり、世襲のあり方は典範で周到に規定されている。それを、別の法律をつくれば典範の肝心なところも変えられるとなると危ないのではないか。特措法で対応するという議論は、その方が楽だからというにおいがして仕方がありません。それに、天皇の真摯な問題提起を、あたかも一人の天皇の「わがまま」であるかのように扱って、しぶしぶ「抜け穴」をつくろうとしているといった印象を与えてしまわないでしょうか。

長谷部 憲法二条を硬く読むと、譲位は天皇の進退に関わることなので皇室典範を直す必要があるということになる。しかし、皇室典範の定めるルールに従って継承の順位は自動的に決まる、そういう世襲制だと言っているだけかもしれない。だとすると、特別法で対応しても問題はない。生前退位しても、継承の順位が変化するわけではないからです。もちろん私も、典範改正が正攻法だとは思いますが、皇室典範に生前退位の制度を恒久的に設けることになると、要件の定め方が難しいのも事実です。定年制のような客観基準にするのか、本人の判断による主観基準にするのか。

杉田 おそらく、典範改正に踏み込むと、女系天皇の是非など、議論が広がる可能性がある。それを避けたいという思惑が政府内にはあるのでしょう。さらに言えば、今の典範は戦後、新憲法をふまえて制定されたとはいえ、象徴天皇制と完全に整合的か、今回の事態を見ても、疑問がある。むしろ、明治憲法体制との連続性を考えたい、政権やその周辺の方々が、典範改正をためらっているようにも見えます。こうした状況で、小手先の対応で大丈夫かという気はします。

国民に寄り添う姿、危険なのか

岩井　昭和の末期から皇室を取材していますが、消極的、儀礼的だった象徴天皇のイメージが、積極的、能動的なものにすっかり変わった。そもそも憲法は「天皇は国事行為のみを行う」としているのに、なぜ今回のようにお気持ちを表明したり、外国を訪問したりできるのか、疑問に思う人は多いと思います。憲法学界には、許されるのは国事行為と、宮中祭祀やコンサート鑑賞などの私的行為のみで、それ以外の公的行為、つまり「象徴としての行為」は認められないという見解もありますね。

長谷部　ただ、それは有力な見解ではありません。確かに憲法は国事行為だけを示していますが、同時に、生身の人間である天皇が象徴だとも言っています。平和の象徴たるハトは誰かと会ったり発言したりしないが、人間であれば、行動するし発言もする。そのこと自体が必ずなんらかの意味を伴う。そうした象徴としての行為を認めないのは、天皇が人間である以上、非現実的です。もちろん天皇が勝手にできるものではなく、必ず内閣が責任を持つ形でないといけません。

岩井　一九七一年、昭和天皇が、天皇としては初めての外国訪問で欧州を回った時、エリザベス英女王が歴史に言及したのに対し、昭和天皇は全く言及しなかった。当時のマスコミの論調は、人間としてのお気持ちの表明があってもよかったのではないかと批判的でした。この訪問を裏で支えた外務省幹部は退職後、私の取材に、象徴天皇制になって、少しでも政治的に影響が出そうなことはおっしゃれない、天皇は政治的権能を失って変わったのだと相手国に理解を求めるというスタンスで臨んだと振り返っていました。ところが、現陛下は活発に外国を訪問され、先の大戦についてのご自身の気持ちを述べられるなどし、結果的とはいえ、政治的影響が現実に生じています。今のところはいいとしても、あまり枠組みを広げてしまうと将来危ういのではと心配です。田中角栄内閣時代に、米国訪問の打診があり、宮内庁は政治的思惑があるとみて頑として断りましたが、今後そのように利用しようとする動きが出てこないかと。

杉田　とにかくインパクトのある存在ですから、たとえご自身の意思であっても政治的に利用される危険があるというのは、その通りだと思います。一方で、お気持ちを読むと、天皇は、憲法の「天皇の地位は、国民の総意に基づく」を、国民に支持されることと同じような意味に捉えられているようです。端的に言えば、人気があることを重視しているということですが、天皇のお立場からするとそれは仕方のないことかもしれません。象徴という概念は非常にあいまいです。国民的人気がないと危ないとご本人が不安になるのは当然でしょう。

長谷部　明治憲法では、天皇の地位は、神の子孫であるという神話に支えられていましたが、現在の憲法は、天皇の地位は、国民の総意に基づくと言っている。日本国民一般の暮らしや気持ちに寄り添っていくことで国民の支持を得るしか自分の象徴としての地位を支える道はないというのが、天皇の認識でしょう。それがそんなに危険なことかと、私は思います。ハトが平和の象徴なのは、みんながそう思っているからに過ぎません。天皇が日本国の象徴であるのも、詰めていけばそういうことで、国民がそう思わなくなれば象徴でいられなくなる。誰よりも天皇自身がそのことを深く理解し、懸念しているのではないでしょうか。

岩井　お気持ちでは「日本国の象徴」という言葉はなく、「象徴」「国民統合の象徴」とだけ言っていたのがとても印象的でした。国の象徴という言い方をあえて避け、国民に寄り添う姿勢を強調されたのかもしれません。ただ、やはり危惧するのは、本来は政治がやるべきことを、天皇に肩代わりさせている構図になってはいないかということです。先の大戦の傷あとの残る国や激戦地を訪れる「慰霊の旅」は、ありがたいお務めをして頂いたと受け止められる半面、戦後日本政治・外交が置き去りにしてきた後始末を、陛下に甘えてやってもらっているとも言えるのではないか。

杉田 そこは難しいところです。現天皇は日本国憲法下で即位した最初の天皇です。お気持ちでも、憲法、象徴、国民の総意という言葉を繰り返され、自分の地位は現憲法にもとづくということを強調されています。こうした観点からも、現天皇が憲法を非常に大切にされるのは自然です。日本国憲法は、先の大戦への反省も含めて成立したという歴史的な認識の上に、憲法前文と九条の平和主義に見合う形で、犠牲者の慰霊と平和への祈りを行われている。政治的と言えなくもありませんが、憲法の方向性と合致しています。

岩井 象徴天皇制のありようが、天皇のキャラクターによって随分変わることをいま、陛下が身をもって証明しておられます。だからこそ、象徴としての行為にはしっかりタガをはめておく必要がある。ヨーロッパのキングは外国訪問の際、経済ミッションを連れて、国の役に立つことをアピールしている。日本の皇室にもそのようなことを望む政治家が増え、東京オリンピック誘致に際しては、さまざま配慮はしつつも、高円宮妃久子さまがスピーチに立たれました。政治の遠慮がなくなってきています。

長谷部 天皇が象徴として尊崇の対象になるのは、実利をもたらしてくれないからこそです。実利ばかり追って生きる我々とは住む世界が違う、そう思わせるものがあるから尊敬されているのに、経済ミッションを引き連れたりして「道具」に使われた途端に権威は損なわれ、天皇は象徴でなくなる。そのことを理解しなくては。

男系男子の世襲、持続性が低い

杉田　興味深いのは、天皇ご自身は地方を回って、直接国民と触れ合うことをとても大事に考え、国事行為を代行する摂政ではそのような活動はできない、だから生前退位を望んでおられるのだと私は理解しますが、保守を自認し、天皇制を大事という人たちのなかでは、退位に反対し、摂政をおけばいいという意見が強い。彼らは、天皇は地方を回ったり外国を訪問したりする必要はないという考えなのでしょうか。

岩井　存在してくれるだけでいい、宮中の御簾の奥で祈って下さればいいという考えだと思います。実は私もこれまで、天皇の「ご活躍」には、そこまでやる必要があるのかと疑問を抱いていたのですが、今回、お気持ちを聞いて得心しました。遠隔の地や島々を旅することで、国内のどこにおいても、その地域を愛し、共同体を地道に支える市井の人々がいることを認識した、そのことが自らを力づけ、祈りに内実を与える。そういう捉え方をしておられたんだなと。

杉田　歴史をさかのぼれば、生前退位はかつて極めて普通に行われていました。

長谷部　そうですね。明治期に皇室典範を制定する際、井上毅は生前退位を認めるべきだと主張しましたが、伊藤博文がダメだと。その理由もあやふやですが。

杉田　新天皇の即位に合わせて元号を変える一世一元になったのも明治からです。天皇のありようは明治期に変化したわけですが、保守派とされる方々が、実は長い伝統によらず、明治から終戦までの一時的な天皇像に極度にこだわっているというねじれが生じています。

岩井　確かに陛下はこれまで、帝国憲法時代の天皇をモデルにはできないということをかなりはっきりおっしゃっています。たとえば二〇〇九年、ご結婚満五〇年に際しての記者会見で、大日本帝国憲法下と日本国憲法下の天皇のあり方を比べれば、日本国憲法下の方が天皇の長い歴史で見た場合、伝統的な天皇のあり方に沿うものと思う、と述べられている。近代以前の天皇の伝統も踏まえて、日本国憲法下の象徴としてどうあるべきか、時代もにらみ合わせてやっていくしかないというお考えなのでしょう。ただ、日本国憲法にはアメリカンデモクラシー的な精神も入っているからなかなか大変で、憲法改正を主張する保守派の一部が、現天皇に微妙な感情を抱くのはそのためかもしれません。

杉田　現在の天皇制は、男系男子のみの世襲で、側室制度も養子制度もない、制度的には極めて持続可能性が低いシステムです。女性・女系天皇にも、保守派とされる人ほど反対していますが、比較的若手の後継者が三人しかいない現状に危機感がないのか不思議です。男系維持と、皇位継承の安定化と、どちらが大事なのか。安倍内閣や男系維持派は解を示すべきです。

岩井　皇室を尊崇する人ほど「万世一系」の皇統観は根強い。小泉内閣時代、有識者会議が女系天皇容認の答申を出した時に、皇太子の次の世代には男子が一人もいなかったにもかかわらず、国論真っ二つの状態になった。保守派の人たちは今も旧皇族の復籍を主張しています。陛下は沈黙を守っておられたが、おそらく、私たちの時代には無理だなと。後継ぎに悠仁さまが生まれた以上、後の世代の人々に託すしかないと思っておられるのではないでしょうか。「万世一系」に別れを告げるには、念入りに挽歌を歌い、誰もが「それしかない」と思う状況が熟さないと難しい。個人的にも、男女平等の観点だけの単純な女性・女系天皇容認論には違和感があります。平等・人権重視だけなら、天皇制はやめるべきだと主張せねば一貫しないでしょう。

長谷部　天皇に関して、国民一般は知らなすぎると思います。皇室典範で、天皇や皇族は「養子をすることができない」とされていますが、かつてはよくあった話です。歴史や伝統が大事だというのはその通りで、であれば、天皇家をこれまでどうやってつないできたのかを国民がもっと知った上で、将来の天皇制はどうあるべきかを考える必要があるでしょう。

（構成・高橋純子）

コメント論点2　象徴天皇制とは何か

御厨　貴

論点1では、平成の天皇がこれまでの天皇と何が違ったのかを考えました。そこに浮かび上がってきたのが「象徴」です。日本国憲法は、ご存じのように「天皇は、日本国の象徴であり日本国民統合の象徴であつて、この地位は、主権の存する日本国民の総意に基く」という第一条に始まります。論点2では、この条文に沿って「日本国の象徴とは何か」「日本国民統合の象徴とは何か」を考え、さらに平成の天皇が「象徴のつとめ」とした「公務」とは何か、そして憲法が天皇の地位の根拠とした「日本国民の総意」とは何かと、順を追って考えていきます。

長谷部恭男×杉田敦×岩井克己「天皇と象徴を考える　お気持ち表明を受けて」

長谷部恭男氏と杉田敦氏という学者二人の連続対談に長年皇室取材を続けてきた新聞記者・岩井克己氏が加わった議論です。天皇の「おことば」を受けてのものですが、主に長谷部氏が明快な議論を展開しています。

ポイントは二つあります。まず、憲法の読み方です。岩井氏が天皇の退位表明が憲法第四条に違反するのではないかと問題提起をすると、長谷部氏が「道路交通法などと違って」今回のケースは「条文を直接の根拠にスッパリと線が引けるわけではありません」と言う。さらに、岩井氏が生前退位を実現するには皇室典範改正と特別法の制定との二つの方法があるが、特別法の制定は「抜け穴」になるのではないかと指摘すると、長谷部氏は「憲法二条を硬く読むと」、譲位には皇室典範を直す必要があることになるが、「しかし」と続ける。この条文は天皇の継承順位が皇室典範の定めるルールに従って自動的に決まる世襲制だと言っているだけかもしれない。「だとすると、特別法で対応しても問題はない」と言う。憲法は硬く読んだり、緩く読んだりできる融通無碍なものなのです。

もう一つは、象徴をどう理解するか。岩井氏が、憲法学界では天皇には国事行為と宮中祭祀やコンサート鑑賞など私的行為しか認められておらず、それ以外の公的行為、つまり「象徴としての行為」は認められないという見解もありますねと問うと、長谷部氏は「それは有力な見解ではありません」と。なぜか。「確かに憲法は国事行為だけを示していますが、同時に、生身の人間である天皇が象徴だとも言っています」。人間である以上、行動もするし発言もするわけで、そうした象徴としての行為を認めないのは、天皇が人間である以上、「非現実的」だと。

東大法学部の憲法学の枠を超えた非常にわかりやすいものであり、これから読んでいただく片山杜秀氏や三谷太一郎氏の議論などにつながる広がりを持っています。

論点2は「日本国の象徴」「日本国民統合の象徴」のように議論を分けていますが、実際にはそれらが重なり合っていて、スパッと議論が分かれているわけではないことをご承知おきください。

1 「日本国の象徴」とは何か

❶片山杜秀「いまこそ「国体護持」を叫ぶとき」

十分に通有性のあるものです。

「国体護持」「危機のトリガー」とセンセーショナルな言葉が使われていますが、議論としては

「国体を護持できるのか」は、素直に読めば「天皇制を存続できるのか」ということになるでしょう。なぜ存続が危ないと言うのか。そもそも戦後の皇室と民主主義は緊張関係にあり、昭和天皇のような「現人神」のカリスマのない平成の天皇は、「象徴」として国民の信頼を得るためには「人間天皇」の道に徹するしかないからです。被災地でジャンパー姿で膝をついて国民に語りかける姿は「象徴天皇の在り方を極限まで追求された姿」であり、「現代日本の象徴天皇は行動を抜きにして国民の尊敬を集められる時代ではない」。天皇の「行動」に光を当てているところは、後でみる三谷太一郎氏の議論などとも通底します。

この「行動」は「象徴天皇制が孕むパラドックス」であり、天皇が人間として国民の信頼を得ようと努めれば努めるほど、天皇が本来持つ宗教的権威が失われてしまう。国民が皇室が自分たちと同じ悩みを抱えていると共感することは、皇室が「国民並み」になることでもある。片山氏は、だから天皇が国民と共感する姿を見せることは必要だけれども、それ以上に「わが国の伝統文化を大切にされている姿」を見せてほしいと説きます。

面白いのは、天皇の「お言葉」を受けても、天皇と民主主義をめぐる議論が巻き起こっていないことについて、国民を叱るのではなく、国会議員を叱っているところ。しかも能動的なアクションを起こしたのは秋篠宮であるという。なかなか大胆です。若干いろいろ詰め込みすぎた嫌いはありますが、片山氏らしい鋭い議論だと思います。

❷宮台真司×苅部直×渡辺靖「分断化された社会はどこに向かうのか」（抜粋）

片山氏の次は、宮台真司氏の「誤解を恐れず申します」と、これはもっとセンセーショナルです。要するに象徴とは「聖なる力」であり、天皇の営みそのものが政治的なのだと言う。「控え目に言っても政治的行為との間に判然とした区別はつけられない」と。みんながぼんやりと思っているようなことをズバッと言うところが宮台流です。そして、戦後象徴天皇制のポイントは「聖なる力がありながら今上天皇が封印しているように見える佇まい」だとして、議論を展開していきます。イギリス王室の人々が政治的なことをしゃべっても問題にならないのは「俗人だから」と切って捨てるように言っていますが、これは日本の皇室も世界の王室もグローバルな文脈でみれば同じだという君塚直隆氏やこの後で読むケネス・ルオフ氏の議論と真っ向から対立します。

では、聖なる力を持つ天皇が暴走したらどうするのか。「簡単だ。暴走したら終わり」。おそらくこれは、暴走したら天皇制はなくなるから、天皇は絶対に暴走しないという逆説的理論なのでしょう。ここで、苅部氏や渡辺氏が反論していないのがもったいないように思います。

近代社会である以上、天皇も意思する存在である。「退位する」と宣言された場合、制度ではどうしようもない。「憲法第一章を熟読すれば分かる通り、〔天皇制は〕制度ではなく、陛下がそのようにして下さっているという事実性です」というのも面白い。

❸ケネス・ルオフ「インタビュー　これからの天皇と日本　21世紀的見地の必要」

近藤誠一「お言葉を機に国の在り方問おう」

グローバル化した時代であれば、「日本国の象徴」の「日本」についても問われなければなりません。それは日本国籍の有無なのか。日本に住む外国人、海外に住む日本人はどうなるのか。外国人が日本について議論する場合、君主がいて民主主義国であるということが本当に可能なのか、がしばしば論点になります。ルオフ氏は可能だという立場です。世界にポピュリズムの嵐が吹き荒れるなか、日本がそれを免れているのは天皇制が国民統合の象徴としての役割を果たしているからだと言います。ただ、議論としてはあまり明快ではないと感じます。

ルオフ氏ならではの論点は、来日外国人にとって天皇が統合の象徴となりうるか、世界各国の「日系人」にとっても象徴であり続けられるのか、の二点です。前者について「新天皇にとっても、立場の弱い人、周辺にいる人々に引き続き手をさしのべることが象徴としての重要な柱であり続けるでしょう」と言いつつ、後者については「皇室が日系人をねぎらってきたのは理解できる」るが、「国際社会における日本政府の代弁者になってもらおうとするのはやめた方が良い」と言います。矛盾しているように読めるのですが、もしかしたら、たとえば日系人が日本に忠誠心を持つことがその国の統治に影響を及ぼしたというような例を知っているのかもしれません。

最後に、新天皇が世界の水に関する活動に力を入れるのではないかという予想について、それは「回り回って日本人にも利益をもたらす」と評価しているのですが、国際的に水問題は複雑です。平成の天皇が国内の被災地に行ってお祈りをするといったのとは違う目配りが必要になってきます。外国の研究者ということもあって、長さの割に議論が出る内容です。

グローバル化が進むなかで天皇が何を象徴するかという問題は官庁でも自覚的にならざるをえ

ません。元外交官で文化庁長官の近藤氏は、「天皇が象徴する日本国とはどれなのか。日本人のコミュニティーなのか、日本国籍をもった人の集まりなのか、日本国内に住む人々なのか、日本文化を自分の心の支えと考える人々なのか」と問います。しかし、問いの明快さに比して、答えに摑みどころがないように感じられるのはそれだけ難しい問題だということでもあるでしょう。

2 「日本国民統合の象徴」とは何か

三谷太一郎「インタビュー「お言葉」から考える」

平成の天皇の「行動」や「能動性」についてはここまで紹介した論者も言及していますが、「お言葉」直後に、この問題をこれだけ真正面から議論したのは三谷太一郎氏が初めてでした。その後の「お言葉」解釈、読み解きの土台になったインタビューで、とても重要です。

天皇は国旗のような静的な国の象徴ではなく、動的な国民統合の象徴であり、つまり日々の行動によって象徴であることを実証しなければならない存在なのだ、として、摂政論を退けるかたちにもなりました。非行動的な存在と受け止められてきた象徴天皇は「旧憲法下の天皇よりも強い能動性を持ちうる可能性がある。今の天皇は、その可能性を積極的に開いていこうとされている。それが、『日本国の象徴』というより、『日本国民統合の象徴』に力点を置かれている理由ではないか」。そして三谷氏らしく福沢諭吉の『帝室論』を取り出して、権力闘争の外に天皇が存在することが国民統合にとって有益であり、現状においてもこの視点は有効だと言う。全体的にきわめて論理的な議論になっています。

おそらく三谷氏は宮中参与として、「お言葉」に盛り込まれる考え方をご存じであり、もっと言えば、平成の天皇のリベラル左派に近い歴史観自体、三谷氏の影響が強く感じられるものです。個人的にも、わが師がこういった境地に達したのかという深い感慨があります。

3 「公務」とは何か

❶横田耕一「憲法からみた天皇の「公務」そして「生前退位」」
❷渡部昇一「摂政がやはり最善」
❸渡辺治「「象徴とは」国民的議論を」

この論点については、まとめて言及したほうがよいでしょう。横田氏と渡部氏のものは、「お言葉」直後の左右論客の代表と言えます。

横田氏は天皇の「公務」は、国事行為と私的行為以外の「第三の行為」であり、憲法学の通説では認められないものだとします。論点2の冒頭に掲げた長谷部恭男氏の議論がいかに憲法を「柔らかく」読んだものかがわかります。したがって、もし「「生前退位」が「公務」の過重負担から出ているならば」「「国事行為」に公務を限定するか、「公的行為」を整理するか」であり、それでも負担が重いのであれば、摂政という制度があるではないか、と言います。

渡部氏も第一段落で「ご退位なさらず、摂政を設けられればいい」と結論を述べています。なぜなら天皇の最も中心的な仕事は「日本国と日本国民のために平和と繁栄をお祈りくださること」だからであり、被災者を見舞ったり、慰霊の旅に出かけたりすることは摂政に譲ればよいのだと。生前退位を認めず、摂政を立てればよいという点で、「右」と「左」の結論が重なってしまう。現在の天皇制をめぐる議論の興味深いところです。渡部氏は皇室典範には明治天皇の意思が反映されているので変えるべきではないとし、GHQによる日本国憲法の制定は国際法違反であり、さらに男系男子の皇位継承が絶対だとします。神話時代から途切れなく続く天皇制自体が「国体」だとする渡部氏の見方は、三谷氏の言う象徴天皇の「能動性」の一番の反論であり、賛成できるかどうかはともかく、残すべき議論であることは間違いありません。

渡辺治氏の議論は有識者会議が終わった後のものです。ここでのポイントは平成の天皇が「象徴の務め」として行ってきた「公的行為」を、天皇の「思い」で自由に行ってよいのかということです。公務についての国民的支持はある。しかし、それは平成の天皇がリベラルな天皇だったからであって、これが靖国神社や護国神社を回るとなったらどうなのか。だから、国民的議論を経て、国会の場で議論しなければならない、とします。議論としては理解できますが、問題はそれをどう実現するかなのです。

4 「国民の総意」とは何か

❶佐伯啓思「天皇制と民主主義の矛盾」

佐伯氏の結論に始まって結論に至るというようなとぐろを巻いた議論のポイントはいくつかありますが、最も大事なのは、国民主権の民主主義と国民統合の継続性を示す皇位世襲の原理は齟齬を来す、この難問を解決するには「天皇の地位は国民の総意に基づく」という場合の「国民」を、日本の歴史的伝統を背負い、その遺産の受託者としての「国民」と理解するか、天皇を近代憲法や国民主権の原理から外すかの二つしかない、どちらも難しいが、後者と理解すべきだという点です。なぜなら天皇は人間であると同時に何らかの聖性を帯びている。その意味で、「あくまで世俗的な征服王朝から始まった英国流の君主とも違い、おそらく世界（先進国）には例を見ないものであろう」からです。

この聖性の議論は片山氏や宮台氏も提起していますが、それらと通底しつつも、やはり佐伯氏独自のものがあります。この聖性の故に、ルオフ氏の議論と明らかに対立することにもなります。

❷宮崎緑「「特例が先例」矛盾しない」

❸八木秀次「退位以外の対応 余地を」

「国民の総意」の最も一般的な解釈は、世論ということになるでしょう。有識者会議では世論を大事にしました。宮崎氏とは有識者会議の委員として場を共有してきました。収録した記事は、会議の総括として読むことができるものです。

八木氏には有識者会議のヒアリングにも来ていただきました。ポイントは、「退位を容認する根拠として国民の支持が挙げられているが、世論というふわっとした理由で、退位を認めていいのか。世論の支配下に皇位を置いていいのか」。論点1の平川祐弘氏の議論にも通底します。さらに憲法のいう「天皇の地位は国民の総意に基づく」というその総意は、「現代の国民だけではなく、歴史的な国民の意思と捉えるべきだ」という一文は、佐伯氏の議論と対照すべきです。佐伯氏の場合は、だから今だけではない、となりますが、八木氏の場合は、昔の議論を入れたら、絶対に退位を認めなかったはずだ、となる。「法制化にあたって、退位を認めてこなかった歴代政府の答弁との整合性を保つことはできるのだろうか」とも言っていますが、たしかに天皇退位を仮定の議論として持ち出した野党議員の質問に対して、法制局長官が答弁してきた歴史はあります。しかしそれは法制局が置かれたその時々の政治的な立場などもあり、そこまで重みを持ちうるものではないというのが、私の考えです。

❹三谷太一郎「インタビュー　天皇と憲法――令和のはじめに」

三谷氏のインタビューは、二〇一六年八月時点のものをすでに紹介しましたが、そこから三年、平成の天皇が退位し、令和改元を迎え、さらに考えが深められていると感じます。三谷氏はここであらためて今回の天皇退位が憲法違反だとする議論にどう答えるかを述べています。

天皇の地位は、憲法第一条の「主権の存する日本国民の総意に基づく」ものであり、国民の総意とは「時々の多数派の意見や国民の個別利害の総和ではなく、国民社会そのものを成り立たせている原理、憲法の理念そのもの」、「より具体的にいえば平和主義、立憲主義、民主主義」であり、「天皇という地位にあるものは、これらの価値に反することができない」と限定しています。平成の天皇は、全身全霊で天皇としての務めを果たされ、天皇と憲法が一体でなければ天皇制は守れないと考え抜かれた。「天皇という制度と個人の心身を持つ天皇自身の間には、越えがたいギャップがある」にもかかわらず、国民の側、とくに政治学者や憲法学者、政府関係者らはそこをきちんと考えてこなかった。だからこそ、平成の天皇ご自身が「憲法の求める象徴天皇の務めは在位の天皇にしか務められない」という強いお考えを示されたのである。そうであれば憲法違反とは言いがたく、退位のほかに選択肢はなかったのだ、と以前のインタビューよりもその点を強調しています。

後半に面白いエピソードが紹介されています。新天皇の浩宮時代にご進講のテーマを相談したところ、浩宮は明治時代に興味を持っておられたが、当時皇太子であった平成の天皇が「昭和の日本がどのようにして戦争に入っていったかを講義してもらいなさい」と言ったという。明らかに関心の持ち方が違うのです。続く憲法改正問題についてのエピソードも含め、三谷氏は新しい陛下は平成の天皇とは違う存在であるということを「あえて」明らかにしているのだと思います。昭和天皇にも平成天皇にもそれぞれに戦争体験があったけれども、新天皇にはない。平成天皇が努力を積み重ねてきた平和の問題でも何でも、今後は揺れる可能性がある。天皇の能動性を認めつつ、能動性そのものは天皇個人の個性によって変わっていくことを示唆しているのです。

最後に「今日のように首相の力が強い時代」には権力の分立制が重要であり、それを担い、政治権力の行き過ぎを防ぎ得るものとして象徴天皇制がある、明治憲法の時代も「宮中府中の別」が権力分立の非常に重要なポイントだった、と言います。この部分にもっと言葉を費やしてほしかったと思わないではないのですが、あるいはここで三谷氏は、平成天皇が安倍政権に対して距離を置いたということを肯定しているのではないか。その上で平成天皇のリベラル左派としての政治観を、新しい天皇が、そして皇室が引き継いでほしいという、三谷氏の願いが感じられます。

このインタビューは、三谷氏が宮中参与になる前から続けてこられた平成天皇と新しい天皇への数々のご進講に対して、お二人が「先生、いかがでしょうか」と問われ、三谷氏が渾身の力でそれに返答したという面があると思います。天皇というものについて三谷氏ほど深く考えた人はいないでしょうし、皇室とこれだけつきあってきた人もいません。私たちは三谷氏を「最後の帝大教授」と呼んでいたものですが、その立場は戦前的に言えば、むしろ「内大臣」、それも「最後の内大臣」だったのかもしれません。

1 「日本国の象徴」とは何か

〈伝統文化〉

いまこそ「国体護持」を叫ぶとき

片山杜秀 慶應義塾大学教授

（『Journalism』二〇一九年四月号）

「神聖な存在」から「人間天皇」へ

ついに「平成」が幕を閉じようとしています。平成の三十年間を振り返ると、平成二十三（二〇一一）年の東日本大震災をはじめ、度重なる自然災害によって国土が毀損され、経済成長が行き詰まるとともに、ヴィジョンなき政治の姿が露呈しました。「平らかに成る」というより、むしろ停滞し慢性的危機に陥った時代といったほうがよいのかもしれません。

各種のメディアでは「ポスト平成」の日本の将来像について、さまざまな角度から議論されています。そのなかで私は、一つの重要な論点は「国体を護持できるか」にある、と考えています。われわれ国民同様、ある種の時代の岐路に立っている現在の皇室が、今回の御代替わりによって後述するような危機のトリガーを引いてしまうのではないか、という危惧があります。

長年、全身全霊で象徴天皇としてのご公務に尽くしてこられた今上陛下のご治世に深く感謝を致しつつ、いまこそあらためて皇室の行く先を案じ、心を寄せる必要があると思います。

私が抱く危惧の中身を説明するにあたり、まず明治以来の皇室の在り方についていま一度、振り返る必要があるでしょう。

二十一世紀を生きる私たちは、「自分は日本人である」という自明の感覚を疑うことはありません。しかしいまからわずか百五十年前、幕末日本人の姿は現代とは異なります。

たとえば明治元（一八六八）年に始まった戊辰戦争を顧みれば、当時、会津藩の人びとは押し寄せる新政府軍を前に「相手も同じ日本人だから、この場は矛を納めて和睦しよう」とは毫も考えませんでした。彼らが何よりも重んじたのは、日本ではなく、会津藩への忠誠です。幕藩体制下の日本において、個人の帰属意識は国家ではなく藩（地域）にあった、ということです。

さらに明治維新の時代、日本人は西洋列強の脅威に直面しました。「日本が日本でなくなるかもしれない」という恐怖を覚えた薩長土肥の志士が、日本が近代国家として一つにまとまる必要性を悟り、将軍や各藩主を束ねる上位存在として天皇を再び戴きました。天皇の下で臣民は等しく平等と見なすことで身分制度を廃し、近代における日本の再統一を図ったのが維新の仕組みでした。

その際、天皇とは臣民すべての忠誠を得られるだけの超越的かつ神聖な存在でなくてはならない。

大日本帝国憲法や教育勅語も、すべて国民の再統合という点に向けて編まれたものといってよいでしょう。

天皇を中心とした国民の再統合という構造がドラスティックに変わる契機が、昭和二十(一九四五)年の敗戦です。GHQ(連合国軍最高司令官総司令部)は日本を再び「狂信的な軍国主義」を掲げない国にしようと目論み、「平和憲法」と併せて皇室にメスを入れました。

アメリカの考えは、戦時中の日本は天皇の存在が宗教と一体化することで、異常なナショナリズムと日本型ファシズムが生まれて特攻・玉砕へ結び付いた、というものでした。この構造を改めるには、天皇を宗教から切り離して「神聖な存在」から引きずり降ろさなければならない。そこでGHQは同年十二月、「神道指令(「国家神道、神社神道ニ対スル政府ノ保証、支援、保全、監督並ニ弘布ノ廃止ニ関スル件」)」の覚書を発して国家神道の廃止と政治と宗教の分断を図りました。

さらに、GHQの神道指令に呼応するかたちで昭和二十一(一九四六)年一月一日、昭和天皇が「人間宣言」を発せられました。人間宣言のなかにある「国民ト共ニアリ」「信頼ト敬愛」という言葉は、戦後の象徴天皇がめざす姿として皇室のなかに深く刻まれており、戦前の「天皇—臣民」というタテ関係とは一線を画すものでした。

この人間宣言と同時に思い起こすべきは、戦後初期の昭和天皇の姿です。和装を改めて背広姿で全国を巡幸され、オリンピックや万博、さらには相撲やプロ野球の天覧試合など、国民が集まるところにことごとく足を運ばれました。時に吹きさらしの場所に立ち、髪の乱れにも構わず帽子を取って国民に手を振り続ける姿を見せることで、「人間天皇」の姿をあえて国民の目に晒された。戦前は神聖な存在、そして戦後は人間的存在として歩まれた昭和天皇は、「現人神」と「人間天皇」の二つを演じ分けた「奇跡の存在」として、われわれ日本人に畏怖と崇敬の念を与えたといえるでしょう。

いかに「国民の信頼」を得るか

昭和八（一九三三）年生まれの今上陛下は、こうした昭和天皇の姿に接し、なおかつ戦後日本で初めて皇位を継承された皇太子でもあります。皇室の伝統を肌で感じつつ、同時に十一歳で終戦を迎えてアメリカ人家庭教師のもとで教育を受け、戦後民主主義のただ中で育たれました。まったく異なる価値観のなかで歩まれたご苦労はいかばかりであったか、と想像します。

また今上陛下は昭和五十（一九七五）年七月十七日、皇太子として美智子妃殿下と沖縄を訪問された際、新左翼党派・沖縄解放同盟準備会と共産主義者同盟戦旗派のメンバーに火炎瓶を投げつけられています（ひめゆりの塔事件）。戦後初期の「戦争犯罪人たる昭和天皇は退位すべき」「戦犯になって然るべきだ」といった論調も当然ご存じでしょう。戦後の皇室と民主主義はつねに緊張関係にあったのです。そのなかでどうすれば皇室が滅びず、欧米諸国のような共和制国家にならずに済むのか。

繰り返しになりますが、昭和天皇は「現人神」から人間に天下るドラマを敗戦直後に生々しく演じることで、国民との信頼関係をあらためて築くことに、ある程度成功しました。だからこそ戦後に天皇は生き残った。その意味で国体は護持されました。しかしアメリカによって皇室は宗教と切り離され、戦後民主主義はもはや神秘的なものを許さない。そのなかで皇太子として成長した今上陛下にはお父君のような「現人神」時代のカリスマ性の貯金はなかった。「象徴」として国民の信頼を得るためには「人間天皇」の道に徹するしかない。それはどういうことなのか。この困難なテーマを、今上陛下は誰よりも真摯に考え抜かれたに相違ありません。

東日本大震災直後の被災地へのご訪問や同年のビデオメッセージなど、今上陛下のお振る舞いから浮かび上がるのは、昭和天皇が打ち出した「人間宣言」を継承され、厳格に、原理主義的なまでに遂行されようとするご意思ではないでしょうか。遡ると今上陛下は平成元（一九八九）年一月九日、「即位後朝見の儀」に際して「いかなるときも国民とともにあること」と宣言されました。これは昭和天皇の「人間宣言」の核心部分である「終始相互ノ信頼ト敬愛トニ依リテ結バレ」と繋がります。

今上陛下は、天皇と民主主義を両立させるには「人間天皇」として国民と共に歩むことに専心するのみであるという強い思想をもたれているのかとも思います。民主主義という制度は、共同体の構成員すべてが対等な政治的権利をもつことを求めます。したがって「神」の片鱗でももつ者は本来、存在を許されない。それでも民主主義の世界に天皇が存在するとしたら、その天皇は「人間」として他の国民から敬愛される存在でなければならない。

災害が起これば即、被災地に赴かれ、ジャンパー姿で膝をついて国民に語り掛けられる光景は、まさに「一個の人間として国民との信頼を築く」象徴天皇の在り方を極限まで追求された姿ではないでしょうか。

「お言葉」の含意をスルーした国民

さらに、生前退位のビデオメッセージとして発せられた「お言葉」(平成二十八年八月八日)のなかに、今上陛下がめざす象徴天皇像が如実に表れています。

「日本国憲法下で象徴と位置づけられた天皇の望ましい在り方を、日々模索しつつ過ごして来ました」

「そのような中、何年か前のことになりますが、二度の外科手術を受け、加えて高齢による体力の低下を覚えるようになった頃から、これから先、従来のように重い務めを果たすことが困難になった場合、どのように身を処していくことが、国にとり、国民にとり、また、私のあとを歩む皇族にとり良いことであるかにつき、考えるようになりました」

「国民統合の象徴としての役割を果たすためには、天皇が国民に、天皇という象徴の立場への理解を求めると共に、天皇もまた、自らのありように深く心し、国民に対する理解を深め、常に国民と共にある自覚を自らの内に育てる必要を感じて来ました。こうした意味において、日本の各地、とりわけ遠隔の地や島々への旅も、私は天皇の象徴的行為として、大切なものと感じて来ました」

「こうした事態を避けることは出来ないものだろうかとの思いが、胸に去来することもあります」

右の「お言葉」の含意は、人間・天皇として信頼に値するパフォーマンスができなくなったならば身を退くべきである、というものです。裏を返せば、現代日本の象徴天皇は行動を抜きにして国民の尊敬を集められる時代ではない、ということを意味します。一部には「陛下は皇居におられるだけでよい」、すなわち天皇の存在そのものが象徴だという意見もあります。　しかし今上陛下のお言葉自体が、そうした意見に異を唱えられているわけです。

さらに想いを巡らせれば、今上陛下は生前退位のビデオメッセージにより、国民に「天皇制と民主主義の並存」というきわめて大きな議論のテーマを投げ掛けられたとも解釈できます。では、今上陛下がご覚悟をもって示された「お言葉」を受けて、いま日本国内で天皇と民主主義をめぐる議論が巻き起こっているでしょうか。答えはNOです。陛下が自ら直接、お考えを示された行為の重みを受け止め、「戦後民主主義に適った天皇制とは何なのか」について、身を削って考えた日本人がどれだけいるか。多くの感想は「陛下もお疲れなんだ。可哀想に」というのが関の山でしょう。

国会ですら当時「天皇とは何か」についてまともな議論はされず、民進党の蓮舫代表は「政局にしない」という理由で生前退位についての積極的な発言を避けました。この点に関していえば、与野党は五五年体制時代の自民党と社会党さながら、裏取引によって暗黙の合意を結んでいたといえるでしょう。日本の議員たちはまさに今上陛下のお言葉を「スルー」したのです。

その状況下で唯一、能動的なアクションを起こしたのが秋篠宮殿下だったのかもしれません。秋篠宮殿下は平成三十（二〇一八）年十一月二十二日、天皇の御代替わりに伴う皇室行事・大嘗祭について「宗教色が強いものについて、それを国費で賄うことが適当かどうか」と語られました。思うに、それは昭和天皇が提起し、今上陛下が継承された「人間天皇」の筋に沿ったご発言ではなかったでしょうか。

なぜならば、天皇と宗教を切り離そうとした「人間宣言」後もなお残る宗教的な儀式こそが、大嘗祭や大喪の礼であり、改元を「死と再生」の儀礼と結び付けるために明治国家が定めた「一世一元の制」だからです。

秋篠宮殿下がおっしゃるように、大嘗祭を国費で行なえば宗教的な公的行事という性質は拭えません。他方、もし大嘗祭を皇室の私費（内廷費）で行なえば、天皇が人間として信仰の自由に基づいて行なう私的行事の性格が強まり、政教分離が一歩進められる。昭和天皇の「人間宣言」の理想が徹底されることにつながります。

歴史を忘却してしまった日本人

それにしても、われわれ日本人はなぜ今上陛下の投げられたボールに反応できなかったのか。平成の初期、評論家の江藤淳や鶴見俊輔ありし時代であれば、論壇の最重要テーマとして保守とリベラルとのあいだで激烈な議論が展開されていたはずです。今回、そうした動きが皆無だったのは、私たちが歴史を忘却してしまったからかもしれない。今上陛下が身をもって体験されたような天皇制と民主主義の軋轢の歴史が、日本人の世代交代とともに失われてしまったのではないか。

たとえばいま、日本とロシアのあいだで北方領土問題を含む平和条約締結交渉が進められていますす。その過程で歯舞群島、色丹島の「二島返還」の可能性も示唆されています。ひと昔前であれば、「プーチンに騙されるな。四島返還論から一歩たりとも引いてはならない」という反対意見の大合唱が保守層から巻き起こっていたでしょう。

しかるに今回、安倍政権の周りの保守を含めて日本人からそのような声は聞こえてきません。いったいなぜでしょうか。「安倍首相のやることなら何であれすべて賛成する」という向きを除けば、ソ連が日ソ中立条約を一方的に破り、火事場泥棒のごとく対日参戦を表明して、千島列島には昭和二十年八月十五日の終戦後に攻めてきた史実が忘れられているからではないでしょうか。北方領土と南樺太は戦争終結後、ソ連によって掠め取られた領土であり、私個人は「歯舞、色丹、国後、択捉の北方四島に加えて千島列島全体が日本固有の領土である」という主張ですが、少なくとも二島先行返還論に対する異論は出てしかるべきでしょう。しかしそうした感覚を抱くのはわれわれの世代だけなのかもしれない、と最近とみに痛感するようになりました。それほどに歴史が忘却されきっている。

戦後の日本は、民主主義国家としての道を歩む一方で、内心では原爆を投下したアメリカ、終戦後に日本を侵略したソ連に対して怒りを抱いてきました。しかしいまや、実感を伴って戦争を知る世代は消え去りつつある。なにしろ終戦の日のテレビ番組で「太平洋戦争当時は中学生だった」と語るのが九十歳代の方々なのですから、無理もありません。兵士として戦争を戦った世代はほぼ日本にはおらず、アメリカやソ連に対して複雑な「情念」を抱く日本人は絶滅危惧種なのです。

私の目には、現代の日本人にとっては北方四島が返ってくることより、「安倍首相がプーチン大統領と渡り合えているか」のほうが大きな関心事のように映ります。たしかに一般の国民からすれば、外交上のパフォーマンスで日本の指導者がプーチンやトランプと対等に張り合っていれば、すこぶる満足感を覚えられるのでしょう。

しかし歴史に鑑みたとき、あるいは現実の国際政治を考えたとき、それは日本にとって本当に正しいことでしょうか。真に譲るべきではないものを譲り、国家の要件である固有の領土を失うことがはたして国民の幸福といえるのか、旧世代的感覚をもつ人間として違和感を覚えざるをえません。北方領土の返還という難題を前に、歴史を忘却して情念を失えば、あらゆる物事の判断基準は目先の利益だけになります。

私はその意味で、今上陛下とは天皇と戦後民主主義という難題において、いまなお情念をもつ「最後の世代の日本人」だと思うのです。アメリカによる占領期に「国体を護持できるか」という国家の命運の瀬戸際を感じた日本人はほぼ消え去りました。今上陛下ただお一人が難題を抱えたまま皇室の未来に想いを馳せている。陛下にそこまで思い煩いをさせてしまっていること自体が畏れ多い、と感じる保守もまた、いなくなってしまった。

「日本の変わらない伝統」を守り続ける

では、歴史を喪失した「ポスト平成」の時代において、天皇と民主主義、天皇と国民はどのような関係を保ちうるのでしょうか。私の考える国体の危機というのは、言い換えれば象徴天皇制が孕むパラドックス（逆説）にあります。具体的にいえば、天皇が人間として国民の信頼を得ようと努めるほど、天皇のもつ宗教的権威という側面が失われてしまうことです。イギリスは「開かれた王室」として知られますが、かつてのダイアナ妃のようなスキャンダルが起きれば、一挙に権威が貶められるリスクをつねに内包している。

たとえば、現在の皇太子がご公務を休まれがちな雅子妃を労られていた姿はじつにマイホーム的であり、戦後日本人の価値観と近しいものがあります。「皇室の方々も私たち庶民と同じ悩みを抱えている」と国民に共感させるのは人間味溢れる好ましい光景である半面、皇室が「国民並み」に近づくことを意味します。

象徴天皇が国民の信頼を得るには、進んで人びとの目の前に出なければなりません。しかし、それはメディアに晒されるリスクと表裏一体となっています。ポスト平成の皇室は危うい綱渡りの局面に差し掛かっている、といっても過言ではありません。

私は、何よりもまず新たに即位される皇太子殿下と雅子妃が、わが国の伝統文化を大切にされている姿を見せることが大事だと考えています。今上陛下はこのうえなくご熱心にさまざまな儀式に臨まれましたし、皇后陛下も日本の伝統文化や一次産業を守ろうとされる意識を強くおもちです。地方に足を運べば稲や蚕、繭を視察する時間を積極的にもたれています。

そうした両陛下のお姿を通じて、国民は日本がいかに豊かな文化をもち、永い歴史を有する国であるかを知ることができる。たしかに天皇が国民と共感・共苦する姿勢を見せることは必要です。しかしそれ以上に、天皇が「日本の変わらない伝統」を守り続ける伝統的存在であり続けることは重要で、この点がポスト平成の皇室を考える鍵になると思うのです。

神道関連の儀式をあまり強調しすぎると、天皇の神性が民主主義にはそぐわない。しかし歴史伝統と神性を抜きにした皇室はありえません。

日本は、王朝交代を繰り返して伝統文化の破壊を続けた中国とは異なる悠久の歴史があります。これは中国のみならず、世界のあらゆる国と比較しても誇りをもちうることです。祭りをはじめ、わが国には古来、息づいている文化が全国に数え切れないほどあります。祭礼の中心にいるのは天皇であり、皇室と国民は伝統で繫がっている。そう考えれば、自ずと国民も天皇に対して敬愛の念を抱くはずです。

誤解を恐れずにいえば、これは「観光立国」をめざす現在の日本の指針とも重なります。いま多くの外国人が日本を訪れるのは、他国にない文化があるからです。日本の皇室がいかに長く続いているかを積極的に見せていけば、世界の耳目を集め、日本人の誇りにも繫がる。天皇のパフォーマンスがトラディションと結び付くことで、皇室の孕むパラドックスや隘路に陥らず、難局を辛うじてくぐり抜けることができるかもしれない。

いずれにせよ、新しい御代においては従来以上に国体の護持が重要なテーマとなります。かつての保守は左派やリベラルなど、「天皇制廃絶」を訴える勢力から国体を守る必要がありました。しかし平成の時代はむしろ、歴史を喪失したノンポリの国民が皇室の自壊を促してしまうリスクから国体を守らなければいけない。前述のように、天皇の尊厳をパフォーマンスにのみ求めるようでは、国民とのあいだに信頼関係の綻びが生じるかもしれない。その意味で、かつてとは異なる文脈で「国体の護持」を叫ぶべきだと私は考えます。敗戦を経てもなお、日本の皇室は存続しました。にもかかわらず、戦争に負けてもいないのに国体を守れなかったとすれば、それこそ子孫に合わせる顔がないといえましょう。

❷〈聖なる力〉

分断化された社会はどこに向かうのか（抜粋）

宮台真司 首都大学東京教授×苅部 直 東京大学教授×渡辺 靖 慶應義塾大学教授

（『週刊読書人』二〇一六年十二月二十三日号）

戦後の象徴天皇制

（中略）

渡辺　「公共」の話に関係しますが、天皇退位問題は、まさに日本の「公共」に関するシンボリックなイシューとして、今年話題になりました。戦後日本の民主化や近代化を図ったGHQも天皇制は存続させました。

宮台　誤解を恐れず申します。今上天皇のお考えが僕には分かります。天皇に聖なる力を繋ぎ止めておきたいと思っておられるのです。天皇が国事行為をやるだけの存在なら摂政が代わりにやればいい。しかしそれでは占領軍が天皇を退位させずに置いておこうと思った目的に反するし、実際目的通り民主主義化できた経緯を無視しています。実際、天皇次第では一億総玉砕になり得た。憲法

第一章に「象徴」の言葉が置かれること自体、象徴＝聖なる力を意味します。慰問、慰霊、アジア諸国歴訪で思いを伝える営みは、政治的です。控え目に言っても政治的行為との間に判然とした区別はつけられない。

英国王室の人々が政治的なことを喋っても問題にはならないのは俗人だからです。「チャールズがまた何か言ってるぜ」じゃなく、天皇が何を言うかが大きな政治的衝撃力を持つのは、俗人ではないからです。だからこそペラペラ喋れば責任を問われます。天皇は国民の八割九割がそう思っていることを「宣言文」として伝える存在で、真っ二つに分かれたときにいずれかを選ぶ「遂行文」を発する存在だったら――終戦の聖断や二・二六事件での振る舞いがそれでしたが――失敗した場合に責任を問われ、力を失います。これが、天皇が聖なる力を持つということの意味です。聖なる力がありながら今上天皇が封印しているように見える佇まいが戦後象徴天皇制のポイントです。

天皇は祈っていればいいという不敬の輩が日本会議周辺にいます。師匠だった小室直樹先生に言わせれば、日本人が自ら憲法を書けるほど成熟した存在なら天皇は単なる文化的伝統を継承する存在でよいが、実際そうでない以上、天皇が聖なる存在でなければならない。ローレンス・レッシグは憲法を作った国のファウンダーが何を考えていたのかを思い出すことが憲法意思だと言いましたが、小室先生も同じことを言う。戦後の体制をどんな意思で始めたのかを日本人は忘れやすく、自分の意思で始めたかどうかも怪しいから「陛下の御蔭で思い出せる」ことが大切なのだと。日本人は未熟で、独力では近代憲法の意味を理解して体制を保てないから、憲法意思を日本人がリマインドするための重しとして、陛下の聖なるお力が必要だと。僕は全面的に賛成だから、天皇主義者を名乗ります。摂政が代替できる国事行為だけやれと言う「自称保守」は天皇主義者に値しません。
というと、聖なる力を持つ天皇が暴走したらどうするのかと問う人が出てくる。簡単だ。暴走したら終わり。でも天皇がいなくても政治が暴走しているじゃないか。むしろ天皇がお力を封印しておられるから暴走が止まらない。先に（3）として触れたように〔編集部注：抜粋部分の前段で、宮台氏が米大統領選トランプ勝利を待望している理由を三つ挙げているうちの三つ目〕、対米追従を前提に座席争いするヘタレ官僚による引き回しが止まらないんです。ならば機会主義的に考えましょう。宮内庁の力もあって天皇が暴走せず、むしろ憲法意思を担保する存在としてここまでやって来られた。本来持つ聖なる力を封印した、しかし国事行為に留まらない象徴行為をされる存在としてね。陛下が時折キラッとその力をお見せになった瞬間、安倍晋三も日本会議も震え上がる。雑な言い方だけど、そうしたあり方でいい。だからこそ、摂政でいいという日本会議の考え方は、天皇の御意思をわざと無視する不敬なのです。

渡辺　この問題に関しては、私はあまり細かくフォローしていないのですが、以前から「生涯在位」や「男子直系」などというのは、明治以降の伝統に過ぎないとか、あるいは人権的な見地から、皇族の職業選択の自由や、政治的な発言も含め、表現の自由も十分に認めるべきだといった意見があります。しかし、そうなると、「聖なる力」はどうなるのか。

宮台　天皇を御意思なき存在に留めることが「聖なる力」を奪いますが、政治的発言の失敗も「聖なる力」を奪います。木村草太氏が言う通り、明治はじめに井上毅と伊藤博文の戦いがありました。井上は天皇をドイツのカイゼルのような元首にしようとした。伊藤は天皇は人形でいいと考えた。

結果的に「人形でいい派」が今日までメインストリームであり続けています。「田吾作による天皇利用」のためです。

でも我々は近代社会を営んでいるはずです。ならば天皇も意思する存在であるに決まっている。それを無視しちゃいけない。天皇は意思も価値観もお持ちだけど、未熟な日本人が依存しないように極力表に出さないようにしておられる。そのお気持ちに応えなければいけない。コール&レスポンスが必要です。さもないと「ならば言いたいことを言わせてもらう」「天皇をやめるわ」という話になりかねないでしょう。実際「天皇をやめる」と宣言されたら、制度ではどうしようもありません。天皇「制」と呼ばれていますが、憲法第一章を熟読すれば分かる通り、制度ではなく、陛下がそのようにして下さっているという事実性です。近代憲法に聖なる存在の事実性が書き留められるのは奇妙ですが、さもないと日本人は立憲主義的な近代社会の体裁を保てないからです。

天皇退位に向けて

苅部　「聖なる力」は「君徳」の問題にも言いかえられますね。天皇らしくあるためには、血統によってその地位についているというだけでは不十分で、君主としての個人的な徳が必要となる。大化の改新から江戸時代までのあいだ、七割ぐらいの天皇が生前に譲位しています。その譲位宣命には「自分には徳が足りないから」という言葉が入るのが定型です。天皇がその職務を十分に遂行できる状態でないといけないという考え方で、譲位できるように皇室典範を改正する意見にも、そうした皇室の伝統という根拠があります。柄谷行人さんが今年に出た『憲法の無意識』（岩波新書）で、皇室制度の一種の擁護論を説いていたのがおもしろい。それは憲法秩序の安定装置として、天皇・皇后両陛下がいるという考えです。たとえば両陛下が戦没者の慰霊をやることによって、国民が憲法の平和主義の理念を再確認する。あるいは政治家が勝手に暴走しないための歯止めにもなる。そういう機能を果たしていることを再評価しようというのですね。

渡辺 ただ、その点は、今の天皇が比較的リベラルな人なので、そういう解釈が成り立つとも思うのですね。もしもかなり保守的な人だったら、柄谷さんも同じことを言えるかどうか。

宮台 そこがポイントです。全ては事実性の参照というコンテクスチュアリティを前提とします。文脈自由な原理原則や、ユニバーサルな制度として、天皇「制」なるものは存立できません。小室直樹先生の言い方を借りれば、近代のユニバーサルな制度を作り支える力がない以上、コンテクスチュアリティに満ちた天皇「制」を手放せないのです。

苅部 「君徳」の話は、皇位の継承制度の問題にも関係してくるんですよね。現在のように皇族の数が少ない状態だと、誰が皇位を継承するのか早く決めて、子供のうちから特別に教育していかないといけない。その理屈でいくと、男女にかかわらず第一子に継承させる制度に変えるのが一番いいんですね。今回の問題は、本当ならそこまで含めて議論しないといけない。

渡辺 御厨貴さんらがやっている有識者会議も、退位を認めないということではなく、一定の法的手当てを整えた上で、退位を認めていく方向のようですよね。

苅部 天皇陛下のお言葉があって、ただちに内閣が皇室典範改正案を作ってしまうと、天皇の意向を受けて法律を作ることになってしまうから、有識者会議での検討をあいだに置く必要があるんですね。御厨さんと芹川洋一さんの『政治が危ない』（日本経済新聞出版社）でも、何もない状態で政府案を作ろうとしても、方針を一つにまとめられないだろうとおっしゃっていた。

宮台　ぶっちゃけた話をします。天皇の退位について本来は国民の側が考えておくべきことなのに、それをみんながうっかり忘れていて天皇のつぶやきでハッと気づいたという図式でしかありません。コール＆レスポンスできない駄目な国民です。天皇に見放されないことに感謝すべきです。

苅部　大多数の人は、退位できない制度ということも知らなかったわけですから。天皇関連の本では、元侍従長の川島裕さんの『随行記』（文藝春秋）が面白かったですね。両陛下がどういう気持ちで全国を回っておられるかが伝わってくる、いい本だと思いました。

渡辺　日本の皇室の場合、海外からの来賓があった時、一切政治的な配慮をせずに、すべて平等にもてなします。フランス大統領が来ようと、パラオの大統領が来ようと、まったく差別化しない。ワインや料理を含め、様々なプロトコールを通して暗黙のメッセージを伝えるのが世界標準なのですが、日本の皇室の場合、差別化すると政治的な権力を行使していることになると考えるわけです。そこまで慎重です。

苅部　来賓を平等にもてなすことにも、広い意味では日本の対外関係を安定させるという政治的効果があるわけですね。憲法学者の議論では、憲法に書かれている国事行為だけに限定して、それ以外の公的活動はなくすべきだという意見もありますが、そこまで役割を縮小するのが本当にいいことかどうか。皇室による憲法秩序安定効果が発揮できなくなってしまう。

宮台　おっしゃる通りです。

苅部　今回、本音では天皇制をなくした方がいいと思っている人たちのコメントが、どうも歯切れが悪かったですね。国民統合の作用に注意しなければいけないといったことを付け加えるだけで、お茶を濁しています。かつて昭和天皇が崩御したとき、浅田彰さんが戦争責任問題にふれて「愛すべき人柄の博物学者に歴史の重荷を背負わすなどという悲劇が二度とないよう、天皇制は廃止すべきだ」（『朝日新聞』、一九八九年一月一〇日付夕刊）とコメントされたことがありましたが、今回、そういうことを誰も言わなかった。

同じように、高齢の方にこんな思いをさせる世襲君主制はやめるべきだという声が出てもよかったはずでしょう。いまの両陛下が護憲派の味方のような言動を繰り返しておられるから、皇室制度を批判しにくくなっているのだとすれば、日本国憲法における象徴としての皇室制度が、定着しつつあるともいえますね。

渡辺　今の天皇は、災害が起きれば、すぐに被災地を訪れ、膝をついて同じ目の高さで被災者に寄り添う。その姿に人びとは心を打たれる。それが「聖なる力」ということなのかもしれません。

宮台　そうした力を、意思に満ちた振る舞いで維持しておられるからこそ、北一輝の言う「国民の天皇」なのです。

❸〈グローバル化〉①

インタビュー　これからの天皇と日本　21世紀的見地の必要

ケネス・ルオフ　ポートランド州立大学教授

（『朝日新聞』二〇一九年四月三十日）

日本の天皇は、他の国の王や女王とどう違うのか。「国民統合の象徴」とは、いったい何か。そもそも、民主主義と君主制は矛盾しないのか。これからの世界とこの国で、天皇制が存続する意味はどこにあるのか。退位と改元を機に、来日した、米国を拠点に活動する現代天皇制研究の第一人者に聞いた。

――平成の天皇の歩みを、どのように評価しますか。

「戦後の日本国憲法の柱である、平和と福祉のために尽くした明仁天皇と美智子皇后だったと評価できるでしょう。それも、ただ『平和が大事』と繰り返すだけではありませんでした。日本の国民に対して、日本人が戦争で経験させられた大変なことだけでなく、日本が過去、特に近隣の諸国の人びとに行ったひどいことについてもしっかり思い出し、記憶し続けることが大事なのだという誠実なメッセージを伝えました」

「天皇制がかつて排外主義的な象徴に使われ、今も使おうとする人々がいるのは事実ですが、平成の天皇と皇后は国際協調主義に基づいた行動を続けたと思います。戦争の傷痕をいやそうという行動を含め、その基盤には、戦後憲法の価値を重視するという考えがあったことも間違いないでしょう」

「災害の被災者に接する姿は、あらゆる国民が記憶するでしょう。皇太子時代から、障害者など社会の弱者に配慮し、離島などを訪れ、周辺にいる人々に手をさしのべ続けたことも特徴でした」

——特に印象に残っている出来事は、ありますか。

「一番興味深く感じたのは、明仁天皇の二〇〇一年の誕生日にあたっての記者会見です。『桓武天皇の生母が百済の武寧王の子孫であると続日本紀に記されていることに韓国とのゆかりを感じています』と述べました。『純粋な日本民族』や『万世一系』を重視する人々は、衝撃を受けたでしょう」

「しかし、それだけにとどまらず、天皇は韓国から知識や仏教が伝えられたことに触れたあと、『残念なことに、韓国との交流は、このような交流ばかりではありませんでした。このことを、私どもは忘れてはならないと思います』『両国の人々がそれぞれの国が歩んできた道を個々の出来事において、正確に知ることに努め、個人個人として互いの立場を理解していくことが大切と考えます』と、まるで国民に歴史の授業をしているかのように語りました」

――確かに平成の天皇は、「象徴」としてのあり方を模索されました。これは、世界のほかの王室と比べて際立っているのですか。

「私は米コロンビア大学の大学院で、英国の歴史家で君主制の世界的権威のデイビッド・キャナダインの指導を受けました。彼は『行動性』こそが、現代の民主主義国における王室の特徴だと指摘しています。一般の国民が選挙権を持つ前は、王室が公務で国民の前に姿を現すことは少なかったのです。平成の天皇が日本の歴史上初めて、すべての都道府県を訪れた天皇になったのも、世界の王室の役割が、統治から君臨、そして象徴へと変化してきたことと無縁ではないでしょう」

「天皇は、世界の君主に比べて政治的にも財政的にもおそらく最も制限を受けているという特徴はありますが、それでも海外の君主制と比較しながら、グローバルな文脈で考えるべきだと思います」

――天皇制はユニークだと考える日本人は、多いです。

「日本の右派は、天皇制を万邦無比、世界に例のない存在と考えがちですが、世界中の象徴君主制と共通点を持っています。また左派には、すぐれた研究者として尊敬する人の中にも、天皇制を日本特有の問題の原因であるとみなし、天皇制がある限り、日本から差別はなくならないといった主張をする人もいます。私はどちらの立場からも批判を受けることがありますが、天皇制は、世界の君主制と多くの共通点があり、近現代の象徴君主制の一つと考えて良いと思います」

「日本人は、日本は特殊だと考えがちです。確かに、日本には天皇制という世襲制があり、理論的には民主主義と矛盾します。しかし、それはごく一部のことで、全体として民主主義が機能しているので、日本は民主主義国でないというのは間違いです。イギリスもスペインもベルギーもオランダも、それぞれが欠点や問題を抱えているけれども、象徴君主がいるのと同時に、民主主義国です」

「ユートピアを追い求めるように、完璧な民主主義の制度を求めるのは危険です。君主がいようといまいと、民主主義は制度さえつくれば、それで安心してよいものではありません」

——そもそも生きた人間が国の「象徴」というのは、どういうことでしょう。

「天皇や王、女王は、建国の理念が書かれた文書や旗ではありません。自分の頭で考え、感じ、歩きもすれば、しゃべりもするのです。何が象徴としての行為としてふさわしいかは、国民の変化を背景に、君主がみずから考えなければなりません。しかし、次の天皇となる徳仁皇太子と雅子皇太子妃は基本的に、平成の天皇と皇后のつくりあげた路線をほぼ踏襲するのではないかと思います。平成と令和という親子の世代は戦後憲法で価値観を育み、『象徴学』を学んだからです」

——新しい天皇は、どんな役割を担うでしょうか。

「日本人は多様化しています。多様性の中から統一性を形成するのが、一番大事な役割になるでしょう。平成までの天皇が果たしてきたよりも、より大きな『国民統合の象徴』としての役割が求められるかもしれません。世界には『ポピュリズム』の嵐が吹き荒れています。先進国の日本がそれを免れているのは、天皇制が役割を果たしているのかも知れません」

「天皇制は自国優位主義の動きに利用される可能性がつきまといますが、平成の天皇と皇后は国粋主義的な動きに嫌悪感を示し、国際協調主義の立場に立ち続けました。外国人に門戸を開放しつつある日本で、そうした排外主義的な動きが顕在化したり、あるいは貧富の格差が拡大したりするなど、天皇が分断された国民を『統合』する機能がより求められるような時が来るかも知れません」

――日本に来た外国人にとっても、「統合の象徴」になり得るのでしょうか。

「これまで日本に来た日本人であること、日本の共同体に参加するには、人種と血統が大きな条件になってきました。しかし、新天皇にとっても、立場の弱い人、周辺にいる人々に引き続き手をさしのべることが象徴としての重要な柱であり続けるでしょう。それに加えて、新たに日本に来た人々も、その対象にすることも可能でしょう」

「一つ期待を述べれば、もしも日本の天皇、皇后が、日本語を母国語としない子どもたちが学ぶ学校を訪問し、激励すれば、これからの時代の日本と世界にとって、とても意味があると思います」

――これまでは世界各国に住んでいる「日本人」の象徴であり続けようとしていました。

「皇室が海外を訪問する際、海外の日系人との会合がよくセットされます。過去の日本政府が、政策的に海外移民を支援していたことなどを考えれば、皇室が日系人をねぎらってきたのは理解できます。ただ、日本政府が米国やブラジルの日系人に、国際社会における日本政府の代弁者になってもらおうとするのはやめた方が良いと思います。血統や人種の面で日本人と同じであっても、日系人にとってはそれぞれの国の国民であろうとすることがより大切だからです」

「太平洋戦争開戦の前年、一九四〇年の紀元二六〇〇年祝賀の際には『同胞』として世界中の日系人に『日本民族たれ』と訴えていました。当時、ナチスのドイツとファシストのイタリアも同じような主張をしていました。二一世紀の世界で、それぞれの国の出身者の子孫を外国の国内で取り込む競争をするのは、尊敬されません」

「ただ残念ながら、韓国や中国の政府も日本のやり方に学んで、韓国系米国人や中国系米国人を政治的に動員しようとしています」

――天皇が世界のためにも、果たせる役割がありますか。

「新天皇が、世界の水に関する活動に力を入れるのでは、と予想する人たちがいますね。その際、なぜ国外に向けた活動をするのかを日本の国民に説明した方が良いと思います。例えば、世界にはきれいな水を飲めない人が何億人もいるけれども、それを解決することは水をめぐる争いを防ぎ、世界を発展させ、回り回って日本人にも利益をもたらす、という具合にです。明仁天皇と美智子皇后が日本社会の周辺で苦労した人に手をさしのべたように、世界で大変な思いをしている人に手をさしのべるということになります」

「これからも皇室が存続するならば、意義のある役割を果たすことが求められるでしょう。多様化する日本と世界で、積極的で大きなインパクトを与えることができる分野は、数多くあるのは間違いありません」

（聞き手・池田伸壹）

❸〈グローバル化〉②

お言葉を機に国の在り方問おう

近藤誠一　元文化庁長官

（『産経新聞』二〇一六年八月二十六日「正論」）

八月八日の天皇陛下のビデオメッセージは、われわれ国民への重要な問題提起と真摯に受け取るべきだろう。

陛下が示唆されたとされる生前退位や、これまでも議論がなされてきた皇位継承など、皇室制度の根本にかかわる問題を先延ばしにすることなく、じっくりと議論し、国民の納得のいく答えを見つけ、実行していくべきことは言うまでもない。

しかしこの機会に国民として真剣に考えねばならないのは、この国そのものの在り方、そこにおける日本文化の位置づけである。

問い直される国家と国民の関係

世界には一九三（国連加盟国数）の主権国家があり、南極大陸を除く地表のすべてとそこに隣接する海を分割している。国家は何ものにも従属しない主権をもつという意味でお互いに対等である。国境線を引いて国内を統治し、治安、経済運営、インフラ整備、国民の身体・財産の保護や福祉など、世の中のすべてを仕切ることになっている。

しかし多くの国家が進めてきた民主化と、自由経済がもたらしたグローバル化の進展は、人類に未曽有の繁栄をもたらした半面、皮肉にも国家が世の中の事象をすべて仕切れぬ事態を生んだ。投機マネーや情報、ヒトが国家のコントロールを超えて自由に国境を動き、金融危機、テロ、サイバーテロをもたらしているからだ。そして資本主義の不適切な運営が格差を必要以上に拡大し、欧米における国家やエリートへの不満や怒りを生み、狭量な反移民のポピュリズムを台頭させている。国家の限界が露呈し、その役割、国民との関係が問い直されている。

日本も例外ではない。かつては日本人とは、民族としての日本人の子として生まれ、日本国籍をもち、日本に住み、日本の文化に自己のアイデンティティーを見いだす人々のことを意味した。これらはほぼ一体となっていた。しかし個人の自由が広がり、人、カネ、情報が自由に動く時代になると、日本人であること、日本国籍をもつこと、日本に住むこと、日本文化を担う（創造し、鑑賞する）ことの間にズレが生じてきた。

陛下が思いを致されたこと

日本人の多くは日本国籍をもっているが、外国籍の人も少なくない。外国に暮らす日本人も多い。日本文化より他の文化が好きな日本人も増えている。逆にドナルド・キーンさんのように、日本国籍をとり、日本に住み、誰より日本文化を愛している人も少なくない。そして大量の難民流入が、明日にでも起こるかもしれない。

では天皇が象徴する日本国とはどれなのか。日本人のコミュニティーなのか、日本国籍をもった人の集まりなのか、日本国内に住む人々なのか、日本文化を自分の心の支えと考える人々なのか。法律的な説明は明快である。日本国とは国境の内部にある統治の実体であり、日本国民とは憲法が授権した国籍法が定める要件を満たす者である。しかしこれはわれわれが求める答えではない。

ここで改めて陛下が「望ましい」象徴の在り方を模索される中で何に思いを致されたかに注目したい。それは「伝統の継承者として、これを守り続ける責任」と「皇室が、いかに伝統を現代に生かし、いきいきとして社会に内在」するかである。

ここではっとさせられる。天皇陛下が象徴される「日本国」や「日本国民の統合」を考えるときに思いを致すべきは、その法律上の定義ではなく、国民が日本の伝統文化やその現代的展開をどこまで担う意欲があるかではないか。

海外では日本文化を愛する人口が確実に増えている。それはポップカルチャーのみならずさまざまな伝統文化に及んでいる。だが国内では伝統文化の多くやその精神が後継の危機にひんしている。国民を統合する絆が細くなりつつあると思わざるを得ない。

今度はわれわれが考える番だ

陛下がその「良き象徴」たらんとされた日本国とは何なのか、どうすれば陛下が誇りに思われる「良き日本国」になれるのか。その鍵は政治でも経済でもない。その奥にある文化なのである。

文化は論じることが難しい。誰もが知っているようだが、つかみどころがない。政治やイデオロギー、近隣国との外交などさまざまな思惑が絡んでくる。戦後の日本を特徴づけた、伝統的な精神を語ることへの心理的抵抗感はまだ消えていない。他方その反動で狭量な国粋主義に流されやすい。

しかし日本が国際社会でふさわしい役割を果たすためには、己のよって立つ基盤、何を価値として重んじるかについての認識をしっかりと持たねばならない。

陛下は「象徴」の意味につき誰よりも深く考えられ、思いを語られた。今度はわれわれ国民が、陛下によって象徴される日本国の在り方、伝統やその現代社会における位置づけを、自分自身の問題として真剣に考え、世界が納得の行く形でそれに応えていく番である。二一世紀における国民の健全な統合はそれによって生まれる。

2 「日本国民統合の象徴」とは何か

インタビュー 「お言葉」から考える

三谷太一郎 東京大学名誉教授
（『朝日新聞』二〇一六年八月十八日）

天皇陛下が「象徴としてのお務め」についての考えを示した「お言葉」を、主権者である国民はどう受け止めるのか。戦後民主主義における象徴天皇の役割とは何だろうか。歴史学者として明治以来の政治と天皇制の関係に詳しく、宮内庁参与（二〇〇六〜一五年）として天皇家の相談役を務めた三谷太一郎東大名誉教授に聞いた。

――「お言葉」をどう読まれましたか。

「深く印象づけられたのは、『行動者』としての象徴天皇というか、象徴天皇の『能動性』が強く出ていたことです。天皇は『国旗』のような単に静的な『国の象徴』ではなく、動的な『国民統合の象徴』でもある、ということに力点が置かれている。ただ存在するだけの消極的な存在ではなく、国民統合の象徴であることを、日々の行動によって実証しなければならない、という緊張感、責任感が感じられました」

「とくに、現在の日本国だけでなく、戦没者が眠る旧日本帝国を含めた日本国の周辺部にも、自らの思いを寄せなければいけないという自覚が、慰霊の旅に触れた部分に鮮明に出ていると思います。沖縄問題に対する天皇の関心の強さもその表れであり、この問題への国民的関心を共有することは国民統合の象徴としての任務と不可分だ、と思っておられるからではないでしょうか」

——そのような思いがあるため、退位の願いがにじむ表現になったのでしょうか。

「退位せず摂政を置く選択肢もありますが、天皇ご自身は摂政に明確に否定的です。象徴天皇の任務に強い責任感があり、その任務を現に果たしているという自負があって、摂政では天皇は代行できない、天皇は積極的な行動者でなくてはならない、と考えておられるのでしょう。高齢化に伴い気力や体力が弱ったならば自らの意思で譲位する以外の選択肢はない、と考えておられると思います」

「もちろん憲法上の制約があることは踏まえた上で、天皇は自由な意思と責任の主体である、という自覚が『お言葉』には強く出ていると思います。天皇ご自身の人間的尊厳の表明と言ってよいかもしれません」

「これを読んで思い出したのは一九四六（昭和二一）年一月一日、昭和天皇が、天皇の神格の否定などを織り込んで出した詔書です。『人間宣言』と呼ばれるこの詔書と今回の『お言葉』には共通性がある。字句の上でもそうです」

「『人間宣言』では、天皇と国民との間の紐帯(ちゅうたい)は『終始相互ノ信頼ト敬愛トニ依リテ結バレ、単ナル神話ト伝説トニ依リテ生ゼルモノニ非ズ』とされていました」

「『お言葉』では『天皇として大切な、国民を思い、国民のために祈るという務めを、人々への深い信頼と敬愛をもってなし得たことは、幸せなことでした』とある。全く同じ字句『信頼と敬愛』が使われています。今回の意思表明は、戦後の出発点となった昭和天皇の『人間宣言』を承継していると感じました」

――「お言葉」の冒頭に「戦後七十年という大きな節目を過ぎ、二年後には、平成三十年を迎えます」とあります。

「『平成三十年』というのは重要な意味を持っているのではないか、と思います。その前に天皇が代替わりをすると『平成三十年』はないわけですから、その年までは務めを果たす、という意思表示だと解釈できるのではないか」

「もうひとつ大切なのは、『伝統の継承者』という言葉が出てきたことです。天皇として当然のことを述べたものですが、単なる古い伝統の継承者では足りない。『いかに伝統を現代に生かし、いきいきとして社会に内在し、人々の期待に応えていくかを考えつつ、今日に至っています』とある。新しい伝統をつくり、次の天皇に伝えたいという意思が感じられます」

――「新しい伝統」とは。

「象徴天皇の大前提は、国民主権です。戦後、国民主権の下で、天皇はいかなる存在であるべきかという議論の中から、象徴天皇制が生まれてきた。国民主権と、長い伝統を持つ天皇というものを、どう接合させたらよいか」

「現在の天皇は、即位した時からそういう問題意識を持っていた。今回の声明にも感じられます。国民統合の象徴としてその任務に全的責任を負う、その責任が果たせなくなったら自分の意思で退位する。それを『新しい伝統』としたい。摂政設置論に否定的な理由はそこにあると思います」

——「お言葉」をうけて、政治の場で議論が始まります。天皇は政治的権能を持たないとする憲法の規定に反しませんか。

「『お言葉』が、特定の立法措置に直接結びつくのは好ましくない。言うまでもないことです。しかし、これが天皇制についての自由な議論のきっかけになることは、大きな意味のあることです。天皇は天皇制を支えるただ一人の存在です。天皇とは何か、自分の務めを通して真剣に考えた人は、今の日本に一人しかいないのです。その天皇の考えを聞くことは、重要ではないでしょうか」

——「お言葉」という形式をとったことはいかがでしょうか。

「憲法によって非常に強く政治的に制約されている象徴天皇が、その意思をどういう形で、主権者である国民に伝えられるか。象徴天皇として生きる限り、国民との対話は不可欠ですが、どんな形で可能なのか。おそらくそのことに苦慮され、深く考えられた結果ではないでしょうか。ひとつの先例を示されたと思います」

——象徴天皇のあり方は、憲法で定められており、固定的なものだと考えていました。

「憲法上の規定はありますが、象徴天皇はこういう存在でなければならない、という自明のイメージがあるわけではない。天皇に就いた人が、自ら形成していかねばならない側面があります。天皇自身が、憲法の枠内で、自由意思を持つ者として、どうしたら国民統合の象徴の務めを果たせるのか、考えていかねばならないのです」

「象徴天皇は、非行動的な存在と受けとられているかもしれませんが、旧憲法下の天皇よりも強い能動性を持ちうる可能性がある。今の天皇は、その可能性を積極的に開いていこうとされている。それが、『日本国の象徴』というより、『日本国民統合の象徴』に力点を置かれている理由ではないか、と先ほどお話ししたことの意味です。積極的な象徴天皇像をお持ちだという印象を、私が接した限りでも受けてはいましたが、今回、そのお考えが非常にはっきり表れたと思います」

——天皇は存在するだけで尊いとする保守の意見もあります。

「それは、旧憲法下の大日本帝国天皇のイメージが残っているからではないでしょうか。『神聖不可侵』とされた天皇は、『非行動者』としての天皇です。行動すれば、『神聖不可侵』を保つことはできません。『非行動者』が、本来の天皇の姿であり、それを踏み越えるのは、行きすぎだと考えているのかもしれません」

——一方、憲法学者の間には、天皇の政治的影響力の拡大につながるのではとの懸念もあります。

「私はちょっと違う考え方をしています。今回の声明は、国民統合の象徴としての役割を果たすには、能動的でなくてはならない、という天皇のお考えを、主権者である国民に対し、問題として提起されたのだと思います。どのような象徴天皇のあり方が望ましいか。これは非常に重い問いで、日本国の将来を左右するに足る大きな問題です」

「象徴天皇のあり方について、私たちはまだ十分な議論を積み重ねてきていない。憲法学者も政治学者も、象徴天皇の位置付けや任務について、あまり踏み込んだ議論をしてこなかった。それを考える重要な機会にすべきでしょう」

――そもそも、なぜ天皇制が必要なのかという議論もあります。

「明治の思想家・福沢諭吉は、大日本帝国憲法が発布される七年前の一八八二(明治十五)年に、日本における皇室のあり方を論じた『帝室論』を発表しました。福沢は、憲法実施後の国会で政治的対立が激化することを見越して、そういう権力闘争の外に天皇が存在することが、対立への『緩和力』となり、国民統合にとって有益だと考えた。この『帝室論』は、戦後、象徴天皇制が作られていく上で大きな影響力がありました」

――福沢の視点は、今も有効だとお考えですか。

「現在の日本の政治は、懸案は多数で決めさえすればよいという多数決主義と、それに抵抗する少数者の意見を尊重すべきだという議論が非生産的に対立しています。しかし、多数・少数を超えた、憲法にいう『国民の総意』に基づく権威を欠いた、権力闘争だけでは、安定した政治秩序は作れない。日本の現状を見ると、そうした思いを禁じ得ません」

「象徴天皇は、憲法によれば国民の総意に基づくわけですから、そもそもその総意とは何かを考えることが、象徴天皇のあり方を考えるために決定的に重要です」

(聞き手・三浦俊章、石田祐樹)

3 「公務」とは何か

〈第三の行為〉

憲法からみた天皇の「公務」そして「生前退位」

横田耕一 九州大学名誉教授

（『世界』二〇一六年九月号）

スクープの出発点は

ＮＨＫのスクープで天皇の「生前退位」問題が突然メディアを賑わす話題の対象となった。そこでは、共通して、明仁天皇の意向が事柄の出発点であると報じられた。しかし、明示的にその意向が示されていたわけでもなく、それだけに今の段階で、誰が、どういう目的でリークしたのか明らかでなく、さまざまな憶測がなされている。

そして、一部の報道は、天皇が近日中か年末の誕生日の記者会見で意向を表明する方向で検討されているとか、宮内庁では今春から本格検討が行われており、議論の進捗は首相官邸と共有され天皇にも報告されているとか、政府サイドでは杉田和博官房副長官の下で極秘担当チームが六月に設置され既に検討が始まっているとか、有識者会議を発足させるとか、来年の通常国会で法整備を行う方向で調整が進められているとかと報じている。

これに対し、そして本稿執筆段階では、風岡典之宮内庁長官は、天皇が具体的制度について話した事実もなく、生前退位を前提に宮内庁が官邸と相談や検討を行っている事実はないと否定的発言をしている。また、菅義偉官房長官もその問題は考えていないとした上で、内閣官房の皇室典範改正準備室は女性宮家創設など皇族の減少への対応を検討しているだけだと述べている。しかし、天皇に生前退位の意向があることだけは確かなようである。

もっとも、天皇の意向が生まれた理由についても揣摩憶測が飛び交っているが、昨年末の誕生日記者会見での「年齢というものを感じることも多くなり、行事の時に間違えることもありました」との言や、「天皇である以上は公務を全うする。そうでなければ憲法で定められた象徴としてふさわしくない」と述べたとされることと照らし合わせると、少なくとも、八二歳という年齢で現在行っている公務が負担になっていることが主な理由であることは否定できないように思われる。

なにが天皇の「公務」か

近年、天皇の公務負担軽減が図られてきた事実が示すように、現在天皇が行っている「公務」なるものは過剰なほど多岐にわたっているが、そのかなりの部分は現天皇になって増加したものである（その詳細は宮内庁ホームページで参照できる）。しかし、それらの「公務」は天皇がなさねばならぬ公務、いや、行っていい公務なのであろうか。

日本国憲法は、天皇は「国政に関する権能を有しない」とした上で、天皇の権能を「この憲法の定める国事に関する行為のみ」を行うことに限定している（四条）。そのことから、「国事行為」は、「儀式を行ふこと」のような事実行為を含む、「内閣の助言と承認」で行う形式的・儀礼的行為であると憲法学の通説は解している。

「天皇に私なし」とされていた大日本帝国憲法下とは異なり、国家機関としての（一種の公務員である）天皇と天皇位構成者としての個人（通常その人を指しても「天皇」と呼ぶので混同が起こるが）は峻別されるので、国事行為以外に天皇が私的個人として行う「私的行為」があることを否定する説はない。議論が分かれるのは、それ以外に「第三の行為」を認めるかどうかである。憲法の規定に忠実であるなら、事実行為を含む象徴としての天皇の公的な形式的・儀礼的行為を憲法の定める一二（ないし一三）の行為に限っているので、「第三の行為」などあり得ず、天皇の「公務」は「国事行為」だけである。

「公務」を過重にしている「公的行為」

しかし、現実の天皇は「国事行為（ないし準国事行為）」では説明のできない行為を数多く行っている。ちなみに宮内庁のホームページでは、天皇の「ご公務など」の中の「宮中のご公務など」で宮中祭祀などの純然たる「私的行為」を交えており紛らわしいが、国民体育大会・植樹祭などへの出席、園遊会、パラオやフィリピン等への外国訪問、外国元首との親書・親電交換、被災者のお見舞いなど多くの事例が公的な行為（公務）として提示されている。これらの行為は「国事行為」として正当化することはできないが、現在の政府見解ではこれらを「象徴としての地位に基づいて、公的な立場で行われるもの」であり、「象徴たる地位にある天皇の行為として当然認められるところ」の「公的行為」であるとして「公務」と位置づけている。憲法学説においてもこれらを、「象徴としての行為」であるとか、「公人としての行為」であるとかとして「第三の行為」として合憲化する傾向にある。なお、宮中祭祀がいかに多くても、あくまでもそれは私事である。

そうしたとき、これら「公的行為」は政治的意味や政治的影響を持つものであってはいけないとの限定は説かれるものの、法的にはなんら限定がなく拡大が許されるとともに、これら行為には内閣の助言と承認は必要でないとされ内閣が責任を持つというだけであり、しかもそれら行為を行うにあたっては天皇の意思が大きな意味を持つとされている（七五回衆院内閣委員会：角田礼次郎内閣法制局第一部長）ので、天皇の意思が「公的」意味を持ち、ある場合には高度の政治的意味を持つことになる。実際、現天皇に対し「多くの国民が敬意と共感を寄せている」（七・一五朝日新聞社説）状態を生んだのは、慰霊行為や被災者見舞いといった「公的行為」を通してであろう。また、外国との関係では「公的行為」には通常は国家元首が行う行為が多く含まれているため諸外国は当然の如く天皇を「日本国元首」と考えており、国内的にもあたかも主権者国民が天皇を「戴いている」かのごとき意識を生むとともに、歴史認識や原発再稼動・改憲問題で天皇に期待する者まで現れている。「公的行為」によって天皇は「政治的無色」ではなくなっている。

負担解消に「生前退位」は不可欠か

さてその上で天皇の「公務」をみたとき、「公的行為」を違憲とし「公務」を国事行為に限る説からは、天皇の「公務」は限定され、その多くは署名と押印であるから、「公務」は特に過負担を強いるものではない。また、「公的行為」を容認する説からも、「務」は国事行為だけで「公的行為」はいわば「おまけ」であるから、重い負担になるなら整理すればいいだけの話である。

なお、一言すれば、憲法学の通説では、「国民統合の象徴」は「国民を統合する象徴」ではなく（社会的統合作用があるかどうかは関係ない）、「国民の統合を表わす象徴」であるから、天皇が積極的に統合機能を果たすべく行動することは憲法上要請されていない。天皇に積極的統合機能を期待することこそ天皇に過重負担を強いることになり、個々の天皇の個性が問題となるとともに、ひいては「政治的無色」であるべき象徴天皇制を崩すことにもなるだろう。明仁天皇の意図はともかく、「おことば」等に個性を出そうとしている姿には、一抹の危うさを感じる。

以上をふまえれば、もし「生前退位」が「公務」の過重負担から出ているならば、法的な問題解決は簡単である。「国事行為」に公務を限定するか、「公的行為」を整理するかで話は終わる。もしそれらも負担が重いとするとき、皇室典範は天皇に「精神若しくは身体の重患又は重大な事故」があるならば皇室会議の議を経て「摂政」を置く制度を定めている。皇室典範制定時には、「生前退位」を認めない代わりに「重大な事故」として対処すればいいとの議論もされていたが、摂政設置は天皇に意思能力が欠けている場合の制度だとすれば（四六回衆院内閣委員会：高辻正己内閣法制局長官）、意思能力が存在する場合の代行である「国事行為の臨時代行に関する法律」によって摂政就任順位に従って臨時代行を置けばいい。

「生前退位」に対する賛否

「生前退位」を認めるべきかどうかは、泥縄式の単行特別法ではなく、皇室典範の改正として一般的に政治サイドで考えるべき問題ではある（その意味では、高度に政治的な問題が今回のように天皇の意向を受けて動き出した形で展開していることには、憲法上問題がある）。その際、日本国憲法施行前の一九四六年に現行の皇室典範制定過程で行われた「生前退位」をめぐる議論の参照は必要だが、当時の法制審議会や帝国議会の議論において、戦争の道義的責任との関連で具体的に裕仁天皇の生前退位問題が論者には意識されていたことは、現在の論が明仁天皇を意識しているのと同様である。

制定時の議論において、「生前退位」否定論者は、強要による退位や、幕府等に対する抗議による退位などの歴史的悪例や、天皇と上皇（法皇）との確執による政治的混乱などの例を引いて反対論の有力根拠としたが、今日でもその種の論は根拠とされている。しかし、少なくとも形式的には政治的権能を有していた歴史上の天皇と、政治的権能が全否定されている象徴天皇では、その反対論は説得力に欠ける。もっとも、「公的行為」等で憲法の趣旨に反して個性を示す天皇が現れたときには、天皇の意思などを口実に譲位を迫る事態が生まれる可能性はある。

一方、天皇も一人の人間であるとして人権や意思の自由を尊重する立場から、天皇の意思による退位を認めるべきだとの論も制定時からある。また、道義的責任をとって退位することも認めるべきだとの主張も制定時には天皇の戦争責任ともからみ存在した（南原繁など）。しかし、この人権尊重論は、自発的意思による退位を認めることは天皇に就任しない自由を認めることに連なり、天皇制の存立基盤を失わせると今日まで強く反対されてきた。また、いったん天皇に即位した以上、意思に反しても責任を終身果たすべきだとの主張もされている。

皇室典範制定時には、国民統合の象徴としてゆるぎなき天皇に対する国民の確信・信念が退位を否定するとの反対論が政府により説かれたが（金森徳次郎）、国民の確信・信念は変化するとしても、天皇に強力な国民統合作用を期待する者にとっては、今日においてもこれは核心的な反対理由になる。「天に二日なし」の言に示されるように、国民統合を図るためには、統合軸は確固不動でなければならず、国民意識において天皇と前天皇とで統合軸が二分される事態は望ましくないからである。

ともあれ、将来、「生前退位」を認めるとしても、天皇の生前退位をどういう理由で認めるか、その際に天皇に発意を認めるか、だれが退位を認めるか、退位後の前天皇の処遇をどうするか、など解決しなければならない難問が多い。そしてこれらはあるべき天皇像と深く関連しているので、一朝一夕に解答がだせる問題ではない。したがって、目先の問題解決に追われて場当たり的に取り組むべきではないだろう。

❷〈公務より祈りを〉

摂政がやはり最善

渡部昇一 上智大学名誉教授

（『Voice』二〇一六年十月号）

先例に従えば難しくない

天皇陛下が生前ご譲位のご意図を述べられ、話題となりました。これからどうしたらいいか、いろいろ議論があるでしょうが、私は「ご退位なさらず、摂政を設けられればいい」と考えております。

摂政の制度は聖徳太子の昔からあり、きわめて近い例としては大正天皇がご病気のときに皇太子（昭和天皇）が摂政を務められています。その先例に従えば難しくない話なのですが、天皇陛下ご自身が「摂政は望ましくない」というご意向を述べられたことで、生前退位、譲位に関する議論が出ているのだと思います。

ここで大事なのは「天皇陛下がなぜ生前退位をお考えになられたのか」という点です。拝察しますと、災害で被害を受けた人びとを見舞われたり、戦地で亡くなった日本人の慰霊に自ら出かけられることが象徴天皇の重要な仕事であるとの認識をおもちで、「それができなくなっても天皇であり続けるのは国民に申し訳ない」というお気持ちがあるからでしょう。

これは天皇陛下の誠実なご性格の表れであると同時に、象徴天皇の任務を重大に考えていらっしゃる表れでもあり、国民としては「まことにありがたいこと」というよりほかありません。

しかし、そのような外へ出てのお務めは、お年を召されたいまとなっては必要ないのではないか、と私は思います。天皇の最も中心的な仕事は、「日本国と日本国民のために平和と繁栄をお祈りくださること」と考えるからです。

明治三十六年、明治天皇は「民のため　心のやすむ時ぞなき　身は九重の内にありても」という御製を詠まれました。「自分の身体は宮中にあっても、国民のために心の休まることがない」という意味ですが、その根底に「国民のために祈ることが天皇の本質的な仕事である」という意識を強く感じます。

「祈ることが本質的な仕事」という意味では、被災者を見舞われることも、戦死者を慰霊されることも、祈ることの表れであって、基は「祈り」にあります。だから、それらをおやめになったとしても、象徴天皇としてのお務めをおろそかにしたことにはなりません。肉体的なご負担がない範囲において、国民と国のためにお祈りくだされば、「象徴天皇としてのお仕事を十分されている」と思わない日本人はいないでしょう。

したがって、被災者を見舞われたり、慰霊の旅に出られるといった外へ出られるお仕事を、摂政に譲られてもかまわないと私は思います。また、皇太子殿下が摂政になってくだされば、元号を変える必要がありませんし、皇室典範改正の必要もなくなります。

そのあたりのことをどなたかがご説明申し上げ、天皇陛下にご納得いただければ、安心して摂政に任せられて、お休みくださるのではないでしょうか（自分自身が八十歳を越えてよくわかるのですが、被災地にお見舞いにいらっしゃるとき、腰をかがめてお話しになられるのは、さぞお辛いでしょうと、心配になります）。皇太子が摂政を務めることはすでに昭和天皇がご経験なされているだけに、天皇陛下にご納得いただければ、摂政を設けることでご負担を軽減することは難しい話ではないと思います。

皇室典範を変えてはならない

天皇陛下が摂政は望ましくないというご意思をおもちであるならば、それに従うべきである、という人がいます。その心持ちはよいのですが、関連して「皇室典範の改正」という声が出てきています。これが問題なのです。

皇室典範の改正を言い出したら、憲法改正と同様に何年かかるかわかりません。それとは別に、現状において皇室典範を変えてはいけない理由があると私は考えます。そもそも明治二十二年に皇室典範が制定される前は、天皇の即位についても宮中の祭祀についても、習慣や有職故実に従って決めていました。明治に入ると「憲法」というものがつくられ、すべての法律が明文化されますが、そのときに「皇室のために憲法のようなものをつくろう」ということになり、皇室の伝統を明文化したのが皇室典範です。

元老の伊藤博文、天才中の天才といわれた井上毅をはじめとして、当時の知識人や公家など伝統をよく知っている人たちが集まり、徹底的に歴史を調べて、皇室典範がまとめられました。そこで見落としてならないのは、一つひとつの条目を決めるときは明治天皇が必ずご臨席なさったことです。ですから、生前譲位のないことも、摂政を認めることも、明治天皇のご意思であるということです。それは尊重されるべきではないかと思います。

その明治の皇室典範が第二次大戦後の占領下において、GHQの手で変更を加えられました。たとえば、それまでは皇室典範と憲法がパラレル、対等であって、上下関係はなかったのですが、いまは皇室典範が憲法の下に置かれています。こんな状況で皇室典範を変えてはならないのです。

憲法改正論とともに、皇室典範改正論もポツダム宣言まで戻って考える必要があります。では、ポツダム宣言で天皇（および日本政府の国家統治）の権限はどのように規定されたか。「連合国軍最高司令官に隷属する（subject to）」とされています。これは日本に主権がない、ということを意味します。

日本の占領は間接統治だったので、一般民衆に命令するのは日本政府ですが、その上にGHQが君臨しました。だから、占領下の日本で国会が法律を決めるといっても、進駐軍が命令してつくらせたものか、OKしたものばかりです。たとえ国会で法律を決めようとしても、GHQがダメといえば成立しません。そういう時期に現在の憲法が制定されました。GHQが認めない条文は変えるしかなく、憲法という名称を使っているけれど、実態は占領政策基本法にほかなりません。

この占領政策基本法という性質を日本の憲法学者は認めなければいけないのですが、彼らにとって憲法は「飯の種」だから、そんなことはいっさい口にしない。しかし、良心的な憲法学者なら、憲法学を教える前に「主権のない時代に占領軍の命令によってできたものであるから、普通の憲法とは異なることをわきまえて学んでください」と説明すべきでしょう。

日本国憲法の制定は国際法違反

そもそも、占領軍が被占領地の恒久的な法律を変えることは国際法で禁じられています。憲法は恒久的な法律であり、日本国憲法の制定は明らかな国際法違反なのです。フランスなどでは、国土の一部を敵軍が占領しているとき、憲法を変えてはいけないといった規定があるそうですが、日本は一部どころか、全土を占領されて主権を奪われていました。そんな状況で、憲法を制定できるわけがありません。

正論をいえば、占領七年後の昭和二十七年、サンフランシスコ講和条約が発効して日本が主権を回復したときに明治憲法に戻し、あらためて新憲法を制定すべきでした。そのころにやっていたら、あまり文句も出なかったでしょう。しかし、現在は七十年以上が経ち、いろいろな利権が絡まって、憲法の改正は難しくなっています。といっても、いろいろ余計なことを考えるから難しいのであって、上述のように考えれば、さほど困難な話ではなくなります。

憲法改正反対論者は「いまの憲法には天皇陛下の勅語も賜っているし、日本の議会で決めたものなので、正当である」と主張します。しかし、当時の昭和天皇はポツダム宣言により、マッカーサー（ＧＨＱ司令官）に隷属した状況に置かれていました。したがって、マッカーサーの意思に反する公式発言などできません。

たとえば、現憲法に対する昭和天皇のお言葉のなかに「日本国民の総意に基いて、新日本建設の礎が、定まるに至つたことを、深くよろこび」とありますが、進駐軍のプレスコードによって憲法に関する議論が禁止されていたから「国民の総意」であるはずがなく、そんな嘘を昭和天皇がご存じないわけはない。しかし、憲法が制定された昭和二十一年は皇室の存在自体が危ぶまれた時期だけに、マッカーサーに命令されれば、隷属する側が抗することなど不可能であったといわざるをえません。

万世一系こそ、日本の国体の中心

憲法改正というと、九条にばかり焦点が当てられますが、そもそも前文で日本国民の安全と生存を「諸国民の公正と信義に信頼して」委ねるとされているから、この条文が出てくるのであって、九条だけいじったところで意味がありません。根本から正す必要があります。

では、どうすればいいか。私は「明治憲法に戻す」べきだと考えます。そのための手続きは次のとおりです。

まず、現在の国会議員の三分の二以上が賛成できるような草案をつくる。その草案を国民に示し、修正すべきところは修正する。そういう準備ができたら、天皇陛下の許可をあらかじめ得ておく。

そして、午前十一時五十五分に衆議院で首相が「明治憲法に戻します」と宣言し、五分後の十二時から憲法改正の審議に入る。明治憲法は三分の二の議員の出席を得て、出席者の三分の二が賛成し、天皇陛下の許可があれば改正できるので、スムーズに改正法案が成立するはずです。

そこで問題になるのは「現憲法下でつくられた法律や制度をどうするか」です。これも難しく考えたら切りがありませんから、最後に「旧憲法（マッカーサー憲法）の下でつくられた種々の法律、制度は、本憲法に基づいて改正されるまですべて有効とする」とだけ付け加えておけばいいでしょう。つまり、戦後にできた法律・制度は時間をかけて、ゆっくりと新しい憲法に従って変えていくわけです。そして、この対応策は現在の皇室典範にも当てはまります。占領下に改変させられたところがあり、まずは明治二十二年の皇室典範に戻す。そのとき、戦後の改定で生じたことはすべて有効とするのです。もっとも、明治天皇のご意思が明らかに表れている明治の皇室典範は、ほとんどそのままで構わないと私は思います。

現在の皇室典範には生前譲位の項目がなく、摂政の項目がある点において、明治の皇室典範と同じです。繰り返しますが、摂政を立てて天皇陛下のご負担を軽減することはけっして難しいことではないと考えます。

とりわけ日本の皇室伝統にとって、最も重要なのが男系男子の皇位継承です。万世一系こそ、日本の国体の中心だからです。憲法を意味する英語「constitution」は元来、体質を意味する言葉であり、国の体質、国体を意味する言葉です。日本の場合、神話時代と歴史時代がつながっており、それが今日まで途切れることなく続いているということが、まさしく国体なのです。男系を辿れば、神武天皇まで行き着く。そして神代の時代まで遡れば、天照大神まで系図がつながる――このような世界に類を見ない皇室の歴史を継続させることができるのが、ひとえに摂政という制度なのです。

❸〈天皇の「思い」が絶対なのか〉

「象徴とは」国民的議論を

渡辺 治 一橋大学名誉教授

（『朝日新聞』二〇一七年四月二十二日「耕論」）

天皇の退位をめぐる議論でもっとも欠けているのは、天皇がそれを「全身全霊をもって」果たせなくなることを最大の理由にしている「象徴としての行為」とは何かを国民が議論することではないでしょうか。なぜなら、象徴制とは憲法によって国民自身がつくることを求められている制度だからです。

天皇に軍事と政治の全権限をゆだねた体制の下で遂行された植民地支配と侵略戦争の体験を踏まえて、日本国憲法は、国民が主権者であることを宣明し、天皇の行動を厳格に国事行為に制限しました。

敗戦直後から、昭和天皇は、後に「公的行為」と呼ばれる巡幸などを精力的に行い、歴代の保守政権も統治の安定のため、天皇にあまたの「公的行為」を求めました。

「象徴」制に不満を持つ右派勢力も、元首としての天皇の復活を目指し、天皇の役割と権威の拡大を追求。靖国神社国家護持、元号の法制化や建国記念の日の制定などの動きが典型です。

ところが、平成の代替わり以降、状況が変わります。現天皇は、自らのイニシアチブで、必ずしも政府が推奨していない日本軍の戦場となった地への慰霊の旅や被災地訪問などを積極的に行いました。

こうした「平成流」は国民に広く支持されていますが、右の勢力のなかには、眉をひそめる向きも少なくありません。今回の退位問題で、従来は天皇の行動と権威の拡大を主張してきた保守派の一部から「宮中でお祈りくださるだけで十分」といった理由を挙げて生前退位に強く反対する意見が出たのはこうした状況が影響していると思います。

逆に、リベラル派の学者や市民の間に、「おことば」に共感し「陛下の思いに寄り添うべきだ」といった姿勢がみられます。戦後の経緯からみるとねじれが生じています。

問題は、「象徴の務め」として行ってきた慰霊の旅のような「公的行為」は、果たして天皇の「思い」で自由に行える行為なのかです。

政府がともすれば、あの戦争を含めた近代日本の総括と点検をないがしろにしようとするのと対照的に、現天皇がそこにこだわることに好意を抱く国民は大勢います。しかし慰霊の旅として、象徴天皇がどこを訪れ、どんなメッセージを発するかは、国民的議論を経て国民自らが決すべき課題です。天皇の「思い」に委ねていいのだとしたら、将来、別の天皇が、慰霊の旅として、国民の間で様々な意見がある靖国神社や全国の護国神社を回るとしたらどうでしょう。

改めて憲法の原点に立ち返り、過去の反省をふまえてつくられた象徴制に国民は何を求めるかを、国民の多様な意思を反映する国会の場で議論することが求められます。

（聞き手・池田伸壹）

4 「国民の総意」とは何か

〈国民とは〉

天皇制と民主主義の矛盾

佐伯啓思 京都大学名誉教授

（『朝日新聞』二〇一七年一月六日）

天皇陛下が退位の願いを強くにじませたメッセージを発せられて以来、退位の是非についての議論が続いている。私にはそれほど強い意見もない。制度としての皇室制度の存続と、天皇の生身の身体の間には、どうしても不都合を生じる可能性がある。戦後の天皇は、人間宣言によって現人神ではなく生身の人間であることを宣言されたのだから、人間としての天皇が、天皇制度という制度のなかで果たす役割に限界を生じることはありうる。したがって退位を可能とする方向で、天皇制度を確かな形で存続させることこそが肝要な点だ、と考えるだけである。

ところが実は、その「天皇制度を確かな形で存続させること」が、ある意味ではたいへんに難しいのであり、そこにきわめて重要な問題が潜んでいる。というのも、戦後憲法のもとでは、天皇の地位は、あくまで国民の総意にもとづくものであり、その地位の継承や安定性は、皇室典範によって規定され、その皇室典範は通常の法律と同様に、国会で改正できるからである。つまり、天皇の地位やその在り方は、もっぱら国民の意思に委ねられている。端的にいえば、国会の意思によって皇室の在り方を改変できるのみならず、「国民の総意」によって、憲法改正をへれば、天皇制度を廃止することもできるのである。

これに対し、戦前の皇室典範は憲法の外にあり、国会によって改正できるものではなかった。それは、一方で、明治国家は西洋型の立憲君主制を模倣しつつ、他方では、あくまで天皇に対し「神聖にして侵すべからざる」存在としての神格を与えたからである。天皇は、立憲主義の範囲におさまる部分とそれを超え出た部分の二重性をもっていた。

これは一種の矛盾であり、その矛盾が統帥権の独立などという形で現れもした。では、戦後はどうか。天皇の神格性を否定し、英国型の立憲君主制の枠の中に収め、さらに、いっさいの政治的行為から切り離した。戦後日本の「国のかたち」は、象徴天皇による形式上の立憲君主制であり、実体上は民主主義（国民主権）ということになろう。あくまで民主主義によって支えられる天皇制（君主制）ということになった。

＊

ところが、話はそう簡単ではない。憲法にはまた、皇位は世襲であり、皇室典範にしたがって継承される、とある。つまり、日本国、および日本国民の統合の象徴としての天皇は、単なる王家の一族でもなければ、単なる制度でもなく、日本の歴史の持続性、国民統合の継続性を示すものとされている。それが、皇位は世襲される、ということの意味であろう。

すると、ここで天皇の神格性は否定されているものの、また別の問題が発生する。皇位を世襲するという国民統合の歴史的継続性を示す原理と、国民主権の民主主義は決定的なところで齟齬をきたすのではないか、というやっかいな問題がでてくるのだ。

天皇の位置は明らかに民主主義の原理からは外れている。つまり、その外にある。なぜなら、皇室は、表現の自由も選挙権も信教の自由ももたない、つまり基本的人権をもたないという意味で、近代憲法の枠外の存在というほかないからだ。

この難問を解決しようとするなら、原理的には次のふたつしかなかろう。ひとつは、天皇の地位は国民の総意にもとづく、という場合の「国民」を、今ここにいる自由な「私」の集合体としての「国民」ではなく、日本の歴史的伝統を背負い、その遺産の受託者としての「国民」として理解するか、もしくは、天皇を近代憲法や国民主権の原理から外し、それを超えた、あくまで形式的で象徴的な日本国の主宰者であるとするかであろう。

このどちらも難しい。私は、日本の「国のかたち」は、後者のようなものと理解すべきだと思う。だが、このことが示しているのは、日本の天皇制度と、西洋から導入した近代的な立憲主義や民主主義の間に何か根本的に食い違いがある、という事実であろう。日本の政治体制は、基本的には君主国である英国に近いが、それでも大きな違いがある。

＊

日本の天皇制度の伝統的な本質は、次の三点に要約できると思われる。第一に、天皇の地位は血脈による世襲である。第二に、天皇は、人であると同時に、何らかの意味で聖性を帯びている。そこで、天皇は、一方で神をまつる「祭祀の長」であると同時に、他方で、その聖性を「たてまつられる」という二重性をもつ。第三に、天皇は、形式上は政治の主宰者であるが、自らは祭祀や儀礼によって権威を代表し、実際上の政治的な権力には関与しない。

これは、あくまで世俗的な征服王朝から始まった英国流の君主とも違い、おそらく世界（先進国）には例を見ないものであろう。戦後の日本では、第一と第三の特質は残したが、第二の聖性は否定した。しかし、本来はこの三者は簡単には切り離せないのである。われわれは、いまでも第二点の「聖性」を心のうちにもっているのではなかろうか。それは天皇個人というよりも、天皇という制度そのものが暗示するものである。そもそも、天皇を抱く日本の歴史的な「国のかたち」と戦後の民主主義や西洋流の立憲主義の間に齟齬が生じるのは当然ともいえよう。この齟齬を全面的に解決する方策はないが、天皇の退位問題を通してわれわれが見るべきものは、こうした困難な事情ではなかろうか。

❷〈総意とは世論か〉①

「特例が先例」矛盾しない

宮崎　緑　千葉商科大学教授

(『読売新聞』二〇一七年六月十日「論点スペシャル」)

政府の有識者会議の議論では、「国民の総意」から外れず、人々の心に寄り添った解を求めるように意識した。国民の総意とは、この時代に生きている私たちの心を合わせるとどうなるかということだ。

退位を現在の天皇陛下に限る特例法か、恒久的な制度にする皇室典範改正にするかが論点になった。

今では信じられないが、一昔前までは「五五歳以上」が高齢者とみられていた。時代によってこれだけ感覚が違う。三〇年後、五〇年後の人たちの感覚は私たちと同じではないし、取り巻く環境も激しく変化している。

今の常識や価値観で未来を縛るのは好ましくない。将来にわたる退位の要件を決めることはできない。その時抱えている問題は、その時代で最善の解を求めるということを積み重ねていくしかない。そういう意味で特例法を評価している。恒久法で未来をがんじがらめにするより、「国民の総意」に近い。今回の特例法を先例に、その時々の人が判断すれば良い。「特例だけど先例」は矛盾しない考え方だ。

退位による上皇と天皇の権威の二重性を心配する必要はないのではないか。陛下は全身全霊で象徴としてのお務めを果たされていらした。かつてのように上皇が院政を敷いたり、権力争いしたりする状況ではない。そもそも、天皇は憲法で政治的な行為を禁止されており、権力を握ることは起こり得ない。

専門家からのヒアリングでは「祈っていれば良い」という趣旨の意見もあったが、一面的な見方だ。天皇は「日本とは何か」「日本人とは何か」を体現されている。存在だけでなくお振る舞い全てが、まさに「象徴」だ。

（自らが教べんを執る）千葉商科大の学生を見ても、今回の議論をきっかけに、若者がそれなりに考えたり、語ったりしていた。自らのアイデンティティー（帰属意識）について考え始める効果があった。

陛下が昨年八月にお言葉を表明されてから特例法の成立までの間に、報道機関の世論調査の数字に表れているように国民の理解は深まった。国民の心を一つにするための時間であり、陛下のお言葉を鑑みて、世の中全体で「国民の総意」が作られた。

特例法の付帯決議に「女性宮家」創設を検討することが盛り込まれた。連綿と続いてきた皇統を、これからも長く続けるには工夫が必要だ。過去に危機を迎えた時もあったが、その時代ごとに英知を絞ってつないできた。早急に考えなければならない課題ということは当然の話だ。

（構成・天野雄介）

❸〈総意とは世論か〉②

退位以外の対応 余地を

八木秀次 麗澤大学教授

(『読売新聞』二〇一七年一月二十四日「論点スペシャル」)

天皇陛下が昨年、お言葉を述べられ、退位を認めざるを得ないという方向性のなか、論点整理が進められたという印象だ。陛下のお言葉を受け、政府が退位という制度改正につながる議論をするのは、天皇の政治的発言を禁じた憲法に抵触する。有識者会議はまず、高齢の天皇の負担軽減策を示す場だと理解していたので残念だ。

ヒアリングでは、皇位の安定的な継承を守る立場から、退位に反対し、国事行為の臨時代行制度の活用を提案した。同じ意見の専門家も少なくなかった。論点整理の結果、積極的に進めるべきだという意見が五項目なのに対し、課題は二項目にとどまったが、臨時代行の活用をめぐる議論は深まらず、退位を容認する検討に時間が割かれた。

退位を容認する根拠として国民の支持が挙げられているが、世論というふわっとした理由で、退位を認めていいのか。世論の支配下に皇位を置いていいのか。

明治や戦後の皇室典範制定の議論では、強制や恣意による退位により、皇位継承が揺るがぬよう、退位を制度化しなかった。憲法は「天皇の地位は国民の総意に基づく」と規定しているが、総意とは現代の国民だけではなく、歴史的な国民の意思と捉えるべきだ。

現代の天皇に政治的権能はなく、圧力を受けて退位させられるような時代ではないという意見がある。時代の変化を言うなら、退位が行われた時代は皇位継承者が多数いたが、現在、皇位継承者は四人だけだ。陛下の退位の影響で、一気に皇統が不安定になる状況にあることも忘れてはならない。

論点整理は、退位を実現するための検討に多くの紙面を割いているが、法制化にあたって、退位を認めてこなかった歴代政府の答弁との整合性を保つことはできるのだろうか。

政府は、その時代の天皇の考え方や世論の変化を想定し、一代限りとする方向のようだが、後世からは、皇位の安定性を脅かす退位を認めたと評価されかねない。後の天皇が「例外的に退位したい」と言い始めたら、断る理由はなく、典範改正による恒久制度化と変わらなくなる。

典範改正も退位を認める要件の設定が難しい。高齢でも元気な方もいる。何歳ならばいいのか。天皇の意思を要件にしても、周囲の圧力で退位を言い出す恐れがないわけではない。

退位の制度化には多数の課題があり、無理筋であることが論点整理で明らかになった。国会での議論が本格化するなか、多くの野党が退位の制度化を主張している。退位を巡る議論が政局になれば、結論が出せない恐れもある。退位によらない対応の余地も残しておくべきだ。

（構成・沖村　豪）

❹〈平和主義、立憲主義、民主主義〉

インタビュー　天皇と憲法――令和のはじめに

三谷太一郎 前掲

（『毎日新聞』二〇一九年五月一日「論点」）

国民主権も九条も象徴規定と不可分

――今回の一連の動きが意味するものは何だったとお考えでしょうか。どう評価されますか。

「事実経過としては、前の天皇陛下が平成二八（二〇一六）年八月八日のいわゆる『お言葉』で、端的にいえば退位のご希望とその理由を表明されたことを受けて、退位特例法に基づく退位の実現と改元へと至った。私は、お言葉を聞いて『日本国憲法が直面した、初めてといっていい重大問題だ』と衝撃を受けた。すなわち、今の憲法や皇室典範は、生前退位を想定してこなかった。

前の陛下が退位の希望を示唆したことで起きたのは、ドイツの政治学者、カール・シュミット（一八八八～一九八五年）の言葉を借りれば、一種の『例外状態』（国家の存立基盤や根拠を揺るがす非常事態）といってよい。シュミットは『主権者とは例外状態における決断者である』と位置づけたが、前の陛下は、主権者である国民に、その例外状態においての決断を問われたのである。確かに、国権の最高機関たる国会が退位特例法を制定することで、国民の側は一応の決断をした。だが、この点について国民の側に認識と議論が深まったとは必ずしも言えないかもしれない」

――憲法第四条が天皇は「国政に関する権能を有しない」と規定しているにもかかわらず、「お言葉」で事実上、「天皇が政治を動かしてしまった」と指摘する声もあります。

「今回の流れが『憲法違反ではないか』という理論的な疑問はもっともだが、現実として他に選択肢がなかったのも確かだろう。そもそも、客観的には、天皇とは憲法が規定する一つの制度である。しかも、特定された具体的な個人が担わざるを得ない。である以上、象徴天皇は単に静的な存在ではなく、憲法の制約の下で自己決定権を有する自由と責任の主体なのだ。

敗戦後、憲法制定に先立つ昭和二一（一九四六）年一月一日の昭和天皇の『人間宣言』は、天皇と国民の関係を『信頼と敬愛』に基づくとした。これが象徴天皇の鍵概念であり、前の陛下の『お言葉』も同じ文言を引き継いでいる。天皇の地位は憲法第一条の『主権の存する日本国民の総意に基く』というくだりがすべてを表している。象徴天皇と国民主権は不可分であり、『国民の総意』とは、時々の多数派の意見や国民の個別利害の総和ではなく、国民社会そのものを成り立たせている原理、憲法の理念そのもの、より具体的にいえば平和主義、立憲主義、民主主義なのだ。天皇という地位にあるものは、これらの価値に反することをできないのみならず、これらの価値を積極的に体現するために、まさしく全身全霊で天皇の務めを果たさなければならない。前の陛下は、具体的な行為によってそれを示してきた。天皇と憲法が一体でなければ天皇制は守れない。前の陛下ご自身が、そう考え抜かれてきた」

――それに対して、国民の側は、自由と責任の主体としての天皇のあり方を突き詰めて考えてこなかったということですね。

「特に、政治学者、憲法学者、政府関係者たちがどれだけ深く考えてきたか疑問だ。自分を省みてそう思う。天皇という制度と、個人の心身を持つ天皇自身の間には、越えがたいギャップがある。明治憲法の時代から、そこを何とかして運営されてきた制度なのだが、このギャップは将来も続く。今回、『摂政を置いてもいいのではないか』と誰もが思った。ところが、前の陛下ご自身は『憲法の求める象徴天皇の務めは在位の天皇にしか務められない』という強いお考えを持たれていた。天皇個人が高齢などで務めを果たせないとなれば、『退位の他に選択肢はない』と。そこまでお考えになった末に、あの『お言葉』を発せられたのだろう」

――天皇の地位と憲法の関係について、現行憲法の制定過程に絡めて、うかがえますか？

「憲法制定に至る日米間の折衝で、当時の連合国軍総司令部（GHQ）は、憲法の前文や条文に国民主権を盛り込むことに強く固執していた。日本側は、なんとか国民主権を挿入しないで済むよう抵抗したが、それでは天皇の地位が約束されなかった。平和主義も同じく、天皇制を残すには必須だった。つまり、憲法の国民主権も第九条も、象徴天皇の規定と密接に関連している。だから、第九条を変えるということは、天皇制の根幹に触れる大問題なのだ。憲法改正は、日本の政治社会を欧州諸国や米国のように分断してしまい、象徴天皇制の基盤を間接的に脅かす可能性があると考えている」

政府との権力分立日本の安定に大切

――平成を通して日本社会は分断の方向に進みました。ところが、前の陛下が退位を表明されて以降、国民は、天皇制が国民を統合する力に対する認識を改めて喚起されたように感じます。

「現在の象徴天皇制は、日本の政治社会の分断を避ける、非常に大きな要素になっている。天皇個人にそうした過重な役割を担っていただくのは、もちろん望ましくはないが、そういうものになっていることは確かだろう」

――他方、退位も改元も、時の政権下で具体的な政治レベルに話が下りることで、初めて実現します。今回、その過程に問題はありましたか。

「昭和から平成への改元では、令和のように『発案者は誰か』『制定の意図は何か』が、ここまであからさまには話題にならなかった記憶がある。元号を巡る状況にも、生前退位という例外状態が反映していると言えるかもしれない。今回、元号の陰に政治的意図が見え隠れすることに違和感を覚えた。同じようなことは今後も繰り返されかねない。象徴天皇制の将来のために、元号の政治利用は避けた方がいい。より慎重に、ポピュリズム（大衆迎合主義）の波にさらわれない配慮が必要だ」

――戦争を知っている、現行憲法の制定時を記憶している世代には、戦後の七四年間を前の陛下と同時代人として歩んできた感覚があるように思います。

「たとえば前の陛下は私より三歳年長だが、共に戦時中に学童疎開を経験した。敗戦時の東宮大夫で東京帝大（当時）法学部長などを務めた穂積重遠（一八八三〜一九五一年）の日記によると、前の陛下は当時、『私は将来、明治天皇のような天皇になります』といった内容を日記に書かれていたという。一五年ほど前、この話を前の陛下に申しあげたら、『そうだったかもしれないね』と。そばにおられた前の皇后美智子さまが、『今とはだいぶ考えが違いますねえ』（笑）」

——戦争や戦後の焼け跡を知らない、新天皇陛下と国民との関係は、どのようなものになるでしょうか？

「昭和天皇の『人間宣言』以来積み重ねられてきた、天皇と国民との間の信頼と敬愛をさらに深め強めることが既定方針であり、新陛下もそれに沿ったご努力を積み重ねられていくだろうと考えている。また、前の陛下が戦争体験を重視されてきた思いを新陛下も受け継がれていくだろう。

新陛下がまだ浩宮さまと呼ばれていた頃、私はご進講をしたことがある。事前に、前の陛下も交えてご進講のテーマをご相談した。新陛下は明治時代に興味をお持ちだったが、前の陛下は『昭和の日本がどのようにして戦争に入っていったかを講義してもらいなさい』と。

新陛下の皇太子時代、宮内庁記者会との記者会見の前に、私たち参与とリハーサルのようなものをしていた。記者会から事前に来た質問事項に、憲法改正問題に関する質問があり、新陛下は『現実の政治問題には触れない方がいいでしょうか』と私たちに意見を求められた。出席者全員が『憲法を尊重するとはっきり言っていただきたい』と答えた。憲法こそが象徴天皇制の存立基盤であり、将来、天皇になる方がそこを避けてはいけないという思いからだった」

——象徴天皇制が日本に存在し続けてゆくことの特に現代的な意義は何でしょうか。

「今日のように首相の力が強い時代に必要なのは、首相の統治をチェックする、実質的な意味での権力の分立制である。現在の日本で、権力の分立制を実際に担い、政治権力の行き過ぎを防ぎ得る役割を果たすものとして、象徴天皇制があるのではないか。もちろん、天皇は憲法に基づいて非政治的に行動されるのであって、実質的に国政に関与するということではない。明治憲法の時代も、『宮中府中の別』、つまり皇室と政府の間に距離を置くことが権力分立の非常に重要なポイントだった。現在にあっても、この別を明確にする、つまり、府中（政府）の側が宮中（皇室）を府中に取り込まないようにするのが、長い目で見ると日本の政治の安定性にとって大切なのだと思う」

（聞き手・鈴木英生）

コラム2　「天皇退位」有識者会議の内実

御厨　貴

（『文藝春秋』二〇一七年七月号）

退位に関する有識者会議は、今年四月に最終報告をまとめ、その役割を終えました。私は座長代理としてスポークスマンを務めましたので、会議後の記者会見などで見かけた方がいるかもしれません。

今回は「天皇の退位」について話し合うまったく前例のないものでしたから、七ヵ月にわたる議論も手探りにならざるを得ないこともありました。ただ、現時点では、最良の報告書をまとめることができたのではないかと考えています。国民的な関心を集めた有識者会議とは一体どのようなものだったのか。議論が一段落したこともあり、可能な範囲でお話ししようと考えました。

四月二十一日、「天皇の公務の負担軽減等に関する有識者会議」は最終報告を安倍晋三首相に提出した。「報告」では、天皇の退位を認めることと、皇室典範の改正でなく特例法の制定によって退位できるようにすることが提言された。また、退位後の天皇と皇后はそれぞれ上皇、上皇后と呼ばれること、秋篠宮さまは「皇嗣殿下」と呼称されることなどが合わせて提案された。

昨年八月、天皇陛下ご自身が高齢のため退位を強く望まれていることをビデオメッセージで発表されました。私がこのお言葉をうかがって、最初にピンとひらめいたのは「微妙だな」という感想でした。

私は政治学の研究をしてきた人間です。天皇の政治的行為はいうまでもなく憲法違反。学者という立場からすると、陛下がお考えを自ら表明して政治を動かすような事態はとても望ましいとは言えません。

陛下はメッセージの中で退位を希望された上で、摂政を置くことは否定的に述べられました。さらに、象徴として自分がやってこられたことを縮小することは「無理」ともおっしゃった。象徴天皇としてギリギリのおつもりだったのかもしれませんが、相撲の判定にたとえるなら土俵からちょっと足が出たかなと感じたのです。

今井敬さんと杉田和博さんとの縁

私はどちらかというと安倍政権に批判的なことを言ってきましたから、十月にスタートする有識者会議のメンバーへの就任を打診されたとき、いろいろと懸念が湧き上がってきたことも事実です。そもそも前例のない退位という難しい問題ですから有識者会議が分裂してしまったり、結論を出さぬまま消滅したりすることも考えられました。そんなことになったらまずいなと思いました。

それでも、お引き受けしたのは、陛下が「天皇の高齢化に伴う対処を」と国民に投げ掛けてこられたことに対して、人道上の問題として速やかに対応をすべきだと考えたからです。それと、同じく会議のメンバーとなった今井敬さんと官邸を代表する杉田和博さんとの縁が大きかった。

今井さんは古き良き新日鐵の経営者で御年八十六歳。天皇陛下のお立場をうんぬんするのに陛下よりは年上の方が座長であることは重要でした。同世代の方がドンと控えていることは、会議の重みにつながります。

もともと、今井さんはブレない人だという信頼感が私にはありました。今から十五年ほど前、小泉内閣の時に「追悼・平和祈念のための記念碑等施設の在り方を考える懇談会」で一緒に仕事をしたことがあるのです。オファーを受けたときに、座長は今井さんと聞いて、「それなら上手くいくな」と直感的に思いました。

もう一つの縁は、打診してきた杉田和博官房副長官です。杉田さんは私より十歳ほど年上で、同じ大学の茶道部の先輩でした。学生時代は面識がなかったのですが、OB会で顔を合わすうちに親しくなりお酒の席を共にすることもありました。私がJR東海の葛西敬之さんのオーラルヒストリーをしていた頃、当時、同社の顧問だった杉田さんも会合などで同席することが多かったのです。今の官邸は情報統制が厳しく、有識者会議にも肝腎な話が伝わらないことも考えられます。その点は杉田さんがいれば、なんとかなるだろうと思ったのです。

実際に引き受けてみると官邸の情報管理はやはり徹底していた。事前の「ご説明」に現れた官邸スタッフは、説明に使った資料を大半は持ち帰ってしまい、「これはいいですよ」と置いていった紙にあったのは「マスコミに注意」という文言だったのです。ただし、官邸は私をメディア担当を含めた座長代理に任じ、公式の記者会見以外は、まったくフリーにしてくれました。

有識者会議は、首相官邸の最も広い会議室で行われていました。二〇一一年の東日本大震災の復興構想会議の時と同じ場所です。復興構想会議は財務省や経済産業省などから職員が十人二十人と集まり、あっという間に五十人を超える大所帯になっていましたが、今回は官邸スタッフ主導で終始十人程度の少人数です。他の役所からは宮内庁関係者が加わるくらいで、マンパワーで物事を進める形ではありません。

また、メンバーの数が絞られたことが会議を円滑に進める上で大きな意味を持ちました。復興構想会議の時のメンバーは十五名以上。この種の会議で十名を超えてしまうと、一人ひとりにかかる責任感が薄くなってしまいます。逆に熱意があふれると分裂することも生じます。

今回は、今井さんを筆頭に、小幡純子上智大学教授、清家篤慶應義塾長、宮崎緑千葉商科大学教授、山内昌之東京大学名誉教授と私の六名のみがメンバーで、毎回二時間の会議では、全員がよくしゃべりました。議論が白熱して、今井座長が「時間に限りもありますし、そろそろ次へ行きましょうか」と何度口にしたかわかりません。

私たち六名は誰ひとり皇室制度の専門家ではなかったことも、重要なポイントでした。経験則ですが、専門家を入れると、自説にこだわり過ぎて議論が前に進まないことが多々ある。一人が反対すると、釣られて反対する人が出てきて会議がまったく進まなくなるのです。全十四回の会議に全員が無遅刻無欠席。闊達な議論を行うことができたのは本当によかったと思います。

世論から支持されないことはしない

「退位」を考える上で、最大の拠り所は天皇陛下のお気持ちでした。ただ、天皇の意見表明を直接に反映させて議論するとなると憲法違反の疑いが出て来てしまう。そこで有識者会議は、天皇のおことばを聞いて、それに賛成する九割の国民の気持ちに寄りそうことによって誕生したという建付けになっています。

最初の記者会見で、「あなたたち記者も参加者です。皆さんが世論調査をやって国民の動向を把握してください。我々もそれを反映させます」と強調したのは、世論を無視して議論はできないと考えたからでした。記者たちは面食らったようでしたが、世論から支持されないことはやらないと伝えたつもりでした。秘密主義でやるよりも、情報をできるだけ開示することこそが、会議の浮揚力をつけることにもなるし、世論の支持も得られるという考えがありました。実際、その後の世論調査を見てみると、国民の九割が陛下のお気持ちに賛成することに変わりはありませんでした。メンバーは誰も口にはしませんでしたが、陛下のお気持ちを反映する国民の感情に添うような結果に向かって進もうと考えていたはずです。

一部から、「有識者会議は政府からの指示通りに議論の方向性を作っている」と批判されましたが、実際に官邸からはそのような指示をされたことはありません。

思わぬ展開になったのは、十一月に入って専門家のヒアリングが始まってからでした。「自分たちの進めたい方向に決めた」とメディアや国民に思われることを避けようとした官邸側の思惑もあって始まったヒアリングでしたが、我々にとっては予想外の展開となりました。

人選は官邸スタッフが行い、メンバーはその結果だけを知らされました。最終的に選ばれた顔ぶれを見ると、皇室制度に精通した研究者ばかりではなく、陛下の退位に関して新聞を中心に意見を寄せたジャーナリストや評論家、学者が大半でした。このリストを一見して、いわゆるでした。

「右」の論者が、相対的に多かったことに気づきましたが、その点に異を唱える者はありません

ヒアリングは、合計十六名で一人二十分の持ち時間で行われました。事前に「日本国憲法における天皇の役割をどう考えるか」など十項目の質問事項をお渡しして、意見書やレジュメを提出していただいても結構ですとお伝えしました。実際にヒアリングが始まると、退位反対の声が想像以上に大きく、また多彩でした。

例えば、東大名誉教授の平川祐弘さんもその一人で、「余計なことをされるから陛下は疲れるのです」と祭祀や憲法に定められた公務をなされればいいとおっしゃる。我々が質問しようとすると、「私を論駁できますかな」と穏やかではありません。しまいには「そもそもこういった会議は必要ない」と我々が叱られてしまう始末でした。

先般お亡くなりになった渡部昇一さんは「何もせぬがよし」とくり返されたのが印象的でした。困ったものだなと思っていたら最後に「私はこの席に着いたとたん突発性難聴になりまして、皆さまのお話が全く耳に入りませんでした。失礼いたしました」と言って出ていった。隣の今井さんから「ご病気だったの?」と聞かれたので笑うしかありません。「〝政治的難聴〟というんです。あれが渡部流ですよ」と答えました。何のことはない、会議室の外に出たとたん記者たちには「退位すべきではない」と自説をスムーズに披露していましたから、質問はバッチリと聞こえていたはずです。

櫻井よしこさんは当初、今の陛下に限っては退位に賛成する立場で、あらかじめ、提出していた意見書にもそのように書いていた。ところが当日の朝になって宗旨替えして意見書も差し替え

た。新しい意見書で櫻井さんは「両陛下の希望を叶えて差し上げたい」と一国民としては、退位を実現したいと思っていると書いています。ここまでは当初の意見書と一緒でしたが、その後で「ご高齢の陛下への配慮は当然ですが、そのことと国家のあり方を考えることは別」と百八十度転換してしまった。最後の判断のところで、意見が変わってしまったので、あざやかな論理展開と妙に感じ入ったものです。「右」の方々にはさすがヒアリングの劇場的効果を考え抜かれた〝役者〟が揃っているなと心したものです。

予想外の「退位反対」論者のインパクトの大きさに、メディアは有識者会議の結論が、天皇が表明された希望に沿った退位賛成とはならないかもしれないと受け止めたようです。新聞は「退位賛成派八名、反対派六名、慎重派二名」などと書いて、もし多数決になれば両論拮抗になるとも取れるように報じました。

こうした報道を陛下がどのように受け止められるだろうかと心配しはじめたころ、陛下の同級生である明石元紹さんがメディアに登場します。明石さんは陛下から電話で「将来を含めて譲位が可能な制度にしてほしい」というお気持ちを伺ったと明かしました。

明石さんの発言はちょうど専門家ヒアリングの三回目の趨勢が明らかになった頃のこと。タイミングがタイミングだったので、陛下も危機感をお持ちなのかもしれないと想像しました。実は、同じころ明石さんの側から、私に話をしたいと人を介して打診があったのですが、「御厨と会った」と話されてはあらぬ疑いを招いてしまうかもしれないと思い、丁重にお断りしました。しかし、同様の動きは、他にも水面下ではありました。

こうした動きに官邸も私たち会議のメンバーも危機感を抱きました。もし、陛下が十二月二十三日のお誕生日に「退位を希望する」ともう一度おっしゃると「政治的介入」は否定しようがなくなってしまうからです。

さらに心配だったのは、最終報告が両論併記になるのではないかという憶測をメディアの一部が言い始めていたことでした。両論併記するのであれば、有識者会議の意味がない。メンバー全員がなんらかの結論を目指すことで最後まで一致していたことは幸いでした。

天皇の「定年制」も検討した

すべてのヒアリングを終えた十二月には、論点整理を行いました。最大の課題である「退位を認める」場合と「退位を認めない」場合から始め、それに伴う課題と問題点を一つひとつ列記し吟味していったのです。

「退位を認めない」ならば、摂政制度を採用することになります。皇室典範の十六条には、「天皇が、精神若しくは身体の重患又は重大な事故」で国事行為が行えなくなった場合にのみ摂政を置くことができると定められている。陛下は現在お元気ですから、この例に当てはめることはできない。つまりあらたな要件を付与するため皇室典範の改正が必要となるわけです。

逆に「退位を認める」ならば、どのような論点があるのか。皇室典範の四条には「天皇が崩じたときは、皇嗣が、直ちに即位する」とある。ここには皇位継承が行われるのは「崩じたとき」と書かれていて、生前退位が認められてはいないのです。退位を制度化するためにはここでもあらたな要件化が必要です。つまり退位を認めるにしろ認めないにしろ、典範の改正が必要なのです。

「天皇の定年制」についても検討しました。しかし、「そろそろ退位したい」と考える天皇もいるでしょうが、「まだまだ」という天皇が出てくる可能性もある。元気な天皇に「そろそろお引きください」と申し上げることは難しいし、天皇の人格を否定することにもなります。さらに時の政権が要件どおりと解釈して退位を進めたりすると、それこそ恣意的な介入になってしまいます。それは皇位の不安定化につながりかねません。

そこまで論点整理が進んだ後、事務局がまとめた原案の示す通り特例法について次のように賛意を表明したのです。

「本来、典範の改正があるべき方向ですが、改正するならば、皇室の現状を考え、女性宮家の問題や女系天皇の議論を避けることはできません。全体を見直す必要があります。そういった正面から典範改正の議論に踏み込むことなく、あくまでも陛下の退位に限って改正するならば、特例法のほうがふさわしいと思います」

世論には一代限りの特例法は陛下が望まれる形ではない、邪道だという意見もありました。ただ、今回は、ご高齢の陛下を救う人道上の問題でもあるので、速やかに実現する必要がありました。特例法であるからこそ、今上陛下の固有の事情について、多くの国民に知れる退位の理由を書き込むことができます。そして一度、法律となれば、先例として踏襲され、さらに積み重ねることで慣習法のような形になる。つまり、一代限りの特例法と制度化は対立するものではないと私は考えていたのです。結局、一代限りの特例法の方向性が、有識者会議でオーソライズ（正式に認めること）されました。

有識者会議が特例法での退位を提言しようとしていた十二月、国会が新たな動きを見せ始めます。大島理森衆院議長を中心に、衆参両院が主体性をもって退位問題に取り組むべきだと名乗りを上げたのです。

我々は政府から依頼されて政府提案のもととなる議論をしているわけですから、国会と並列する形であっても自分たちの議論を進めていけばいいと思っていたのですが、事はそう単純ではありませんでした。

そのころ、司会を務めているテレビ番組『時事放談』にゲストとして出演する政治家は与野党問わず有識者会議のことに触れてきました。そして、大抵は「一生懸命やってらっしゃるのはいいけれども、あなた方は国民の代表じゃないからね。国民に選ばれているのは私たちなのだから、勘違いしないで下さい」と釘を刺すのです。

さらに昨年十二月、私が新聞のインタビューに「特例法で大体の方向性は決まっている」という趣旨の発言をしたことに、大島議長が「国会は有識者会議の下請け機関ではない」と発言。国会としては、有識者会議が出した提案がそのまま原案となるのではなく、提案の内容も自分たちが主体性をもって決めるのが筋であると考えたのでしょう。それはそれで正論でした。

官邸から論点整理が国会側に渡され、有識者会議の事務スタッフも国会の各会派に呼ばれて状況を説明しました。国会の案ができるまで有識者会議は開かれることなく、〝冬眠〟に入ることになったのです。

そして衆参の正副議長による取りまとめを待ち、四月二十一日に有識者会議としての最終報告を出しました。

この報告に対して「深みがない」「実利的すぎる」と批判があったのは、議論の過程を文章化しなかったことが影響していると思います。採用しなかったプランとその不採用の理由を書き始めてしまうと議論を再び蒸し返す恐れがある。そこであえてプラグマティック（実利的）に結論だけを文章にした事情がありました。

皇族の数を増やすことが重要

最終報告で特に国民的関心を集めたのは、退位後の天皇、皇后をそれぞれ「上皇」「上皇后」とすることや、秋篠宮さまを「皇嗣殿下」とお呼びすることなど称号に関する点でした。

秋篠宮さまは三十年近く、「秋篠宮」としてご公務をなさってきました。またご自身も「秋篠宮」の称号に相当の愛着を持っておられると聞いています。簡単に「秋篠宮をやめて皇太子（東宮）になってください」とは提案しにくい。そこで、秋篠宮家を残しつつ皇室典範にも出てくる「皇嗣」という歴史上はない、まったく新しい称号をつけて秋篠宮さまを「皇嗣殿下」と呼ぶ案を考えました。落ちつくべき所に落ちついたものと思います。

有識者会議の座長代理として私は政治学者としてではなく、一人の国民として「天皇陛下の退位」に向き合ったつもりです。学者としてなら、やはり学者としての捉え方があります。特例法は法律の文言として美しくありませんから、典範の改正にも利があると主張していたかもしれません。他にも様々な局面で妥協した部分はあります。しかし、それを言い出したら話がまとまりません。問題を解決するためには、異論反論を招くような状況に自分から突っ込んでいくのはまずいとのプラグマティックな判断が働きました。おそらく他のメンバーもそれぞれの世間知や常識の中で対応をしたと思います。常識を持ち、普通に物事を考えている大人たちができる範囲の決定をしたのが、有識者会議の最終報告です。

最終報告書を作る中で、全員が「本当にこれだけで終わりにしてよいのだろうか」と思い至ったことがありました。今回の範疇を越えてしまいますが、これだけ集中的に皇位について考えると、どうしても皇位継承の問題、より具体的には皇族数の減少について「大丈夫なのか」との思いにかられてしまいます。

新しい天皇が即位することは、皇位継承者が一人減ることを意味します。秋篠宮さまがいらして悠仁さまがいらっしゃるから、皇統は安心というわけではありません。悠仁さまの世代は皇位継承者がお一人だけなのですから。その憂いをなくすためにも、皇族の数を増やすことは重要な問題です。有識者会議が一段落した頃の夕食会の席で座長の今井さんは、安倍総理にその点をはっきり伝えていました。

私たちは、最終報告書にもきちんとこれからの課題についても盛り込む必要性を感じ、次のような一文で締めくくりました。

〈皇室の御活動が維持されていくためには、皇族数の減少に対する対策について速やかに検討を行うことが必要であり、今後、政府を始め、国民各界各層において議論が深められていくことを期待したい〉

女性天皇の可能性に関しては、反対派も多く大きな論争になることは想像に難くありません。有識者会議のメンバーは、そう遠くはない将来に始まるであろう皇族の数の減少に関する論議のことが常に頭にありました。

安倍首相には、こういった議論も含めて皇室典範の改正をぜひ進めて欲しいと願っています。

おそらく皇室の問題は、リベラルな政治家よりも保守的な政治家のほうが改革はやりやすいでしょう。今回の退位に関しても、保守的な総理は本来は賛成ではなかったはずです。しかし、国民の支持や天皇のお気持ちを考えその方向を了としました。そのような判断ができる政治家が総理のうちに議論を進めるべきなのです。

これは憲法改正に匹敵する重要な問題です。秋篠宮家の眞子さまがご結婚に向かって歩まれていることも報じられました。女性皇族の扱いを考える上で、今ほどよいタイミングはありません。この機運のあるうちに未来の皇族のあり方を議論することを始めて欲しいと私は考えています。

論点3

天皇と政治——憲法第四条から考える

「生前退位」——危機の二〇年　北田暁大が聞く

北田暁大　東京大学教授
原　武史　前掲
（『毎日新聞』二〇一六年八月二十七日）

表明された国民との一体性、自ら語った「象徴」の中核とは？

北田　すごいタイミングでの対談になってしまいました。天皇の「お言葉」で皇室典範改正につながるかもしれません。実質的に天皇が法を動かすということは日本国憲法の規定に反する明確な政治的行為でしょう。しかし右も左もマスコミも、心情をくみ取らないわけにはいかないという論調。立憲主義の根幹にかかわることなので、もっと慎重に議論が進むと思っていたのですが……。

原　今回のお言葉の放送は、いろんな意味で一九四五年八月一五日の「玉音放送」と似ています。玉音放送は臣民という言葉が七回出てくる。今回も国民という言葉が一一回出てきた。今回、生前退位がはっきりとは語られなかったように、玉音放送でも敗戦や降伏とははっきり言わなかった。昭和天皇が強調したのは、ポツダム宣言を受諾しても、天皇と臣民が常に共にある「君民一体」の国体は護持されるということ。今回も「常に国民と共にある自覚」という言葉が出てきます。

玉音放送の終わり方は「爾臣民其レ克ク朕カ意ヲ体セヨ」、つまり臣民に向かって自分の気持ちを理解してもらいたい、と。今回も「（私の気持ちが）国民の理解を得られることを、切に願っています」で終わっています。

北田　政治・立法過程を吹っ飛ばして国民との一体性を表明する。今、天皇が憲法の規定する国事行為を超えた行動ができることについて、世の中が何も言わないというのは、象徴天皇制の完成を見た思いがします。

原　今回衝撃的だったのは、憲法で規定された国事行為よりも、憲法で規定されていない宮中祭祀と行幸こそが「象徴」の中核なのだ、ということを天皇自身が雄弁に語ったことです。「何よりもまず国民の安寧と幸せを祈ること」というのは宮中祭祀を、「同時に事にあたっては、時として人々の傍らに立ち、その声に耳を傾け、思いに寄り添うこと」というのは行幸を指していると思います。

宮中祭祀と行幸はいずれも明治になってから新たに作られたり、大々的に復活したりしたもので、戦後も昭和天皇によって受け継がれました。平成になると、宮中祭祀に天皇と皇后がそろって出席するようになったばかりか、行幸も皇后が同伴する行幸啓が当たり前となり、ますます比重が大きくなりました。

北田　憲法に書かれていないことが私の使命なんだ、と。相当に踏み込んだな、よく宮内庁は止めなかったなと驚きました。止められなかったのか。天皇の記号としての機能は今、より純化され、強固になっています。多くの国民が政治的な存在と思っていないことが最も政治的なわけで……。

原　報道によれば、現天皇は五、六年前から退位の意向を漏らしていたが政治が動かなかった。その結果、昭和天皇の玉音放送同様、非常手段に打って出たのだと思います。テレビを使って直接に語りかける。一〇分以上も。

北田　天皇の政治的な力を見せつけられました。「空虚な中心」どころではない。

原　より能動的な主体として立ち上がってきた。

北田　左派リベラル系の人の中にも、天皇制への視点が抜け落ち「この人なら大丈夫」と属人化されている。それほど見事に自らを記号化してきた成果が今回の肯定的な世論に表れているのでは。

原　そうですね。この問題を考えるには、平成だけを見ていてはダメで、少なくとも明治以降の天皇制の歩みを振り返る必要があると思います。明治から大正、大正から昭和と代替わりすると、前の代には想像もできなかった天皇像がつくられる。昭和天皇が玉音放送で強調した「君民一体」の国体も、戦前までに全国を回ることで確立されました。それが戦後巡幸でも受け継がれる。戦前同様、各地で奉迎場が設けられ、天皇が台座に上がればみんなが万歳する。天皇は決して一人一人を見てはいません。そこにいるのは抽象的な国民でした。それでも天皇は、戦前と同じ光景が各地で展開されることで、国体が護持されたことを実感したと思います。

北田　「玉音放送」で言ったことが護持された。

原　それが一九九一年、雲仙普賢岳の噴火をきっかけに変わった。天皇、皇后が被災地に向かい、ひざまずいて被災者をねぎらいました。当時は保守派から大きな批判を浴びましたが、今思えばあれが平成流の皇室の始まりだった。抽象的な国民ではなく、顔の見える一人一人に天皇と皇后が向き合うようになったのです。

完成への自負と危機感、天皇制を再考する時期

原 その中に、実は国体が継承されているんじゃないか。昭和との連続性を感じます。イデオロギッシュだった国体の姿が、より一人一人の身体感覚として染み渡っていくというか、強化されているのではないか。こうした行幸啓を続けることで、いつの間にかそれが皇室の本来の姿のように映るようになった。

北田 すごい発明ですよね。平成天皇制。

原 また、お言葉の中で注目すべきは、殯や喪儀に言及したこと。確かに生前退位すれば、それをすぐにやる必要はなくなります。しかし他方で、宮中祭祀と行幸啓はちゃんと継承しないといけない、と言っている。

北田 象徴としてはかなり細かい後継への指示ですね。日本国憲法における象徴天皇は自分が作った、という自負すら感じます。

原 完成型をつくったという強い自負がある。一方、次代で変わってしまうのでは、という危機感もあるはずです。

北田 天皇制の問題について、特にリベラル系の研究者による議論はあまりなかった。ぱっと思いつく研究は、『大正天皇』など原さんのものくらいです。

原 天皇制の研究はもう終わっている、という認識があったのでしょう。しかし、天皇個人についい

ての本格的な研究が始まったのはごく最近になってからです。

北田　天皇制が必要なのかという、本格的な議論もしてきませんでした。アカデミシャンも左派も「平成の後がある」ことを忘れていたか、忘れたふりをしてきた。

原　問題として認識されていない。完全に抜け落ちている。

北田　自戒を込めていえば、私も天皇について断片的に本を読むくらいで、強い関心を持っていませんでした。しかし今回のお言葉で目が覚めました。「これはむき出しの権力だ」と。天皇家、天皇制とは何なのかを徹底的に再考する時期だと思います。

コメント論点3　天皇と政治

御厨　貴

論点3は、天皇と政治について考えます。論点2では憲法第一条をガイドラインとしましたが、今回は第四条「天皇は、この憲法の定める国事に関する行為のみを行ひ、国政に関する権能を有しない。天皇は、法律の定めるところにより、その国事に関する行為を委任することができる」を参照しながら進めていきます。

北田暁大×原武史「「生前退位」――危機の二〇年　北田暁大が聞く」

冒頭で北田氏が「すごいタイミング」と言っている通り、「お言葉」直後の対談です。驚くのは、北田氏の反応がきわめて戦後民主主義的、あるいは既成左翼的だということです。「天皇が憲法の規定する国事行為を超えた行動ができることについて、世の中が何も言わないというのは、象徴天皇制の完成を見た思いがします」「天皇の政治的な力を見せつけられました。「空虚な中心」どころではない」とは気鋭の社会学者らしくもありません。また、「よく宮内庁は止めなかった」とも言っているのですが、宮内庁にそんな力があると思っていること自体が、何か大きな幻想に囚われているように思われます。ただ、これも日本社会の一面を表しているのでしょう。

対する原氏は老練です。まず、「お言葉」が玉音放送と似ていると指摘します。これは論点3

の中で、別の論者の違う文脈で何度か出てくることになります。「お言葉」の読み方として、「憲法で規定された国事行為よりも、憲法で規定されていない宮中祭祀と行幸こそが「象徴」の中核なのだ」というのも、原氏の発見です。ただ一つ疑問に思うのは、原氏は平成流の皇室は、一九九一年の雲仙普賢岳の噴火の被災者を天皇・皇后がひざまずいてねぎらったことに始まり、抽象的な国民ではなく、顔の見える一人一人に向き合うようになったのはまさにここからだと言っていることです。私は戦後の昭和天皇の巡幸の時、すでに抽象的な国民ではなく、国民のほうも能動的に天皇と結び付いていたのではないかと考えています。

1　官邸、メディア、宮内庁

❶田原総一朗×鈴木邦男「天皇「生前退位」の真意は何なのか」

さすがに読ませる対談です。田原氏の議論から先に取り上げると、冒頭の天皇の生前退位表明を、そのタイミングから、憲法改正に対するある種のストッパーの効果を果たしたのではないか、と保守政権とリベラル天皇の思想上の対立から読み取っている。田原氏も「お言葉」を玉音放送だと見ています。また、明治以前の天皇は象徴で、明治以後、第二次世界大戦に負けるまでが元首、そしてそれ以降がまた象徴と見ていて、論点1を参照すれば、また別の見方を付け加えるものとなります。この対談もまた「お言葉」直後に行われていますが、この時点で、生前退位を認めるべく皇室典範を改定する際に、女性天皇、女系天皇を認めるかどうか、女性宮家を認めるかどうかを決めるべきだと言っている。早い段階から、適切な発言をしていたとわかります。

鈴木氏のポイントは、これまでよくわからなかった「日本国民統合の象徴」の意味が、今回の天皇の行動を見てわかった、というところです。鈴木氏の解釈によれば、それが「どんなことがあっても〔国民を〕戦争には行かせない」ことにつながっていくのですが、本当につながるかどうかはまた別かもしれません。日本会議的右派の議論を元・右翼らしく、「安倍政権のもとで強い国にし、韓国中国の内政干渉を許さない。そのためにも憲法を改正して強力な軍隊を作るんだと。皇室も男系で、男らしい強い皇室を守るんだという思い込みがどこかにある」と、見事にまとめています。

❷清水真人「「憲法改正政局」という未体験ゾーン」

天皇の生前退位に向け、安倍政権が皇室典範の改正を憲法九条改正の試金石に使うのではないか――こういう見方もありました。田原氏の議論とも共通する部分がありますが、清水氏はむしろ野党側に注目しています。ただ、これは安倍首相には受け入れ難いものでしょう。安倍首相にとって憲法九条の改正は特別で、ほかとは一緒にしたくないわけですから。

❸西村裕一「「お気持ち」切り離し議論を」

天皇の意思によって政治が動くということへの疑義とともに、憲法第四条をどう理解するかを解説しています。西村氏は「天皇には国事行為以外を行う「能力」を求めてはいけない、というのが憲法の立場だと解することもできます」と述べています。「解することもできる」ということは「解さないこともできる」ということになります。そこをどう読んだらよいのか。「にもかかわらず」と西村氏は続けます。天皇は、「象徴としての務め」の範囲を広げ、「慰霊の旅」のように、本来ならば政治が果たすべき役割さえ果たしている、と。

もしそうだとすると、天皇がやっていることと普通の政治がやっていることとは実は同じで、そのある部分を天皇が代行してきたということになってしまいますから、ここは私としては疑義を呈さざるをえません。『平成流』に好ましい効果がある」とも言っていますから、天皇が担っている政治的な役割を評価しつつも、それはあくまでも国民主権の原理のなかに収めなければならないということなのでしょう。現状分析にとどまっている感があります。

ここでも気になるのは、宮内庁の過大評価です。天皇の退位について、政府と宮内庁が対立したと言われますが、対立があったとすれば、政府と天皇皇后の対立なのです。

❹河西秀哉「能動的象徴、利用される危険」

ここでも天皇の発言によって政治が動くことへの懸念が表されます。天皇の人柄や振る舞いが国民から支持を得ていて、天皇のすることに間違いはない、という感覚があるけれども、本当に大丈夫だろうか、と。

いくつか興味深い指摘があります。平成の天皇が政治的に踏み込んだ発言をするようになったのは一九九五年あたりからであり、「象徴天皇制の本来のあり方からの逸脱というより、時代の変化に応じた適応だ」ということ。「社会の分断を前にして、国民統合の象徴として能動的に動こうとしたからこそ、行動や発言がある種の政治性を帯びざるをえなかった」。これが「おことば」までつながっているというのは、まさにその通りだと思います。

それから安倍首相の内奏が各メディアによって大々的に報道されたこと。一九七三年に内奏が天皇の政治利用につながると批判され、防衛庁長官の辞任にまで至ったのだから驚きだと言います。私はそれほど驚かなくてもいいと思いますが、これも一九九五年が契機だったと。

河西氏も西村氏と同じく、天皇の被災地訪問なども政治の不作為を覆い隠すことになりかねないと言います。これは言い過ぎではないか。政府は「陛下がこれだけやっているではないか」という言い訳はできないのです。

2 手続き

❶保阪正康「天皇のご意思は満たされたか」

有識者会議のヒアリングの出席者の一人でもあった保阪氏による有識者会議批判です。その前段として天皇の「お言葉」の詳細な分析があります。「お言葉」を七つのパートに分け、これが「平成の玉音放送」であり、「平成の人間宣言」であったと評し、対する国民の反応についても考察します。非常にまっとうな議論です。

その上で、有識者会議批判が展開されますが、まず保阪氏自身の意見が述べられます。すなわち、皇室典範の改正を行うべきであり、特例法だけで乗り切ることには反対である、少なくとも皇室典範の改正を前提とした特例法の制定を行い、生前退位を認めるべきである、と。ここで面白いのは、この意見が新聞の社会部と政治部とではまったく違う記事になったということで、保阪氏は、社会部の記者たちは彼の二段構えの論を正確に記述したが、政治部の記者たちは特例法に反対か否かに論点を絞ったため、氏は「特例法に賛成」に区分けされることになったと言う。これは私も常々感じていることで、社会部が全体としてどういう動向かを報道するのに比べ、政治部は対立や異論に注目した報道をする。時によってかなりニュアンスが違ってくるのです。

保阪氏は有識者会議が最後に出した論点整理の文章を読んで愕然とした、初めから皇室典範の改正など意図になく、特例法によって事態と向き合うことが最も理想的と結論、「目に余る」とあります。そうだろうと思います。論点整理の文章は私が「チャート式解法」といったように、「退位を認めるか認めないか」、認める場合「一時的なものとするか、恒久的なものとするか」という問いを立てて、それぞれについての論点を矛盾も含めて書き出していき、今の時点でやるべきことは何かという答えを導き出していったものですから。あたかも最初から一つの答えを目指して解いていったように見える。でも、実のところはさまざまな議論を重ねていくうちにだんだんとそのチャートが見えてきたというのが本当なのです。

❷大石眞「皇位継承 国会が議論を」

特例法によれば、上皇という身分が今回限りの暫定措置であるときちんと指摘したのは、大石氏だけではなかったかと思います。さらに、特例法の成立に合わせ、衆参両院の委員会が政府に「安定的な皇位継承を確保するための諸課題、女性宮家の創設等」を検討するよう求める付帯決議を採択したことについて、政府に丸投げすること自体が本末転倒であり、むしろ国会が議論すべきことだ、というのも、あまり聞かれなかったまっとうな意見と思います。

3 改元儀式――秋篠宮の大嘗祭発言、元号、恩赦などをめぐって

❶ 原武史「「平成流」継承、強い意識」

秋篠宮が二〇一八年十一月三十日に、天皇の代替わりに伴う大嘗祭を国費で賄うことに関して疑義を唱えました。それを受けてのコメントです。全体として、秋篠宮に好意的な姿勢が見えます。「政治的な問題を避けるために、あえて政治的な発言をしたと言えるかもしれません」という見方など気が利いています。

❷ 東浩紀×津田大介「21世紀の新しい皇室」（抜粋）

この論集では異例の、ラジオ音源の再録です。改元にまつわる一連の儀式が終わった後に収録されています。ポイントは二つあります。一つはなぜ五月一日に改元なのか。私は「血のメーデーではないか」と思ったわけですが、東氏と津田氏の二人はその裏返しで、メーデーどころか憲法記念日まで目立たなくなったという。しかも、安倍政権は改元をゴールデンウィークに重ねることによって、支持率を一〇％も上げた。これほど効果的な政治利用はない、と評します。東氏は日本社会のなかにあるふだんは見えていない深層のマグマみたいなものと天皇制は深く結びついていて日本人の無意識はすごく反応する。それで大きく政治が動いていく、それを安倍政権はわかっていたのだ、と。見事と言っていい議論だと思います。さらに、二十一世紀になって天皇の力は復活しているのだとしつつ、たとえ国民の九割が天皇を支持し、敬愛していても、残りの人びとが天皇制なんてなくていいと言えなければならないという押さえも立派です。

金井美恵子「平成は終わる　うやうやしく——令和に寄せて」

何と言っても面白い。三〇年前の改元を引き合いに出しつつ、平成の終わりを反語的表現と揶揄を多用して描き出します。冒頭から元号なんて今さら誰も使わないと書きながら、ひょっとして金井さんは元号が気になってしょうがないのではないか。もしかしてものすごく天皇が嫌いという天皇好きなのではないか、と思ってしまいます。「これはどうかと思う」と価値評価をした上で、世の事象のあれこれを書いていく。こういったものの見方や文章を書く姿勢を持つ文学者も今や少なくなりました。「孤塁を守る」という言葉さえ浮かびます。

❸小林節「「一律」は民主主義と矛盾」

二〇一九年七月になってようやく恩赦について今回はどうするのかが議論になりました。小林氏ははっきりと有害無益と断じています。私もその通りだと思いますが、十月に政府は「即位礼正殿の儀」に合わせ、およそ五五万人を対象に恩赦を実施することを閣議決定しました。

1 官邸、メディア、宮内庁

❶〈安倍政権〉①
天皇「生前退位」の真意は何なのか

田原総一朗 ジャーナリスト×鈴木邦男 元一水会顧問
(『創』二〇一六年十月号)

「生前退位の意向」報道のできすぎたタイミング

――天皇の生前退位については七月一三日の夜にNHKのスクープとして報じられ、八月八日には天皇のビデオが公開されるわけですが、この一連の経緯をどうご覧になりますか。

田原 このタイミングの良さというか、悪さをどう考えれば良いのかというのが一番気になっています。つまり、参議院選挙で自民党など与党を中心にした改憲勢力が三分の二を取ったとわかったのは七月一〇日だった。その後、七月一三日にNHKが七時のニュースで天皇の生前退位の意向があると報じるわけね。恐らくその段階で宮内庁は八月八日に天皇の「お気持ち」をという段取りができていたと思う。

つまり何が言いたいかというと、参議院で与党が三分の二を取った。衆議院は既に三分の二を取っているから、これで憲法改正ができるんですね。安倍晋三さんはかねてから憲法改正したいと言っている。憲法改正が発議できる条件が整った。そうしたら、それを推し進めようとする直前に天皇が生前退位の意向を示した。生前退位をするためには、皇室典範の改正をしなければいけない。恐らく皇室典範の改正をまともにやるとなると一年以上かかる。ということは憲法改正ができない。生前退位が持ち上がったことで、一番困惑しているのは安倍晋三さんだと思う。

鈴木 天皇陛下は、生前退位については相当前から考えられていたと言われていますよね。それがなぜこの時期になったか。何らかの背景があったのは確かですね。

僕は日本が再び戦争に向かうかもしれないと非常に心配しているのが天皇陛下だと思うんです。昭和天皇から戦争のことを詳しく聞かされて、二度とああいう戦争をしてはいけないという強い思いがあった。

田原 だから沖縄、サイパン、フィリピン、さらにペリリュー島と、無理をされて行っているわけです。

鈴木 戦争反対と政治的な発言はできないけれど、自らの行動で示しているわけですね。

田原 行動で、強力に示している。

鈴木 それだけやはり心配されているし、安倍政権としてはいまやマスコミも怖くない、国民世論

も怖くない。でも天皇陛下は怖いんじゃないかと思います。

田原　天皇は、再び戦争をしてはいけない、平和憲法を守るべきだと、事あるごとに言ってきた。一方、安倍さんは憲法を変えるべきだと言っているから、正反対なんです。

鈴木　これまで天皇は日本国の象徴であるというのはわかるのですが、日本国民統合の象徴というのがよくわからなかった。でも今回の行動を見て、ああこれが国民統合の象徴ということか、とわかった。陛下は、統合の象徴のためには勇気を持って立ち上がらなければいけない時があるんだと言っていますね。どんなことがあっても戦争には行かせないと。

一方、自民党の改憲案だと天皇を元首にすると書いてあります。天皇を元首にして日本が再び戦争をするときにサインさせられたらたまらないでしょうね。

「元首」と「象徴」の歴史的違い

田原　僕は元首と象徴の違いについて考えてみたんですよ。象徴というのは、元の言葉はシンボル、元首は head of state。かつて源頼朝は天下を取った。足利尊氏が天下を取った。織田信長も天下を取った。日本は特殊な国で、天下を取ると必ず天皇をその上に置く。天皇から征夷大将軍という権力を受けるわけ。ところが天皇は軍隊もなければ金も持っていない。全く力のない天皇をどうして上に置くんだろう。こんな国は他にないんです。ひどいのは明治維新。西郷や大久保は一六歳の少年を担ぐわけだよね。戦争に負けたらマッカーサーまでが天皇を担いだ。日本の占領政策を成功させるために天皇を担いで憲法を作るわけですね。

鈴木　天皇そのものが日本ということなんでしょう。だからマッカーサーも否定できなかった。

田原　僕は、明治以前の天皇は全く力がないから、head of state じゃないと思うんです。やはりシンボルだと思う。天皇がむしろ象徴だったのではないか。明治以後、昭和で戦争に負けるまでが元首だったんだと思う。だからこそ、明治以前、江戸時代は生前退位が少なからず行われているんですよ。

鈴木　ただ、今回のお言葉を聞いて思ったのですが、元首よりも象徴のほうが重いなと思いましたね。

田原　象徴って、小林よしのりさんも言っていたけれど、全く基本的人権はない。自由がないんです。

鈴木　昔だったら天皇制反対だとか、日本は共和国になるべきだと言う人がいましたよね。今そういう人はいない。皆、天皇支持だと言っている。

田原　まあ共産党はね、本当は天皇制反対と言いながら、とりあえずは天皇を認めると言っている。

鈴木　天皇を認めたうえで、認めるからこそこうしてほしい、ああしてほしいという注文が多い。失礼な主張もいっぱいありますよね。日本は強い国になりたいから男系でなければいけない、女性天皇は大皇じゃないとか。天皇はリベラルなことを言ってはいけないとか。

田原　これは鈴木さんに聞きたいのだけれど、なぜ日本会議は天皇は男系でなければいけないと言っているのですか？

鈴木　僕らも学生の頃はそう思っていましたね。やはり強い国を求めているんですよ。

田原　少なくとも明治以前は女性天皇もあったんだよね。日本会議は女性天皇は認めているわけ？

鈴木　認めていないと思いますよ。考え方が皆一緒だとは思わないですけれど。

田原　僕は明治以後女性天皇を認めなくなったのは、天皇が大元帥だったからだと思う。戦前は、女性は軍人になれなかったからね。

鈴木　政治的な発言もできないですし、今は天皇が変わることによって日本の政治が変わることはないですからね。ですから、天皇陛下は日本にいてくださることがありがたい。だったら、もっと自由な形であっていいと思うんですよ。普通、家庭だったら、女の子しか生まなくても離婚しろなんていう人はいないでしょう？　子供がいない家だってありますし、それで奥さん変えろなんて家庭はないですし。

でも皇室に対しては皆文句を言う。それはひどい話だと思う。僕は皇室のことは天皇陛下が決めて下さってよいと思う。例えば男の子にするか女の子にするか。ヨーロッパなんかだと第一子を王様にするところが多いですよね。それもいいだろうし。もう政治権力に関係がないんだから。

立ち消えになっている女性・女系天皇の議論？

田原　例えば小泉内閣の時に、後継者が愛子さんしかいなかったので、女性天皇を認めるべきだという声が出て、有識者会議が作られた。あの時は女性天皇だけじゃなくて女系まで認めようという話でした。ところが秋篠宮に子供が生まれて議論は中断された。さらに民主党の野田内閣で女性宮家について検討する動きが起き、これも野田内閣が終わったら中断。なんで二つとも中断するんですかね。特に女性宮家の議論なんて、民主党が政権を失ったのだから、本当なら後を継いだ自民党の安倍内閣が受けなければいけないですよね。

鈴木　でもそれは評判悪いんじゃないですか。

田原　右派の状況に詳しい鈴木さんにお聞きしたい。なんで評判悪いんだろう?

鈴木　日本を安倍政権のもとで強い国にし、韓国中国の内政干渉を許さない。そのためにも憲法を改正して強力な軍隊を作るんだと。皇室も男系で、男らしい強い皇室を守るんだという思い込みがどこかにあるからだと思う。

田原　韓国は女性大統領、アメリカもほぼ間違いなく女性大統領、台湾も女性がトップ、ドイツもメルケルが女性でヨーロッパで一番安定していると。強いというなら、女性のほうが強いんじゃないでしょうか。

鈴木　オリンピックも女性が活躍していますよね。

田原　男が強くあるべきというのは男の偏見じゃないですか。

鈴木　偏見だと思います。そういう神話というかフィクションに染まっていないと女性に負けちゃうという恐怖心があるのではないですか。日本会議も家族制度を守りたい、日本の家族制度を守ろうと言っていますから。

田原　本当は日本の家族はどこでも女性が強いですよ。男が尻に敷かれているんです。狩猟民族だと獣を獲ってくるのは男ですから、男に権限があったけど、日本は農耕民族だから。おひつを抱えているのは女性ですよ。僕なんてひどくて、貯金通帳も貯金額も銀行口座も女房が握っていて、僕は何も知らなかった。

鈴木 困ったでしょう、亡くなられた時。

田原 非常に困った。江藤淳が、奥さんが亡くなって、自分が肺がんになって、自殺しましたね。あれを見てね、僕もやはり女房が亡くなってから自殺しようと思った。全て失うわけだから。話が脱線したけれど、だから男が強いなんて言い方は時代錯誤もいいところなんです。

鈴木 安倍政権そのものも、そうなんじゃないですか。女性がこれ以上強くなるなんて困る、男が中心なんだ、それが日本の伝統文化なんだって、そういうフィクションにすがりたいんじゃないですか。

田原 最近で言えば、自民党と公明党が推薦した増田寛也、民進党・共産党推薦の鳥越俊太郎、男がふたりとも負けて、どの党も推薦しなかった小池百合子が都知事になった。それから恐らく民進党の代表選挙は蓮舫が圧勝すると思う。これをどう見るか。

鈴木 やはりこれから皇室典範改正となるともう一度、女性天皇の問題になりますよね。

田原 生前退位を認める皇室典範改正の時に、女性・女系天皇を認めるか、女性宮家を認めるか。第一、女性宮家を認めなかったら秋篠宮の息子の時に宮家がなくなっちゃうかもしれません。

鈴木 三島由紀夫は四六年前に自決したんですけれど、その前に憲法研究会を作っていたんです。その中では、女性天皇を認めているんです。その時は天皇に男のお子さんがいっぱいいらっしゃったし、男の子がいなくなるなんてことは予想できなかったにもかかわらず、三島由紀夫は考えた。楯の会にいた阿部勉も奥さんの籍に入りましたよね、そういう人が一期生二期生に多かったんです。

男が婿に入って家を継ぐと。楯の会でもそういうことが起きるんだから、いつかは皇室でもという思いがあったんではないですか。

三島由紀夫は天皇もそうですが、「自分は愛国心という言葉は嫌いだ」とも言っています。その頃は左翼迎合的なことを言っているのではと僕も反発しましたけれど、実は三島由紀夫は時代の先を見ていた。愛国心という言葉は、上から目線で日本人を見ているという印象があったということらしいんですが、僕らはそこまで考えつかなかった。

リベラリズムの低調とナショナリズムの高揚

田原　テーマがそれるけれど、なぜ鈴木さんは右翼をやめたんですか。どこが気に入らないんですか。

鈴木　やめたわけではないんですが（笑）。僕は昔はガチガチの右翼だったんですけれど、いろいろな人たちに会っていると少しずつ考えが変わっていく。右翼の中でも変な人がいるんですよ。天皇陛下のために俺は命をかけるんだと言いながら、そのためには企業から活動資金を得るために金を脅し取っても良いんだという人もいるし……。

田原　三島由紀夫と一緒に自決した森田必勝とは同じ早稲田大学だったので、僕はある時、「なんでお前は右翼に入ったんだ」と訊いたの。そうしたら、「田原さん、早稲田では左翼が体制です」と言った。右翼になったのでなくて、反体制になろうと思ったらそうなったと言うんです。鈴木さんもそうだったんじゃないの。

鈴木　森田必勝はもともと高校の時、社会党の浅沼稲次郎を尊敬していて、早稲田にも全共闘運動をしようと思って入ったんですよ。でも入ったら、全共闘が圧倒的に体制だった。だから右翼学生になったんですよ。

田原　鈴木さんも反体制としての右翼だった。

鈴木　そうですね。

田原　それが今の日本では、今度は右の方が体制的になってきた。いまマスコミはオリンピック一色でしょ。選手が日本のために日本のためにと言う。朝日新聞も毎日新聞も日本のためにというところを取り上げる。プチナショナリズムですよ。

鈴木　昔は『朝まで生テレビ』で討論しても、愛国心なんて必要ないと言う人がいた。でも今は左翼の人でも、自分も愛国者ですが、と前置きしてから話をするじゃないですか。愛国心とか、日本人として日本を守るのは当然だとか。そうじゃない意見は言えなくなりつつありますね。

田原　今、日本はリベラルが弱くなっている。リベラリストたちが頼りにしているのは本音を言えば天皇だと思う。八月一五日も、安倍さんは戦争をしないと言うだけだったけれど、天皇は戦争に対する反省をきちんと言った。安倍晋三さんが参議院で三分の二を取ってさあという時に、天皇が生前退位だと。そうすると、いろいろ難しい問題があるから一年半くらいかかる。そうなると憲法改正は安倍内閣中にできなくなる。僕は、リベラリストの人たちはプライドがあるから言わないけど、天皇様様だと思う。

鈴木　右の人で、天皇陛下にそんな発言をさせるべきじゃない、天皇や皇太子に諫言するという人もいますね。

田原　天皇が沖縄に何度も行ったりサイパン、それからペリリュー島に行ったりして、再び戦争をしない、平和憲法を守ると言うでしょう。これを聞くと日本会議の連中は腹わた煮えくり返っているんじゃないかと思う。でも彼らは右翼だから、天皇は批判できない。

僕は実は日本の天皇は明治以前、少なくとも平安以後、象徴だったんじゃないかと思う。なんの力も持っていないのに、源頼朝とか織田信長とか、徳川家康が日本を治めるのに、天皇を利用した。

鈴木　今は利用できないですね。

田原　だから安倍さんが困っている。

八月八日の「お言葉」は平成の「玉音放送」だ

鈴木　安倍さんにとっては野党も世論も怖くない、マスコミも怖くない。天皇陛下が一番怖いんじゃないですか。

今回、お言葉の中で国民統合の象徴であると、そのためには時に勇気を持って立たなくてはならないと言いましたよね。どんなことがあっても戦争はしない、それが一番大きいんじゃないですかね。昭和天皇から色々聞いているでしょうし、日本はなぜ無謀な戦争に突入して負けたのか。日本人は軍部が特にそうなんですけれど、精神だけで、科学の心がなかったと言われていますね。

田原　昭和天皇が言っていますね。

鈴木　そこも含めて、日本の全体的なことはやっぱり昭和天皇に教わったんじゃないですか。

田原　昭和天皇はマッカーサーに対して日本の戦争の全責任は自分にあると言い切っているわけですね。アメリカは日本をうまく占領するために裁判にかけなかったけれど、実は自分に責任があると思っていますよね。そのことを、皇太子であった今の天皇に昭和天皇はちゃんと言っていると思う。だから僕は天皇が沖縄に行き、サイパンに行き、ペリリュー島に行き、フィリピンに行ったのは、その父親の償いをしているんだと思う。

鈴木　二度と戦争をしないと。でも皇太子の時代になったら、今の右傾化と言われる時代の波が押し寄せてくるだろう。

田原　そこをね、今の天皇は意識がしっかりしている間に生前退位をして、新しい天皇に対して見届けたいと。新しい天皇が自分の思っている、自分が象徴としてかくあるべきと思っていたことをやってくれるかどうか見届けたいんじゃないの。

鈴木　もちろん信じているでしょうけど、力になりたいという思いはあるのではないですか？

田原　応援したいと。それはあるでしょうね。だから今回の生前退位の意向という話は、天皇にとって大きな決断だったと思う。

でも、そのことをなんでマスコミは言わないのかな。新聞や週刊誌も、どうしてそういう大事なテーマを言わないんだろう。

そもそもＮＨＫの生前退位のニュースがあった時に、右派の中には天皇がそんなことを言うはずはない、憲法四条に違反することで、言うはずはないという意見が強かったですね。

鈴木　事前に知っていたらＮＨＫの放送を阻止しようという人もいたでしょうね、玉音放送の時のように。

田原　僕は今回の天皇の「お気持ち」の表明は昭和天皇の昭和二〇年の八月一五日の玉音放送に匹敵する重いことだと思う。それで一番困っているのは政府ですね。

鈴木　憲法改正については、国民投票で最終的に決めるのは国民だと言われていますよね。でも実際に国会で三分の二の議員で発議したら、僕は国民投票で過半数取れると思うんです。イギリスのEU離脱の国民投票だって国益を考えろ、ナショナリズムだと言われると、わーっと行ったじゃないですか。同じように日本でも、決まってしまった後で国民は反省するんじゃないですか。

戦争反対の思いからあれだけの決断を…

田原　それを事実上阻止したのが天皇のお気持ち表明です。生前退位に対する有識者会議を作ったり、国会で審議したり、皇室典範を変えようというまでに時間がかかるので、安倍政権の間に憲法改正は無理かもしれない。

鈴木　憲法を守ろうとする人にとっては神風ですね。

田原　NHKの生前退位のニュースが流れた時、宮内庁長官は否定したけれど、あの時『毎日新聞』は、話が五月から進展していた、実は宮内庁に「4＋1」会合と呼ばれるものがあったと書いてましたよね。だからだいぶ前から検討されていたにもかかわらず、発表が参院選の結果が出た後のあのタイミングになった。

鈴木　宮内庁幹部が止めようとして、公務を減らして、形だけの天皇になっても国民は異を唱えませんよと言ったら、いやそれは違うんだと天皇陛下は強く否定されて、それだったら位を退くべきだと言ったというわけでしょう。

田原　今の天皇は完璧主義で、出費の問題にしても円の位まできちんとチェックすると。一〇円じゃないですよ、円ですよ。それほどの完璧主義。だから天皇に対して「これは違いますよ」と言える宮内庁の幹部はいない。やはり天皇のお言葉を聞いて納得するばかりだというように言われていますね。そうじゃなかったら、お体が大変だという時にペリリュー島やフィリピンに行くと言われたら止めますよ。それが止められなかったわけです。

鈴木　それこそ国民統合の象徴として勇気を持ってということですね。戦争に対する反省については安倍さんの言っていないことまで言う。それでなかったら戦争を阻止できないという強い思いがあるでしょう。そこまで考えられたからあれだけの決断をしたんでしょうね。愚かな政府と愚かな国民を前に苛立ってらっしゃるのではないですか。

田原　苛立っているからペリリュー島に行くんですよ。あの時一緒に行った宮内庁の幹部が、本当に驚いたという。まさか行かないと思った、こんなの無茶だと。何しろペリリュー島に行った時には、敢えて無理をして一泊自衛艦に泊まっていますからね。

鈴木　肉体的な危険をおかしてでも、統合の象徴として命を賭けるという決意ですね。

ビデオメッセージを見た後は、新聞などを見ても、あそこまでやっているんだから、天皇陛下のお気持ちの通りにさせてあげたいという声が圧倒的に多い。

政権担当者は非常に困惑？

田原　だから皇室典範改正ということになった時に、女系天皇は難しいかもしれないけれど、女性天皇は通ると僕は思う。女系ということになると日本会議を始め大反対するでしょうね。

女性宮家の議論の時、僕はテレビ朝日の番組で櫻井よしこさんと対談した。僕が賛成で彼女が反対でね。でも今度、再びその議論になるとしたら、やはり憲法改正が大幅に先延ばしになる。それについては、政権担当者としては非常に困惑していると思う。

鈴木　僕は皇室典範は変えてもらいたいと思いますね。皇室は皇室で、もっと自由にやってくれた方がいい。

田原　あまりにも天皇に自由がなさすぎる。国民に憲法で与えられた権利が天皇になさすぎる。

鈴木　思い上がっている保守派の人もいるんですよ。あまりにも天皇が自由になったら、イギリスのようにスキャンダルまみれになるのでは、と。失礼な話ですよね。でも彼らは、だから我々がサポートするんだと言っているわけです。でも、実際は、右翼の人たちや保守派が天皇を守っているわけではない。むしろ天皇によって日本人が守られているんですね。僕はそう思います。

❷〈安倍政権〉②

「憲法改正政局」という未体験ゾーン

清水真人　日本経済新聞編集委員

（『日本経済新聞』電子版、二〇一六年七月十九日）

衆参両院で改憲勢力が三分の二を超え、政治は「憲法改正政局」という未体験ゾーンに入る。改憲の是非も含め、全てが手探りだ。まず国会発議を見据え、首相の安倍晋三が野党第一党の民進党も巻き込む幅広い合意を目指すのか、数の力を頼む路線も辞さないのかが岐路だ。その先の国民投票のあり方にも関わる。急浮上した皇室典範問題も微妙に影響するかもしれない。

「国民の皆様とともに、この道を力強く、前へ進んで行く。私からは、以上であります」

参院選翌日の一一日、自民党本部。安倍は記者会見で、新たな経済対策などアベノミクス推進の「この道」を一〇分以上もよどみなく語った半面、宿願の改憲には自分からは一言も触れないまま、冒頭発言を締めくくった。

谷垣氏「野党第一党と合意を」

これは一八日間の選挙戦中に街頭演説で一度も改憲に言及しなかったのと同じ。一気にアクセルを踏み込むわけではない、との意思表示だ。記者団の質問には「両院で総議員の三分の二以上の賛成を得るのはそう簡単ではない。憲法審査会で議論が収れんするのを期待する」と応じた。

自民党幹事長の谷垣禎一：「党改憲草案はタタキ台として野党時代にまとめたが、国会内の合意をどうつくるかが一番大事。少なくとも野党第一党と合意できる内容をつくっていきたい」（三日のNHKテレビの討論番組）

公明党代表の山口那津男：「改憲勢力で三分の二のくくりは政治的に何の意味もない。全政党が当事者。憲法審査会で議論を進めるべきだ。特定政党を除外した協議は今のところ全く考えていない」（一〇日の記者会見）

自公両党に改憲に前向きなおおさか維新の会、日本のこころを大切にする党や無所属・諸派を合わせると両院の三分の二を超える。ただ、与党の首脳部はこの数の力で突き進む路線には否定的だ。谷垣は「初心者がいきなり国論を二分するところへ突っ込むのは間違いだ」と自民党と野党第一党の民進党の合意形成が発議の前提だ、と繰り返す。

自民党の中山太郎が会長として差配した衆院憲法調査会（二〇〇〇〜〇五年）以来、憲法論議に深く関わった与野党議員は多数決での決着は手控え、超党派合意を目指す慣行づくりに腐心してきた。発議から国民投票までの流れを定める「憲法改正手続法」（国民投票法、〇七年制定）にもそんな「憲法族」の哲学が色濃く反映し、合意形成アプローチを前提に様々な制度を設計している。

同法によると、改憲原案は衆参どちらの院に提出してもよい。二つの院で順次、憲法審査会での審議・採決→本会議での採決へと手順を踏む。両院で同一の原案に三分の二以上の賛成を得れば、発議して国民投票へ進む。発議プロセスのカギは、両院の憲法審査会による合同審査会を開くことができる点だ。合同審査会は各院の審査会に対し改憲原案を巡る勧告ができる。

何のための両院合同審査会と勧告権なのか。時計の針を国民投票法を審議した〇六～〇七年の国会の衆院憲法調査特別委員会に巻き戻してみる。同法の与党提案者で、現衆院憲法審査会長の保岡興治（自民党）は当時の答弁で、改憲原案の大綱・骨子を起草する場だ、と説いている。

「両院が共通の土俵の上で議論できるようにするためだ。両院の共通の認識、大枠のイメージを各院の審査会に実効的に反映できるよう、勧告の仕組みを設けた。改憲原案の大綱、骨子のような基本的構成を示唆するところまで合同審査会で話し合うのが適当ではないか」

現民進党幹事長の枝野幸男も歩調を合わせ、合同審査会こそ「改憲原案起草委員会」となるべきだとの認識を示している。

「原案を起草する場は、衆参どちらの院が先にやっても、政治的メンツの問題でうまくいかない。両院合同で原案を起草し、その原案をそれぞれの院で時間をかけてたたくのでないと、現実的なプロセスにならない」

改憲発議を巡って衆参両院は対等だ。合同審査会はどちらに原案を提出し、先に審議するかなどのメンツ争いを防ぐための異例の仕掛けなのだ。加えて枝野は「どこかの党の案をベースにとか、党と党が案を出し合って議論しては合意形成できなくなる。全部棚上げし、ゼロベースで協議して委員長提案みたいな形か、そこで原案をつくる形でなければならない」と各党の主導権争いも強く戒めている。

重要法案を巡って与野党が対決し、しばしば与党が数で押し切るのが国会の見慣れた風景。改憲発議ではがらりと違うプロセスを想定するというわけだ。実は発議から六〇日〜一八〇日以内に実施する国民投票のあり方にも、超党派合意の哲学が脈打つ。立法時の国会答弁で、与野党そろって改憲の国民投票と国政選挙の同時実施を否定したのがそれだ。例えばこんな具合だ。

与党提案者の加藤勝信（現一億総活躍担当相）：「与野党が政権をかけて争う国政選挙と、国会の三分の二以上の勢力が協調して行われる憲法改正の是非を問う国民投票は、質的に異なる。同時実施は有権者の混乱を引き起こしかねない。この法律では想定していない」

憲法九六条は同時実施も認めている。それなのに、国民投票法では、与野党が激しく競い、有権者が政権を選択する衆院選や、政権の中間評価となる参院選と、国の最高法規である憲法改正の賛否の投票はおよそ次元が異なるものと位置づけ、時期を切り離す前提で設計している。

国民投票で改憲原案が否決されれば、時の政権の引責どころか、発議した国会そのものが国民から否定された姿になる。国政が大混乱に陥りかねず、国会として招いてはならない事態だ。言い換えると、憲法は発議に両院の三分の二以上の特別多数決を課すことで、国民投票でも多数の支持が確実に見込める盤石の超党派合意を求めているといえる。

皇室典範改正が試金石にも

安倍は改憲勢力の旗頭を自任するものの、こうして超党派合意を重んじる「憲法族」の議論の伝統や人脈とは疎遠だ。国民投票法自体も、第一次内閣当時の安倍が改憲への意欲から成立を急ぎ、与党案を国会に提出させた結果、超党派合意が荷崩れして実らなかった経緯がある。ひとまず憲法審査会を静観する姿勢を示した一一日の会見での質疑応答にもトゲは潜んでいた。

「自民党の改憲草案がそのまま通るとは思っていないが、自民党案をベースにしつつ、三分の二勢力をどう構築していくかが政治の技術と言ってもいい」

安倍が口にした「自民党草案をベースに」の本音。衆参合同審査会を「改憲原案起草委員会」と見立てる「憲法族」の超党派合意路線とは温度差がある。安倍には「民進党は安倍内閣の間は改憲しないと言うが、建設的な対応とは言えない」と民進党不信がにじむ。同党にも改憲論者は少なくないと見透かし、手中にした三分の二超の勢力をちらつかせて揺さぶる構えだ。

「首相の憲法に対する考え方をまず明確にすべきだ。そのうえで、九条以外でなるほどと思われることが出てくれれば、議論することがないわけではない」

民進党代表の岡田克也は一四日の会見で、首相に「押しつけ憲法論」や立憲主義の捉え方などをただし、説明を受ける条件付きで改憲論議に応じる構えも示した。同時に「国会でしっかり議論したい」と意欲を示したのが、天皇陛下が生前退位の意向を示されたことで急浮上した皇室典範改正問題だ。「国論が分かれるようなことでなく、多くの国民の方向性が一致するプロセスと結論」を提唱した。

皇室典範は形式的には憲法典ではないが、国会法、内閣法などと並び、国の統治の根幹に関わる

「実質的意味の憲法」を構成する法律の一つだ。その改正は「憲法改革」とも言うべき重みを持つ。生前退位問題は憲法論にもなりつつある。超党派合意をどう形づくるかの試金石になるかもしれない。

❸〈政治が果たすべき役割の代行〉

「お気持ち」切り離し議論を

西村裕一 北海道大学准教授

(『朝日新聞』二〇一六年八月九日「耕論」)

「象徴としてふさわしいあり方」を果たせないのであれば退位もやむを得ない、というのが天皇の意思だと報じられ、一連の議論の出発点になっています。前提には、天皇は象徴である以上「象徴としての務め」を果たすべきだという考えがあるのでしょう。

しかし、日本国憲法四条は「天皇は、この憲法の定める国事に関する行為のみを行ひ、国政に関する権能を有しない」と定めています。したがって、天皇には国事行為以外を行う「能力」を求めてはいけない、というのが憲法の立場だと解することもできます。

にもかかわらず、現天皇は積極的に「象徴としての務め」の範囲を広げてきました。とくに先の大戦にまつわる「慰霊の旅」のように、「平成流」に好ましい効果があることはたしかです。しかしそれは、民主的な政治プロセスが果たすべき役割を天皇にアウトソーシングするものともいえます。

まず問われるべきは、天皇に一定の「能力」を要求するような、現天皇が行ってきた「象徴としての務め」のあり方でしょう。

生前退位の可否については、天皇の「能力」を前提とした議論とは別に、人権論の観点からも考えることができます。憲法学者の故・奥平康弘先生のいう「脱出の権利」としての「退位の自由」です。天皇は、職業選択の自由もなく、婚姻の自由や表現の自由も制約されている存在です。そのような重大な人権制約を正当化するためには「ふつうの人間」になる権利が認められなければならない、というのが奥平先生の主張です。

もっとも、仮に天皇に退位の自由を認めるとしても、別の「誰か」の人権が制約されることに変わりはありません。天皇制は一人の人間に非人間的な生を要求するもので、「個人の尊厳」を核とする立憲主義とは原理的に矛盾します。生前退位の可否が論じられるということは、天皇制が抱えるこうした問題が国民に突きつけられる、ということを意味します。

八〇歳を超えて、退位を望んでも認められないのはお気の毒であると考える人も多いでしょう。しかし、天皇をそのような境遇に追い込んでいるのは誰なのか、国民は自覚すべきであると思います。

今回の事案が提起したのは、日本国憲法下における天皇制のあり方という国政上の重要事項でした。指摘しておかなければならないのは、その発端が「天皇の意向」であったということです。

そもそも「天皇の意向」といっても、天皇自身ではなく、「天皇の意向」なるものを報道機関に伝えた人物がいるのでしょう。「天皇の意向」が皇室典範改正論議の引き金になった以上、当該人物による天皇の政治利用が問題となるだけでなく、この人物が宮内庁に属しているのであれば、天皇の発言をコントロールすべき内閣にも政治責任が発生し得ます。

にもかかわらず、だれが天皇の意向をメディアに伝えていたのか、責任を負うべき内閣はどんな判断をしていたのか、全く明らかにされていません。宮内庁や内閣の責任追及を可能にするためにも、メディアには一連の経緯を検証することが求められます。

今後この問題は国会などで議論されることになるでしょうが、そこでは、天皇の「お気持ち」を持ち出すことは厳に排除されなければなりません。それは、天皇の影響力を国政に及ぼさないためであると同時に、天皇の「お気持ち」が切り札となることによって、議論がショートカットされるのを許さないためでもあります。

生前退位を認めるのか。認めるとすればどんな条件をつけるのか。制度設計の議論にあたり、世論も含めた政治プロセスの中から天皇の「お気持ち」を切り離し、国民が自律的・理性的に判断をする。それによって国民主権原理が貫徹されることになるでしょう。

（聞き手・豊 秀一）

❹〈政治利用〉

能動的象徴、利用される危険

河西秀哉 前掲

（『朝日新聞』二〇一七年十二月二日「耕論」）

今回の退位は、憲法で国政に関する権能を有しないと定められている象徴天皇制下で、初めて天皇の発言で政治が動いたという点で大きな問題をはらんでいます。しかし、昨年八月の「おことば」から一年半、問題の大きさはあまり認識されないままでした。

メディアと国民の側に、天皇と政治がかかわることへの抵抗感が減ってきていることを反映しているのだと思います。今上天皇の人柄や振る舞いは国民から絶大な支持を得ているので、「今の陛下がすることなら間違いはない」という感覚があるのかもしれません。

今上天皇は、戦後五〇年の一九九五年あたりから、政治的にも踏み込んだ発言をするようになりました。象徴天皇制の本来のあり方からの逸脱というより、時代の変化に応じた適応だと思います。平成は停滞の時代で、格差が広がり、国民が分断されていきました。その中で天皇は被災地や福祉の現場を訪れ、取り残されつつある人々に目を向けてきた。社会の分断を前にして、国民統合の象徴として能動的に動こうとしたからこそ、行動や発言がある種の政治性を帯びざるをえなかった。それが、昨年八月の「おことば」にまでつながっているように思います。

驚いたのは、安倍首相が一一月二一日に内奏を行い、皇室会議の日程を天皇に報告した模様だと各メディアが報じたことです。首相や閣僚による天皇への内奏が大々的に報道されるのは極めて異例です。

内奏は、戦後の象徴天皇制のもとでずっと行われてきました。当初は、あまり問題視されることはなかったのですが、七三年、防衛庁長官だった増原恵吉が、内奏時の昭和天皇の発言を記者に話してしまった。天皇の政治利用につながると批判され、増原は辞任します。それ以来、内奏に触れることは一種のタブーになります。

変わったのは、九五年の阪神淡路大震災が契機でした。天皇の被災地訪問が国民に受け入れられた中で、政治家が天皇に報告するのもその一環と見なされたのでしょう。二〇一三年には、安倍首相が天皇に内奏する写真が初めて公開されましたが、メディアも国民も当然のように受け止めました。

政治と天皇の距離が縮まるなかで、天皇が能動的な象徴たらんとすることを、政治の側が逆手にとるリスクも出てきています。今は、天皇が進んで被災地を訪れていますが、政治がそれを利用しようという気になれば、結果的に被災者の政治への不満を天皇が和らげ、政治の不作為を覆い隠してしまうことにもなりかねません。

今回、安倍政権は、象徴天皇のあり方や皇位継承をどうするかなどの本質的な議論は避けたまま、退位を政治日程に組み込みました。昨年八月の「おことば」にこめられた今上天皇の思いは、半分は受け止められ、半分は政権に受け流された感じがします。国事行為の縮小や摂政の設置を否定するなど政治性を帯びた「おことば」は、結局、政権によって政治的に処理されたのかもしれません。

菅官房長官が会見で述べたように、四月二九日の昭和の日、退位、即位と続けることで、「国の営みを振り返り、決意を新たにする」というのであれば、保守層の支持を得るために、天皇制という装置を利用しているように見えます。

ある意味で、われわれ国民の不作為も問われています。戦後の七〇年間、象徴天皇とは何なのか、その役割は何なのかを真剣に考えてこなかった。その結果、天皇の政治的行為をなし崩し的に認めるようになってしまった。

今後は、二〇一九年四月の退位を、国民がどう受け止めるかが課題になります。ただ盛り上がるのではなく、政治の意図をきちんと見抜かないと、天皇と政治のかかわりがさらに進む恐れがある。象徴天皇のあり方を国民が考える機会にすべきだと思います。

（聞き手・尾沢智史）

2　手続き

〈有識者会議〉

天皇のご意思は満たされたか

保阪正康　評論家

（『新潮45』二〇一七年八月号）

自らの心情を

二〇一六年八月八日に、今上天皇はビデオメッセージをもって「生前退位」を希望していることを国民に伝えた。それから十ヵ月後の六月九日に、参議院で「天皇の退位等に関する皇室典範特例法」（以下、特例法と記す）が可決され、公布後三年以内に施行されることになった。もっとわかりやすくいうなら、平成三十二年までの間には施行されるということであり、今上天皇は天皇の地位を離れ、皇太子が天皇に即位する。当然ながら元号も変わっていくことになる。

今上天皇が生前退位を訴えてから、ほぼ十ヵ月でその意思は法体系のもとに組みこまれたことになる。この十ヵ月は、近代日本の中でも劃期的な意味をもつことは容易に想像されうる。なにしろ天皇が、自らの心情を直接国民に訴えたのであり、それは異例ともいえるできごとであった。確かに天皇の政治的言動は、憲法上では内閣の「助言と承認」のもとで行われるべきであり、その手続きを踏んでいない点を問題視する意見がなかったわけではない。そのような意見に内閣は捉われる必要はないというのだ。しかしこのようなタテマエ論がいかに現実を無視しているか、天皇のビデオメッセージを読み解けばすぐにわかることだ。

本稿では、この十ヵ月間を改めて整理しつつ、実はこの期間は近代日本史上で重要な意味をもっていることを私たちは確認しておくべきだと指摘しておきたいのである。

今上天皇のビデオメッセージは、正式には「象徴としてのお務めについての天皇陛下のおことば」となる。文字数にすると二千字足らずということになるのだが、「戦後70年という大きな節目を過ぎ、2年後には、平成30年を迎えます」で始まり、「国民の理解を得られることを、切に願っています」という表現で終わっている。しかしこの「おことば」を分解、分析していくと七つのパートに分かれていることがわかる。このことについて私は拙著（『天皇陛下「生前退位」への想い』毎日新聞出版）の中で指摘しているのでその部分をまずは引用しておきたい。〈老齢の今、個人としての意見を明らかにしたい（A）→象徴天皇としての行動を貫いてきた（B）→老齢の今、肉体的に不安（C）→私の28年間の活動について（D）→摂政には疑問（E）→天皇の終焉時の一連の儀式（F）→国民の理解を求める（G）〉

この七つの意味が巧みに語られている。天皇は自らの発言が「政治」に関わるとの懸念があるにもかかわらず、あえてその胸中を明らかにしたわけである。天皇の政治的言動は、内閣の助言と承認が必要だというのが憲法上の決まりであったが、それに反しているというのが前述の、この発言自体、憲法違反だとの言い方の根拠である。実際に私の指摘する七つのパートのうち（A）と（G）は、そのことを踏まえてのご発言とみていいのではないかと思う。

それゆえに私は、このビデオメッセージから、宮中と内閣との間にすきま風が吹いているのではないかと考えられると指摘する。天皇が生前退位の意思を洩らしたことは、以前から内閣や政治の方面へ伝わっていたといわれている。しかし内閣が充分な対応をしないために、天皇は今回のような行動に出られたのではないかと思える。

とくに（A）の部分の「天皇という立場上、現行の皇室制度に具体的に触れることは控えながら、私が個人として、これまでに考えて来たことを話したいと思います」は、まさにそのことを説明しているといっていいであろう。そして本来なら（G）の部分は、「象徴天皇の務めが常に途切れることなく、安定的に続いていくことをひとえに念じ、ここに私の気持ちをお話しいたしました」と終わっていいはずである。しかし天皇は、あえてというべきだろうが、最後に、「国民の理解を得られることを、切に願っています」とつけ加えている。

国民に自らの気持を直接にぶつけて、理解を求めたという意味では、まさに劃期的なことだったのである。ここには「政治」の空間を飛び越えて国民との対話を求める天皇の心理が凝縮しているといってよかった。

このときから十ヵ月を経ての私の実感は、このスピーチは単に「平成の玉音放送」ではなかったという点と、「平成の人間宣言」ではないかとの二つの点にゆきつく。いうまでもなく昭和天皇は、太平洋戦争終結時にポツダム宣言受諾という英断を下し、自らマイクにむかって国民にこのことを告げられた。すでに軍事機構は、天皇の意思など無視してまさに本土決戦という、一億総国民玉砕の方向に進もうとしていた。それを止めたというのが、「昭和の玉音放送」であった。

この「玉音放送」という点では、昭和と平成には共通点があるにしても、昭和の玉音放送の原稿は内閣官房が作成したのだが、平成の玉音放送の内容は天皇・皇后のおふたりがまとめられた節があり、そこに違いがあるといってよかった。同時に昭和天皇の「人間宣言」（正確には昭和二十一年一月一日に発せられた「新日本建設ニ関スル詔書」）では、天皇と国民の紐帯は、〈天皇を神とする考え〉で結ばれているのではないと否定した形になっている。

確かに「人間宣言」といっても、今さら天皇が人間であり神ではないと宣言したわけではなかった。

皇室典範をどうするか

今回の天皇のビデオメッセージを、あえて私が「人間宣言」と評する所以は、次のような考え方に依っている。

——近代日本の天皇制は、大日本帝国憲法と旧皇室典範によって維持されてきた。旧皇室典範の特徴はいうまでもなく「男系男子天皇」「終身在位」「摂政制度の導入」といった点にある。それまでの天皇家には女性天皇も存在すれば、生前退位とて決して珍しくはなかった。それを全面的に否定する法的体系をつくりあげたのである。従って明治、大正、そして昭和の各天皇は、自らの存在の証としてこの成文法を死守するのが何よりもの務めとなった（それゆえに大正天皇が、体調を崩されて、まだ二十歳の皇太子が摂政宮に就任されたことは、大正天皇と皇太子の心理に大きな傷跡を残すことになった）。

そして太平洋戦争の敗戦により、大日本帝国は崩壊した。新しい憲法の誕生となり、国民には市民的権利が保証されることになったのである。となれば皇室典範もまたその形に合うように改正、ないし手直しが行われて然るべきだった。

実際に昭和二十一年三月から十月にかけて、臨時法制調査会が設置され、この皇室典範をどのような形にすべきか五十人ほどの委員の間で議論されたのであった。ＧＨＱ（連合国軍総司令部）は、皇室典範についてとくに口を挟むことはなかったが、これを立法府が関与できない国家の基本的体系にするのではなく、立法府の一法案とするように命じていた。したがってどのような形で明文化するかは、立法府や行政府の判断によることになった。臨時法制調査会でいかなる形の皇室典範にするかは、自由に論じられたのであった。

昭和二十一年三月から十月までのこの調査会の審議を見ていくと、実に自由に、そして闊達に議論が行われていることがわかる。「天皇にも一定の範囲で自由を認めるべきである」「新しい憲法に即応する形では女性天皇であってもいい」「生前の退位は充分検討されるべきだ」といった論も出されているし、東大教授の宮沢俊義のように「立法府で決定されるのであれば、皇室典範といわずに皇室法と称するべきではないか」といった論さえ提示されていたのである。まさに新時代の到来であった。

こうした議論は、旧皇室典範の内容を審議していた明治十年代の終わりにも行われていたことが明らかになっている。しかし昭和二十一年のこの段階でも新しい意見（女性天皇の容認や生前の退位といったことだが）は採用されなかった。なぜならこのときに、天皇の生前退位容認の条文が盛られたならば、折りから始まっていた東京裁判で「天皇の戦争責任を容認する」ことになりかねないとの不安があったからだった。

結局、新しい皇室典範も「男性天皇」「終身在位」「摂政制度の容認」など旧皇室典範の柱は引き継ぐことになった。ここで問題なのは新しい憲法による市民的権利の保証と旧皇室典範が組み合わせになっていることとの矛盾であった。この矛盾は私たち国民には想像されうるにしても、実体的には理解できない。いやそこにひそんでいる旧体制の中に追いこまれている天皇の苦衷そのものは、天皇ただひとりが理解できるのである。そして七十年近くを経た年、天皇はその矛盾を御自身の口で国民に訴えられたという意味では、このメッセージは七十年の矛盾を背負っていたというべきであった。

しかも大正天皇の折りの摂政宮就任時の大正天皇自身の苦悩（たとえば政務の折りの印などを摂政宮の政務室に持っていこうとしたら、大正天皇が抵抗したとのエピソードなどを指しているように思われるが）や昭和天皇晩年の折りのがん闘病時における国民の社会的活動の自粛などについて、はたしてこれが正しいのか、むしろ各天皇ご自身の名誉が傷つけられているのではないかとの思いが、メッセージからは読みとれるのである。私はこれを評して、天皇の人権が傷つけられているのではないか、それゆえの「人間宣言」ではなかったかと考えたわけである。

こうしてみていくと、ビデオメッセージには歴史的、人間的、そして制度的な矛盾やその限界が示されていることがわかってくる。月並みな表現になるのだが、それはきわめて重い意味を持っているといっていいのではないかと思えるのだ。

あえてもう一点つけ加えておきたい。

それは天皇がこのメッセージの中で、自らは象徴天皇として皇后とともにその像をつくってきたことについてふれていることだ。メッセージの中には、「天皇が象徴であると共に、国民統合の象徴としての役割を果たすためには、天皇が国民に、天皇という象徴の立場への理解を求めると共に、天皇もまた、自らのありように深く心し、国民に対する理解を深め、常に国民と共にある自覚を自らの内に育てる必要を感じて来ました」との一節もある。象徴天皇としての自らの歩みについて、国民の側もどのように考えているのか、その声を聞くための回路をつくりたいと呼びかけているようにも思えるのである。ありていにいうならば、もっと国民の声を私にも聞かせてくださいと訴えているといっていいであろう。

これまで私の見るところでは、国民の五、六%は依然として「天皇を神格化」してみつめ、対峙する形でやはり五、六%は「天皇制を否定」という立場のように思える。報道機関の定点観測風のアンケート調査では、こうした傾向が常に存在する。そして実際にはこの左右の勢力の人びとの声が大きく、天皇のあり方について論じるべき九割近くの国民の声はほとんど聞こえてこないというのが現実である。

九割の国民は、現実の象徴天皇としての天皇・皇后の存在に強い支持を与えていて、とくべつに声を発しない。そのことは天皇のあり方の論議でアンバランスを生んでいるのではないか、私は天皇のビデオメッセージの背景にはそのような意思もみてとれるように思う。この点についてはさらに別な視点で歴史的に論じる必要があるだろう。そしてこのこと自体、より真剣に考えていくべき問題ではないかと思えるのだ。

「助言」と「承認」

昨年八月八日のビデオメッセージについて、その時の状況と歴史的な意味を分析していくとこのようなことがいえると、私は考えている。さてこの十ヵ月間、このビデオメッセージはどういう推移を辿ったであろうか。そのことを確認しておきたい。本来ならこれには二つの視点からみていく必要がある。いうまでもなくそのひとつは、では政府は、そして国会はどのように動いたのかといった検証である。そしてもうひとつは、この間に国民の意識はどう変わったのか、その確認である。後者についてはまだ充分な資料や統計が出ていないので、軽々に現段階で論じることはできない。

ただ私の体験では、講演などで天皇の生前退位をとりあげると聴衆の関心は深いことがわかる。とくにこれまで天皇の生前退位など考えてもいなかったが、改めてふり返ると、陛下の言われるとおりであり、健康面から考えてもそのポストには一定の定年制が必要との見方は大体が共通している。やはり人びとの多くは素朴で率直な天皇観を社会の中につくりあげていくことの重要性を訴えていたと私には思えるのである。

こうした国民の側の反応については、より立体的に今後論じられていくべきであろう。この十ヵ月間の「政府」の動きを、改めて丹念に見ていき、天皇のビデオメッセージの意味はどのように受け止められていったのか、より具体的にいうと内閣によりどういう形で「助言」と「承認」が行われたのか、そのことを考えておくべきであろう。

まず政府は、このメッセージについての方向性を定めるために、九月二十三日に「天皇の公務の負担軽減等に関する有識者会議」を設置している。メンバーは座長に経団連名誉会長の今井敬、座長代理に東大名誉教授の御厨貴、委員には上智大法科大学院教授の小幡純子、慶應義塾長の清家篤、千葉商科大教授の宮崎緑、東大名誉教授の山内昌之の六人である。この六人のメンバーは、政府寄りが目立つとの声もあったが、私はわからないのでそうした断定は避けておきたい。

ただ安倍内閣としてはこうした有識者会議では、政府の方針が生かされることを望むのが当然であり、全体的にその方向での人選だったということになるのだろう。

では安倍内閣の方針とはどういうものか。その動きを見ていくと二つの点にポイントが置かれていることが、政府の側から発信されるニュースで容易にわかる。次の二つである。

(一) 今上天皇の生前退位を認める。そのための今回のケースに充当する法律の制定。

(二) いかなることがあっても皇室典範の改正にはもっていかない。

要は「一代限り」「皇室典範にはふれない」を柱に委員が選ばれたというのが正直な姿というべきであろう。有識者会議の名称にあえて「天皇の公務の負担軽減等に関する」と用いているのは、生前の退位と表面に出すよりは、天皇が高齢になれば公務を減らしていかなければならないが、そのことを論議するというのが、有識者会議のメンバーには暗黙裡に求められたといっていいのではないか。政府は会議のネーミングにしてもある計算を働かせているのではないか、と私は考えてしまう。

　実際に有識者会議は、まずヒアリングを行うことを決める。ヒアリングは三回に分けて行われた。第一回は平川祐弘、古川隆久、保阪正康、大原康男、所功の五人、そして第二回は渡部昇一、岩井克己、笠原英彦、櫻井よしこ、石原信雄、今谷明の六人、第三回は八木秀次、百地章、大石眞、高橋和之、園部逸夫の五人、計十六人である。このメンバーの妥当性やその意見の特異性など、各種の論議があるのはわかるが、私もヒアリングに出席した立場からいえば、この点について口を挟むことは控えなければならない。私自身はなぜこのメンバーに選ばれたのかはわからないが、比較的はっきりした意見を持っていたために、このようなタイプも入れておこうかとなったのではないかと推測している。

　各回のヒアリングの内容がどのようなものであったのか。むろん私は新聞報道でしか知らないわけだが、あえて私の意見を紹介し、その立場の者はどのようにこの有識者を見たか、新聞報道ではどう扱われたのかを見ていくことにしたい。

　私の意見は明確である。次のような立場である。

〈私は今回の陛下のお言葉を受けて、なるべくならその方向に沿って考えるべきだと思う。これまでの明治、大正、昭和天皇の時代には天皇がそのような意見を発表されなかったが、今回のお言葉を聞いて、陛下の心中の苦しみをきちんと受け止めて、できるだけ早くに生前退位を認めるべきだろう。私の考えはそのためにまず皇室典範の全面的改正を行うべきだという点にある。生前退位容認により、皇室典範にそのことを明記すべきである。同時に私は摂政時代に戻るべきではないとも思う。もし今、皇室典範を改正せずに特例法だけでのりきるなら私は反対。私としては皇室典範改正を前提として、そのなかに今回の御発言を含めての生前退位を認めるべきだと思う〉

回りくどく思えるが、私は本来なら「皇室典範改正」、それが無理なら、そのことを前提とした特例法の制定をといいたかったのである。私はヒアリングでもそのような意味のことを述べた。二、三の質問はあったにせよ、その内容はこの問題の根源に迫るような指摘ではなかった。ところがこれが報道されるなかで、奇妙な出来事が続くことになったのである。

社会部の記者たちは、私の二段構えの論を正確に記述する。ところが政治部になると、特例法に反対か否かに論点を絞り、「保阪は特例法に賛成」という方向に区分けされることになった。見事なほどその報道内容が異なるのである。ある社の社会部記者に、政治部に私の意見は正確に伝わっていないと伝えるよう言うと、彼は「政治部は官邸の意向を受けて、特例法に賛成か反対かの二分法で報じている」と伝えてきた。なるほど世論の流れをそちらに引っぱっていこうとしていることもわかってきた。しかしこの動きはあまりにも露骨だったといっていいだろう。

ヒアリングによれば特例法に賛成が八人で反対は七人（のこりの一人は不透明）という結果になったとも報じられた。このころの世論調査によれば、天皇の意向に沿っての生前退位への賛成は八割から九割と、かなり高い比率を示していたが、ヒアリングの実態はまったくそれとは裏腹の関係にあったということになる。

政府の意向を代弁

これは十ヵ月後に、御厨貴座長代理が月刊誌などで明かしたのだが、ヒアリング組の中にはまったく質問を受けつけなかったり、急に「突発性難聴になった」といった妙なことを口にしたり、考えられない出来事もあったようだ。天皇のビデオメッセージの意味を正確に理解しているわけではなく、自分たちの考える天皇像でなければならないとの押し売り論も目立った節もある。天皇の災害地慰問や戦場の追悼、慰霊など行う必要のないこと（天皇はただ黙ってじっとしているだけでいい、との論などがそうだが）との弁も吐かれたという。その点では、ヒアリングそのもののあり方は必ずしも国民の声を代弁したものではない、いやむしろ政府の意向を代弁しているとの論が当たっているようにも思えるほどである。

二〇一七（平成二十九）年に入って、事態は少しずつ動き、衆参両院正副議長が両院合同で会議を行うことを決めるなど、立法府も独自な動きを示した。政府の意向だけで特例法を制定するのは、国民の支持が得られないとの判断があったからだろう。しかし有識者会議は、一月二十三日に、ヒアリングでの意見などを含め論点整理を行っている。つまり特例法で、天皇の生前退位の意向に沿うほうがいいのか、それとも皇室典範の改正によって現実をのりきるのがいいか、それらのプラスとマイナスを並べたてて論点を整理していた。

私はこの論点整理の取りまとめの文書を読んで愕然とした。つまりここには、初めから皇室典範の改正など意図になく、特例法によって事態と向き合うことがもっとも理想的と結論づけられていた。この目に余る政府寄りの報告書に驚いたのだが、こうした文書を作成したグループはとにかく政府と一体化していることが露呈したのである。まさに有識者会議は政府の意向を反映する機関だと告白したことになるだろう。

その後、衆参両院正副議長や十の政党会派による全体会議が開かれ、民進党などが要求する女性宮家創設についても付帯決議案がつくられるなどして、しだいに法的体系ができあがっていった。この間、有識者会議は、天皇制下の幾つかの改革（たとえば天皇・皇后は上皇・上皇后となるなど）を企図して専門家のアカデミズムの面々を集めてのヒアリングを行った。生前退位を行う天皇の地位やそのほか行政面の改革などについて、秋下雅弘、本郷恵子、君塚直隆、新田均の四人から話を聞いているが、このときに各皇族の呼称など、あるいは皇族の仕事の範囲なども細部にわたり確かめている。

こうした経緯を辿り、特例法案を練り直していき、そして五月十九日になって特例法案が国会に提出され、まずはその内容についての論議が始まったのである。特例法案によると、天皇誕生日は皇太子が即位するため二月二十三日になるというのだ。さらに天皇が退位し「上皇」となり、皇太子は新天皇に即位することで、秋篠宮が皇位継承第一位の「皇嗣」になる。こうした変化が報道されるにつれ、国民の目にも徐々に「平成」の次の元号は……とか上皇のお住まいはといった具合に関心は広がっている。

政府が衆議院に提出した特例法は、与野党の調整もうまくいったケースになるが、私はこの法律の第一条を読んで驚きが増した。ここにはこれは今上天皇だけに限るという思惑をこめた表現が並んでいたからである。以下、第一条の全文である。

「この法律は、天皇陛下が、昭和六十四年一月七日の御即位以来二十八年を超える長期にわたり、国事行為のほか、全国各地への御訪問、被災地のお見舞いをはじめとする象徴としての公的な御活動に精励してこられた中、八十三歳と御高齢になられ、今後これらの御活動を天皇として自ら続けられることが困難となることを深く案じておられること、これに対し、国民は、御高齢に至るまでこれらの御活動に精励されている天皇陛下を深く敬愛し、この天皇陛下のお気持ちを理解し、これに共感していること、さらに、皇嗣である皇太子殿下は、五十七歳となられ、これまで国事行為の臨時代行等の御公務に長期にわたり精勤されておられることという現下の状況に鑑み、皇室典範(昭和二十二年法律第三号)第四条の特例として、天皇陛下の退位及び皇嗣の即位を実現するとともに、天皇陛下の退位後の地位その他の退位に伴い必要となる事項を定めるものとする」

この第一条は、条文としては珍しいという。天皇や皇太子の年齢が記載されるなどあたかも特例法に限定して、こののちの皇室典範には手をつけないことを明らかにしているようにも思える。そのような配慮を伴って十ヵ月間の、天皇の希望をどのように受け止めるかの結論が出されたのだ。結果的に、政府の考えとまさに一致している。今年の五月であったか、毎日新聞に、現在進められている法案に、天皇は不満を持っている旨の記事が掲載された。もとより事実か否かは定かではない。

この記事自体の信憑性について、私はよく事情を知らないが、この特例法は、少なくとも十ヵ月前のビデオメッセージによる天皇の意思は満たされているとはいえない。この特例法は恒常化するかもしれないと政府要人は明かしたが、しかしそのような言自体に、天皇の意思を矮小化しておこうとの思惑があったと読みとれる。国民の側は、特例法自体を通して十ヵ月をふり返り、天皇と国民との回路をつくっていくきっかけになるかもしれないと判断すべきである。

❷〈国会〉

皇位継承　国会が議論を

大石　眞　京都大学名誉教授

（『読売新聞』二〇一七年十二月九日「論点スペシャル」）

天皇陛下の退位を実現する特例法の整備は、昨年八月の陛下の「お言葉」がきっかけとなった面が否めない。皇室制度のあり方は、天皇の個性や発言で左右されないよう皇室典範改正で恒久制度とすることが望ましい。特例法によれば、上皇という身分は今回限りで、上皇を補佐する上皇職などの組織も暫定措置だということを忘れるべきではない。

特例法に基づいて開かれた、首相が皇族や衆参両院議長らの意見を聞く皇室会議は、どの程度、権限を持つかが分からない。会議のメンバーは天皇と接する機会が多く、皇室への理解も深い。皇室典範改正に伴い、退位の認定を行えるよう位置づけを見直したらどうか。

高齢化の問題は、昭和天皇の頃から指摘されていた。放置してきたのは「政治の怠慢」だ。陛下の退位に伴い、皇太子さまは五九歳で即位される。二〇年在位すれば八〇歳近くになられ、退位を巡る問題が繰り返される可能性はある。天皇の代替わりは、皇族の負担軽減のため公的行為を思い切って整理縮小する好機とも言える。

天皇と上皇が並び立つことによる象徴の二重化を心配する必要はそれほどない。憲法に定めのある国事行為だけでなく、被災地のお見舞いなどの公的行為もすべて新天皇に移るとされている。上皇が権力を持った時代と現代は違う。

退位の儀式は、皇室内部の行事とすべきだとの意見がある。ただ、特例法を制定してまで対応したことを考えれば、国事行為を列挙した憲法七条に基づく国家的「儀式」とみて、国事行為に位置づけることはあり得る。約二〇〇年前に退位した光格天皇などの前例を、天皇の政治的権能を禁じた憲法などの法的枠組みにどう溶け込ませるかが課題だ。

国民の目に見える形で儀式を行えば、陛下が退位後は一切の公的行為から離れる「区切り」と映るだろう。新天皇の即位後に国事行為として退位の儀式を行い、これまでのご心労をねぎらう機会にするのもいい。

安定的な皇位継承は重要な課題で、国会の対応は不思議だ。特例法成立に合わせ、衆参両院の委員会は政府に対して「安定的な皇位継承を確保するための諸課題、女性宮家の創設等」を検討するよう求める付帯決議を採択した。むしろ国会が憲法審査会などで議論すべきだ。政府に丸投げするのは本末転倒で、特例法を成立させたのは国会だという意識が薄いのではないか。

皇族女子の結婚で皇籍離脱が続けば、皇室が先細りするのは明らかだ。政治は、女系・女性天皇を容認すべきかといった議論に真正面から向き合うべきだ。

（構成・岡田遼介）

3 改元儀式——秋篠宮の大嘗祭発言、元号、恩赦などをめぐって

〈大嘗祭〉

「平成流」継承、強い意識

原 武史 前掲

（『朝日新聞』二〇一八年十二月四日「耕論」）

秋篠宮は、大嘗祭は宮中祭祀の一つであり、毎年行われる新嘗祭の延長線上にあると捉えているのでしょう。皇室の公費である宮廷費ではなく、天皇家の「私費」にあたる内廷会計で賄うことで、皇室の私的な行事であることをはっきりさせたいのではないか。大嘗宮をわざわざ建てなくても、新嘗祭同様、宮中三殿に付属する神嘉殿で行えば、内廷会計から賄うことは十分に可能になります。

これまで大嘗祭の位置づけはあいまいでした。そのあいまいさが、様々な訴訟を招いてきた。大嘗祭を私的な領域に置くことで、問題を起こさないようにするのが秋篠宮の意図ではないか。政治

的な問題を避けるために、あえて政治的な発言をしたと言えるかもしれません。

秋篠宮は、本来は天皇にならないはずだったのに、皇太子を経ずに皇位につく可能性がある。そのため、早くから天皇になることが決まっていた皇太子以上に、天皇になることを強く意識しているようにも見えます。公務について「その都度考えながら進める」「平成の時代にも行い方が変わった」と発言しているのは、それぞれの代にはそれぞれのやり方があるべきだという考えの表れでしょう。

注目すべきは、大嘗祭を「身の丈に合った形で行う」と言っていることです。明治以降の肥大化した天皇制は、かなりの部分が現在まで受け継がれています。現天皇は、葬儀や天皇陵のあり方を見直すなど、象徴天皇制に見合ったものに改めようとしてきました。秋篠宮はその方向性をさらに進めようとしているのではないでしょうか。

現天皇は、昭和天皇と比べても宮中祭祀に熱心です。それが秋篠宮に影響を与えている。東日本大震災後、天皇・皇后は被災地を熱心に回りましたが、秋篠宮夫妻もたびたび訪ねている。それぞれの代にはそれぞれのやり方があるとしながら、「平成流」を継承しようとする意識は皇太子よりも強いように見えます。

一方で、宮内庁に「話を聞く耳を持たない」と苦言を呈したことは、問題をはらんでいます。こうした発言の背景には、一昨年の天皇の「おことば」の前例が大きいと思います。宮内庁や官邸を媒介とせず、直接自分の考えを国民に語って、圧倒的に支持された。「おことば」以降、皇室と国民が直接つながるチャンネルが強まってしまった。

今回の秋篠宮も、明らかに国民を意識して発言しています。しかし、宮内庁批判を国民に発信することには、ある種の政治的意図があると言わざるをえません。皇室の政治的発言に対して、国民の受け止め方が非常に甘くなっている。そうした発言に対しては、メディアが真意を問い返してゆくべきだと思います。

（聞き手・尾沢智史）

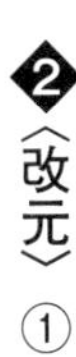

21世紀の新しい皇室（抜粋）

東　浩紀 批評家・作家×津田大介 ジャーナリスト
（「J-WAVE UP CLOSE　月イチあずまんフォーエバー」二〇一九年五月十三日）

（前略）

津田　さて、今日の本題なんですけれども……。

東　津田さんは「左翼」だから、令和とか元号について語りたくないというのが、ビンビン伝わってくるので（笑）、代わりに僕が進行します。

五月一日に元号が令和になると同時に、日本社会はパッと雰囲気も変わって、「令和フィーバー」になりました。あけましておめでとう、というツイートがあったり、デパートでは福袋が出たり。先日ビックカメラに行ったら、店員がみんな「令和」とプリントされたTシャツを着ているんですよ。みんな「令和」「令和」。僕も「令和クッキー」を買いました。

津田　買っちゃうんですね。（笑）

東　買っちゃいました。一つ一つに「令和」と書いてあるだけで、味は普通のクッキーでしたけど。津田さんはああいう大騒ぎを見て、どう感じましたか？

津田　くだらないと思いますよね。

東　くだらないと来ましたか。（笑）

津田　いえ、くだらないは言い過ぎでした（苦笑）。盛り上がっている人たちがいるのは別にいいですけど。

東　僕は改元がなぜ四月一日じゃなくて、五月一日なのかと疑問に思っていたのです。でも、ゴールデンウィークが十連休になって、日本人はみんな、正月がもう一度戻ってきたみたいだ、新しい時代になって、あけましておめでとう、って言っている。これがたとえば四月一日だったら翌日から普通に出勤で、しかも新年度。頭も痛いですよ。一月一日だったらどうか。正月と重なって、あけましておめでとうの意味合いも曖昧になります。安倍政権は実に巧妙で、頭がいいと思いました。

津田　ゴールデンウィークに入る前には政治的に紛糾していた案件がいくつかありましたが、それもすっかり吹き飛びました。今年はメーデーも憲法記念日も全然目立ちませんでした。

東　しかも、日経新聞によると安倍政権の内閣支持率は一〇％近く上がっている。

津田　安倍政権は改元というものに最大限乗っかりました。

東　いわば「天皇の政治利用」だけれど、僕はこれは見事だと思いました。五月一日に改元すると決まった時、誰も五月一日にこんな意味があるなんてわかっていなかった。

よく言われることですが、日本社会には驚くほど前近代的なさまざまな制度やメンタリティが残っている。元号が変わるというだけで、これだけ人々の気持ちが変わって、政権に対する見方も変わる。僕は今回の大騒ぎにけちをつける気は一切ありませんが、ある意味、怖いことだとも思いました。

日本社会には、ふだんは見えていない深層のマグマみたいなものがあって、それは普通の合理的な思考では捉えられない。でも、安倍政権はそれを的確に捉えていた。五月一日に改元すれば、政権支持率は上がり、天皇制に対する見方も好転すると直感的にわかっていた。これがこの国の本質をつかむということだなとあらためて思いました。

津田　絵を描いたのが誰かはわからないけれど、その誰かには相当この国の構造が見えていて、安倍政権はそのプランを最大限に活かしたということですね。

東　なかなかたいした政権ですよ。

津田　平成の天皇は、新しい象徴天皇像をつくるということを相当強く意識され、それが今回の生前退位にもつながっています。象徴天皇制、あるいは天皇制の中での象徴性ということに、すごくこだわっておられた。東さんは平成の天皇をどう捉え、平成の時代の象徴天皇制をどういったものだと考えておられますか。

東　いいか悪いかはともかくとして、平成は天皇制が復活した時代です。昭和から平成に変わる時はきっかけが崩御ということもあって、これほどの祝賀ムードは当然のことながらありませんでしたし、天皇制そのものに対する批判もありました。昭和天皇の戦争責任などもあらためて議論されました。ところが、今回は天皇制に対する疑義や不満の声がほとんどない。

津田　デモも一部であったようですが、平成改元の時に比べたら全然少なかった。

東　ほぼ完全な祝賀ムードがつくられている。これはむろん平成の天皇がすごく努力された結果です。それはある観点では評価できる。でも、別の観点では、微妙なものもあって、日本は明治以降、天皇制を国家の中に組み込んで、結構痛い目にあったわけです。国民はそれについて強く反省して、戦後は天皇を象徴天皇制の中に閉じ込めて国民主体で民主主義の国をつくろうと努力してきたはずなのに、ふと振り返ると、気持ちとしては戦前と似たようなところに戻ってきているのかなと思うところもある。これは別に、軍国主義が復活しているとか、そういう話ではありません。先ほども言いましたが、普通の合理的な予測や考え方ではなかなかたどり着けない、日本社会の中にあるマグマみたいなものと天皇が結びついていて、天皇がおことばを言うとか、元号が変わるとかいったことに対して、日本人の無意識がすごく反応して、それで政治が動いていく。これは民主主義とはまったく違う原理で動いているもので、戦後は日本人のそういう部分が小さくなったと思っていたら、まったくそうではなかった。むしろ、天皇の力は二十一世紀になって復活してきている。これから日本社会は天皇にどう向き合っていくのか。また、令和の天皇は、宮中祭祀や皇后陛下の役割なども含めて平成の天皇とはかなり違った天皇になるという予測もあるので、そういった点も含めて、しっかり見ていかなければならないと思いました。

津田　東さんがおっしゃる通り、この三〇年で国民の意識は相当変わりましたし、昭和の戦前あるいは戦中の時代とは違った国民統合のあり方が試されているとも感じます。

僕は令和のこの騒ぎで、政治的にいちばん大きな変化だと思ったのは、共産党の対応でした。今年二月に天皇即位三〇周年で衆議院参議院が賀詞奉呈を議決した時は、共産党は国民主権の原則に照らして賛成できないと、本会議を欠席しました。平成になる時も共産党は天皇制に反対というスタンスでしたから、賀詞奉呈には参加していませんでした。ところが今回、憲政史上初めて賛成した。志位委員長は、二〇〇四年の天皇条項を含めて現行憲法のすべての条項を遵守するという綱領改定を踏まえた、と説明しています。これはつまり、あの共産党が「空気を読んだ」ということなのです。

東 それについては、共産党が参院選を控え、野党の選挙協力を考えた時に、共産党がある限りは組めないという勢力を牽制するために方針を変えようということなのかと思いました。ただ空気を読んだということだとすれば、それは問題ですね。空気を読むということは反対意見を言えなくなるということです。どんなものにでも反対意見があるのが多様性の基本なのであり、それは天皇制も例外であってはなりません。国民の九割が天皇を支持し、天皇を敬愛していたとしても、残り一割の人が天皇制なんてなくていいと言う自由は、絶対にこの国にはなきゃいけない。そう考えると、今の状況はいささか不健康なところに向かいつつあるのかなという気がします。

ただ、これは政治学者の原武史さんがおっしゃっていることですが、平成の天皇、今の上皇陛下はリベラルで開かれた皇室をつくられたと評価されている一方、宮中祭祀や祈りというものを大事にした保守的な天皇でもある。そしてそこが国民に敬愛されてきた理由でもある。令和の天皇がどのような存在になるかはまだわかりませんし、後継者の問題などもあります。もしかしたら、平成こそ、後に続く時代から見ても珍しいくらい、天皇が敬愛されていた時代ということになるのかもしれません。

今回の騒ぎでわかったのは、日本にとって改元はけっこう大事で、改元によって社会の雰囲気が変わるし、国民の空気も変わるということでした。僕や津田さんのような職業の人間は、ふだん日本社会や政治について議論する時に、安倍政権がいつまで続くかだとか、オリンピック後はどうなるかということは考えますが、天皇制について考えに入れてこなかったと思うんですよ。平成がいつ終わるかなんて誰も議論せずに、二〇二〇年の日本はどうなるかという話をしていた。でもふたを開けてみると、実は令和になっていて、その改元の効果も大きかったわけです。だから、これからは、令和がいつまで続くのか、とかそういうことも含めて自由にいろいろなことを考えて議論していくという風土がないといけないですね。天皇制については語らないということにしていると、予測を間違える。

津田　僕は僕で、このあいだ『朝まで生テレビ』に出まして、テーマはまさに天皇制でした。その時、日本社会もだいぶ変わったなと思いました。というのは、『朝生』と言えば、かつて昭和天皇のご病気が発表されてご体調が悪化するなか、昭和天皇の戦争責任を考えるという伝説の回があったからです。それまでテレビで天皇の戦争責任を取り上げるということはタブー中のタブーでしたし、天皇に対してちょっとでもネガティブな言動をすると、右翼から銃弾が撃ち込まれるというようなことが当たり前のようにありました。当時は『朝生』の出演者たちも相当言葉を選んでいて、独特の緊張感があることが視聴者の僕らにも伝わってきました。ところが、今回『朝生』に出演してみたら、みんなかなりざっくばらんにいろいろな話をするわけです。たとえば天皇制をサステナブルにするにはどうしたらよいのか。男系男子だけでいいのか。女系天皇、女性天皇を認めるかどうか。それで、むしろ保守派の人たちはそれでは持続できないから、旧宮家を復活させるしかないんだ、みたいな話をする。かと思えば、三浦瑠麗さんが、不妊の問題をどう考えますか、と。今までは女性の問題とされてきた不妊は本来男性の問題でもあるわけで、そういった旧来の価値観が現皇后の雅子妃を苦しめ、追い詰めてきたんじゃないか、と三〇年前には想像もできないほど、ざっくばらんで明け透けだったのです。それでも、翌日テレビ朝日を右翼の街宣車が取り巻いたりはしない。だから、天皇制の構造そのものについて語ることがすでにタブーではなくなっているという感慨を覚えたのですが、このあたりについて東さんはどう思われますか。

東　後継者をどうするかという問題に人々は非常に関心を持っているわけですが、僕は後継者の話ばかりしている天皇論はあまり好きではありません。後継者問題についての明け透けな議論が、そのまま開かれた天皇像につながるとは限らないという気がしています。天皇というものは、当たり前ですが、単に万世一系の血を伝える神輿ではありません。みんな神輿をどうつないでいくかということしか言わないのだけれど、その前に、天皇は一人の人間であり、彼の振る舞いが社会に影響を与えている。新しい天皇皇后ご夫妻は、皇后が元外交官というキャリアをお持ちだということもあって、お二人が海外にどう目を向けるかが注目されています。天皇ご自身の性格や意思、判断とそれによる社会の動きや変化なども考えなければならないと思います。

前の皇后の美智子さまのライフスタイルが同年代の女性に与えた影響はとても大きかった。雅子さまはそういう役割を担うことができるのか。担うとしたら、日本社会の女性の地位やあり方にどういう影響を与えるのか。そこまで議論することができてはじめて、皇室についての開かれた議論と言えるのではないでしょうか。

津田　東さんがゲンロンカフェでやっておられる原武史さんとの天皇の問題を考えるシリーズは好評ですし、今後はそういった議論を増やしていきたいとお考えですか。

東　そうですね。天皇、皇族を「人間」としてとらえていく、一人一人のお顔が見えてくるような議論をもっとするべきだと思っています。それは日本社会の未来を考える上でも大事だと思います。

❷〈改元〉②

平成は終わる　うやうやしく――令和に寄せて

金井美恵子 作家

（『朝日新聞』二〇一九年五月二日）

明治・大正・昭和と続いた個人の死による元号の変化が、近現代史を語る時に使用されはするものの、今日ほとんどの者は、日常的にも歴史を考える時にも元号を使うことはないはずである。

この原稿が掲載されている紙面の上方を見れば、太ゴチック体の西暦の年数の後のカッコ内に、とりあえず、一応といった目だたなさで元号が記されていることからも、使用頻度がわかるというものだろう。元号を使用した時間的感覚のわかりづらいニュースを伝えるのは、NHKと産経新聞のニュースだけではないだろうか。

天皇の生前退位と即位による「慶祝」ムードは、十連休を政府が作ったせいで、あらゆるメディア（町の看板から広告、チラシ、テレビ、新聞、SNS）に子供っぽい、誰はばかることのないはしゃぎぶりが広がって、「平成の最後の※※」という、すべりっぱなしのギャグのような言い方が蔓延している。

もちろん、「文化人」や「知識人」の間にはギャグではなしに、「平成」という時代を知的に分析し総括しなければならないという「義務」があるのだから、あらゆる文芸雑誌や総合誌や新聞では特集が組まれ、そういった「歴史的」場面のたびに登場して何事かを語る学者や小説家や批評家が、このいかにも「不安定」で「不透明」な時代の「時代精神」を語っている。

三十年前の改元時はどうだったのかと、手もとにある数少い資料の『新潮社一〇〇年』(二〇〇五年)という社史の年表を見ると、一九八九年(昭和六四年、平成一年)の文芸誌「新潮」は二月に「この一冊でわかる昭和の文学」という、身も蓋もなく軽薄な臨時増刊号を組み(井上ひさし、高橋源一郎、島田雅彦の座談会を掲載)、三月号では「文学者の証言　昭和を送る」という特集を編んでいる。

しかし、「昭和」は簡単に「送れる」ものなのだろうか。戦前と戦後に不自然な形で二分されている昭和天皇の「天皇の生まれてはじめての記者会見というテレビ番組」(昭和五十年)を見た小説家の藤枝静男は「文芸時評」に「実に形容しようもない天皇個人への怒りを感じた。」と書き、それは、戦争責任について質問された昭和天皇が、そういった文学的問題はわからない、という意味のことを答えたことに対する戦争体験者であり文学者でもある者の怒りだった。

長い戦争の後、人間宣言をして途中から「象徴天皇」になったのとは違って、「象徴天皇」というものを「国民の安寧と幸せを祈る」だけではなく「人々の傍らに立ち、その声に耳を傾け、思いに寄り添」う存在として行動した「平成」の天皇は、平成最後という か在位中最後の誕生日会見に、「平成が戦争のない時代として終わろうとしていることに、心から安堵しています」と語ったのだが、もちろん「平成」という日本だけの元号で歴史の年代を数える「国」の内部だけのことである。

一九五八年の婚約、翌年の成婚馬車パレード以後、天皇・皇后は、普及しはじめた白黒テレビと創刊されたばかりの女性週刊誌によって国民に超スター的存在として親しまれ愛されてきたのだった。「平成」は世界最悪規模の原発事故をはじめ様々な大災害を何度も経験した時代だったが、その度に被災地を訪れる天皇夫妻の映像をテレビで見る機会が驚くほど多かったし、今年の四月に入ってからはさらに回顧的な映像が流され、訪問地の沿道では日の丸の小旗を振って迎える女性が、皇后について「拝むといったらなんだけど、やっぱり、拝みたい気持」と感きわまって語り、「有難い」、「ただただ感謝です」と口々に言う。感謝?

小旗を持った女性たちだけではなく、「天皇陛下御即位三十年奉祝感謝の集い」では、北野武もお二人からお声をかけていただいた感激と感謝を語り、日本を代表する現代詩人は、美智子皇后の美しさと知性について、心底からの感嘆の言葉を書く。(「文藝春秋」五月号)「私たち日本国民はなんという優雅で深切な国母を持ち、皇室を持っていることか、と幸福な思いに満たされ」(高橋睦郎)、もう一人の詩人は、女たちが蚕のそばで暮らしてきた何千年もの歴史をふまえて「蚕の命にまで耳を澄ませ」「万物の立てる響きにお心をお寄せになる皇后陛下の詩心はとても深い」(吉増剛造)と讃美する。それは詩人の言語的批評意識をこえた存在なのだろう。

そして、こうした心底からの讃美は生前退位で終わった「平成」が二度、いや三度、うやうやしい言葉の大群と共に終わることを暗示しているのだろう。

〈恩赦〉

「一律」は民主主義と矛盾

小林　節　慶應義塾大学教授

（『朝日新聞』二〇一九年七月十二日「耕論」）

裁判で確定した罪を行政権の判断で覆す「恩赦」。政府は天皇の代替わりを機に今秋に実施する考えだが、批判も根強い。民主主義のもとで、恩赦という制度をどう考えたらいいのか。

恩赦は、もともと国王が認めることによって、犯罪者に対して刑の執行の免除と復権を行うことです。歴史的にも世界中で、国家的な慶事や凶事に際して行使することで国王の権威を示してきました。

ただ、現在の日本は国民主権の民主主義国です。「大御心」によって立法権と司法権の決定を覆すという恩赦を行うのは時代錯誤も甚だしい。アナクロニズムそのもので、民主主義の原則とも三権分立とも矛盾します。

明治時代に定められた大日本帝国憲法では、恩赦は天皇の大権事項とされていました。現行憲法では、天皇は国政に関与してはならない。それなのに、天皇の代替わりを祝っての一律の恩赦となれば、儀式要員としての役割しか持たないはずの天皇を、政治が二重に利用することになるのではないでしょうか。

安倍政権は、アベノミクスはうまくいっておらず、北方領土は帰ってこず、拉致問題も前進していない。そういう状況で政府は「令和は希望の時代だ」として恩赦を行いたいようですが、平成を自分たちが希望のない時代にしてしまったことをチャラにするつもりでしょうか。まさに内閣による天皇の政治利用です。

「天皇の代替わりを国民こぞってお祝いするため」として殺人犯などを許すことはさすがにできないでしょう。公職選挙法や政治資金規正法などの違反の免責が行われるのだと思われます。しかし、これらの罪も民主主義の根幹に関わる不正です。

憲法では七三条七号と七条六号に恩赦の根拠となる規定があり、大赦、特赦、減刑、刑の執行の免除、復権に区別されます。有害無益と言える制度ですが、やめるためにわざわざ憲法改正をすることはありません。閣議で恩赦を行わないことを決定し、行政が使えない「抜けない刀」にすればよいのです。

その上で、重要な法律の改正で、かつては罪だったことが変わるといった事態に対応できるよう、復権の手続きを残せばよいのです。「国民こぞって」などという一律に行う政令恩赦はやめるべきですが、中央更生保護審査会で検討し、行政が決定する個別恩赦の制度は残すべきでしょう。法律の名前も王様や大御心に由来する「恩赦法」ではなく「特赦法」に変えればよいのです。

もちろん冤罪を少なくするよう、司法の質をあげる努力は続けなければなりません。再審の扉が開かれやすくなるよう、手続き法などの整備も必要でしょう。

戦後、歴史的なお祝い事だから、といった理由から、深い議論もなく恩赦が繰り返し実施され続けてきました。いまこそ、民主主義や三権分立の原理とあわせて、国民的な議論をすべきです。

（聞き手・池田伸壹）

コラム3 退位、官邸と宮内庁のバトル——宮内庁その1

御厨 貴

（『朝日新聞』二〇一七年十二月一日）

天皇の退位問題を巡り、官邸に設置された有識者会議で、私は座長代理を務めました。その立場から見えたのは、今回のプロセスを通じて、官邸と宮内庁が一貫して熾烈なたたかいを続けていた、ということでした。それは極めて政治的なバトルでした。

一連の動きは、昨年七月に突然ＮＨＫが「ご意向」を報道したことに端を発していますが、私が最初に感じたのは、この情報発信は象徴天皇制の「則を超えたな」ということでした。宮内庁参与など、天皇周辺の人々が政治の側にしかるべきチャンネルで働きかけ、政治が動きだすのが本来の姿だからです。

最初の「ご意向」は、宮内庁関係者がＮＨＫに報道させようとしたのだろうと私はみています。

官邸側からは、退位を認めるけれども、退位に反対する一部保守派への配慮もあってか、やすやすとそこへ持っていくわけにはいかないという思いを強く感じました。私自身、座長代理として、官邸と、天皇のお住まいである「千代田のお城」とのせめぎ合いの一端を垣間見ました。早い結論を求めて業を煮やす宮内庁側が「第二の天皇メッセージ」を準備しているといった情報も漏れ聞こえました。

いつ平成を終わらせ、次の天皇が即位するのかも、両者のさや当てになっていたと私は思います。平成が三〇年で終わり、元旦から新しい年号というのが分かりやすく自然でしょう。しかし、宮内庁が四月一日だといい、それを官邸側が五月一日に再びひっくり返したように見えます。改元の日はメーデーですよ。驚きました。

＊

メディアが大きな役割を果たしたことも今回の特徴でした。

私自身、昨年七月に朝日新聞の紙面で、「有識者会議のような場が必要になる」と述べたのですが、図らずもその三ヵ月後に有識者会議に入ることになりました。

八月にはテレビを通じ、天皇から、「ご高齢」という人道的な問題として、直接国民にメッセージが投げかけられた。ご意向がメディアを通じて一気に広がり、事は急を要することになりました。国は国民の理解を背景に、一瀉千里に結論を出す必要が生じました。

実は、メディアと天皇制の関係は一九五九（昭和三十四）年に、いまの天皇が皇太子で結婚した時にさかのぼります。結婚の模様がお茶の間に映像で届くテレビ天皇制、かつて政治学者の松下圭一が呼んだ大衆天皇制です。

メディアの影響力は、有識者会議の検討プロセスにも反映されていました。私たち委員はヒアリング対象者二〇人の選定には全く関わっていませんが、私は思想的歴史的に研究した碩学を中心に話を聞くのかと思っていました。しかし官邸は、五大新聞などへの登場数も基準に人選を進めたそうです。

そして有識者会議のヒアリングの度に新聞・テレビが、識者の発言を大々的に取り上げました。結論のとりまとめでも、当初は官邸主導だったのが、途中で国会の正副議長が乗り出してくる、といった場面にメディアは注目しました。しかし、官邸と宮内庁の政治バトルという肝心な部分に、メディアは十分な焦点をあてていなかったような気がしてなりません。

＊

近代日本の政治制度が想定していなかった天皇の生前退位が一日の皇室会議で実現に近づき、一つの大きな歴史的節目を迎えたことは間違いないでしょう。この間の意思決定、政治過程は戦後政治の中でも異例なことの連続でした。

今回の退位をめぐる動きは、封印されていた箱を開け、近代の政治体制の中で、これまで考えてこなかった論点を考えられるようになりました。天皇制や皇室について自由に議論できる空気が醸成されたという点は評価できると思います。女性宮家の問題など、本当はすぐに検討を開始すべき問題は山積しています。

（聞き手・村山正司、池田伸壹）

論点4

皇室——天皇制の周縁

「生前退位」皇室のありかたを問い直す

原　武史　前掲
保阪正康　前掲

（『日本経済新聞』電子版、二〇一六年七月十五日）

天皇陛下が生前退位の意向を示されていたことが明らかになった。近代以降の皇室制度では退位・譲位はできなかったため、実現すれば大きな変革となる。ただ、「前天皇」と「現天皇」が並立する弊害や、法改正を伴う事柄で天皇の意向が事前に伝わったことは憲法上問題とする意見もある。天皇に関して多くの著書があるノンフィクション作家の保阪正康氏と放送大学教授の原武史氏に語ってもらった。

（司会・井上　亮）

退位の意向　どう捉えるか

――天皇陛下が退位の意向を示したという今回の報道をどう受け止めましたか。

保阪　昭和六二年（一九八七年）四月以降、昭和天皇が闘病生活の中で意識がなくなり、天皇の仕事を果たせなくなった。ああいう形で終わってはいけないという思いがあったのではないか。

天皇は「慰霊と追悼」を続けてきた。これは憲法に基づく今の天皇のあり方の骨格でもある。今年二月の皇太子の記者会見で、東日本大震災の被災者に「永く心を寄せていきたい」との発言があり、自らの気持ちを理解してくれたと感じたのではないか。

それで後顧の憂いなく退位して皇太子に譲位するという気持ちになったのかなと思う。

原 背景には、過去と未来を見据えた意識があると考える。七世紀の皇極天皇から一九世紀の光格天皇まで、譲位には連綿とした歴史がある。一方、譲位が禁じられたのは明治以降の百数十年の歴史しかない。天皇の意識の中には、長いスパンで見ると生前の退位を認める方が歴史に沿っており、天皇制の永続につながるという視点があったのではないか。

未来に対する意識もあったと考えている。従来の皇室典範では自分が死ななければ代替わりはない。次の天皇に男子がいないため皇太子が不在になり、明らかに皇室は今と違う形態になる。前例がない事態で、天皇制が不安定になるかもしれない。

今、自分が退位すると、皇太子も秋篠宮に譲位するなど選択の幅を広げられる。次の代の違う天皇の制度が生まれるのを見届けたい思いがあるのではないか。

保阪 選択肢を広げるという見方には共感する。天皇の気持ちに入りこまないとわからないが、天皇家の安泰について、相当深く考えていると思う。

——摂政の制度もありますが、今回は退位という話になりました。摂政のメリットとデメリットはどう考えますか。

原　摂政を置くのは皇室典範の範囲でできる。だが、天皇が公務ができないくらい重大な事態だと国民に説明する必要がある。現段階では摂政を置く理由が見つからない。

保阪　大正一〇年（一九二一年）に大正天皇が病で療養し、当時の皇太子（昭和天皇）が摂政に就いた。昭和が始まるまでの五年間は天皇の存在感が希薄になった。この時期を振り返ると、国家的なアイデンティティーが欠落しており、その後、昭和になると一気に軍国化が進む。今の天皇は摂政を置いて、国民との関係が希薄になるのを避けたい思いもあったのではないか。

――天皇は民間出身の皇太子妃を迎えたり、「慰霊と追悼」という新しいスタイルをつくったりと、ある種ラジカル（急進的）なことをされてきたようにも思えます。

原　昭和天皇の在位中はできなかった明治以降の残滓に手をつけているのではないか。権力を持たない象徴天皇となったのに、大きな天皇陵や退位ができないなど象徴にはそぐわない部分に手をつけて江戸時代以前の姿に戻すことで、天皇制が永続しやすいように変えてきたという風にも見える。一見ラジカルだが、自身の中ではむしろ保守という意識があるのではないか。

保阪　いつも「天皇が時代をつくり、時代が天皇をつくる」という関係がある。天皇は国民との関係性を積極的につくり、国民側も受け入れて、互いの回路が理想的にできあがっている。回路が一方的で一時は神格化された昭和天皇に比べ、今は天皇と国民の共同作業で時代をつくっているという観念を共有できている。このことは最大の功績だと思う。

良い関係性を築くなかで、高齢化で天皇の公務が厳しくなるという時間が突きつける問題が生じた。だとすれば、ここで本質的に回路の流れを無理に変えるような政治的な変革は、少し嫌な気がする。むしろ国民の方から「分かりました。私たちも考えます」という態度が必要ではないか。何が正しいかまだ分からないが、国民の側も選択を迫られている。

陛下の意識変化

――皇室典範を改正するとなれば、国民的な議論が必要です。改正までの過程はどうあるべきでしょうか。

原 難しい問題をはらんでいる。報道によると、天皇自身が生前退位の意向を示したという。この意向を受けた形で議論が進むことになれば、天皇の政治介入と受け止められかねない。憲法が定める象徴天皇の規定と齟齬をきたしかねず、憲法学者や法学者が問題にするだろう。「日本国憲法を守る」とずっと言ってきた天皇が矛盾した行為をしているとの指摘は、宮内庁が最も避けたいことだ。

――天皇陛下が記者会見などで自ら言及すれば、憲法に抵触することは明らかなので、そうした方法は取れません。

原 小泉政権下の有識者会議が二〇〇五年に女性・女系天皇を認める報告書をまとめた時は政府主導で、天皇は表面的には何も言わなかった。今回が逆の形になったとするなら、大きな契機は一一年の東日本大震災ではないか。天皇はテレビを使って被災者にメッセージを送って以降、様々なことを積極的に発言するようになった。その頃からある種の意識の変化が生まれたように思う。

保阪 天皇は日ごろから、皇太子と秋篠宮に慰霊と追悼の気持ちを理解してほしいと考えていた。

それが達成されたという自信が持て、二人の息子も父親の気持ちを守るという了解ができているのだろう。

——一二年に退任した羽毛田信吾宮内庁長官時代に、天皇陛下、皇太子さま、秋篠宮さまに長官が加わったいわゆる「三者会談」が始まりました。その中で退位の話が出てきた可能性はあります。

原　慎重の上にも慎重を期してやるべき話だ。病気の大正天皇に代わり、皇太子だった昭和天皇が摂政に就任した際、当時の宮内省は国民に対してかなり慎重に説明をした。国民のショックを和らげるために段取りを踏んだのだと思うが、今回はいきなり公になった。

——今回は皇太子さまの年齢も考慮したのではないでしょうか。仮に昭和天皇と同様の長寿を保てば、六〇歳を過ぎての即位になります。高齢であればそれだけ活動範囲が制限され、在位期間が短くなります。

保阪　数年内に退位する意向と伝わっているが、皇位継承について時間の欠落を生まないということだけではなく、質も含めて皇位を円滑に受け継ぐということを意識したのではないか。

「天皇並立」実現したら

——生前退位が実現した場合、引退した天皇はどうなるのでしょうか。呼称や祭祀、次の天皇との役割分担など決まっていないことは多く、「前天皇」としての葬儀についても何も規定がありません。

保阪　想像になるが、譲位して天皇と前天皇が存在することになると、象徴としての求心力が拡散する気がする。拡散することが無用の軋轢を生み、政治問題化した場合にある種の対立構造が出てきてしまうのではないか。

平時にスムーズな譲位ができたとしても、現天皇はここまで、前天皇はここまでといった線引きは容易ではない。先帝を否定するというか、振り子の原理で違う道を進むというある種の必然性がある。

日本社会には天皇が存在することによるナショナリズムが存在すると思うが、天皇が二人いることでそれが屈折することになる。昭和天皇よりも弟の秩父宮を担ごうとした陸軍の青年将校らが起こした一九三六年の二・二六事件を意識してしまう。

原　前の天皇がいるのに新しい天皇が自由裁量で何でもできるのか。イメージの革新ができるのかというのは同感だ。皇后と皇太后の関係も重要だと思う。雅子妃が祭祀になかなか出られないといった問題がにわかに変わるとは思えず、引退後も皇后が果たす役割は大きいのではないか。そうであれば代替わりして元号が変わったとしても、時代が一新したという感じにはならない気がする。

保阪　天皇の立場からすれば、病気などで何も執務ができなくなった時に「まだ私にやれと言うのか」との思いが背景にあるのだろう。夏目漱石が『こころ』で描いた明治天皇が没した後の喪失感や乃木希典大将の殉死などで分かるように、天皇が亡くなるということは時代が変わり、日本の文化そのものが変わってしまうということだ。

天皇が退位後に亡くなれば多くの人が喪失感を感じるだろう。一方で後継者として既に即位した天皇にそれほどの思いを感じないとすれば、それは天皇制の損失だ。

――制度の問題というよりも、属人的な問題の方が大きいのかもしれません。被災地訪問などを通じ、多くの国民は今の天皇を敬愛しています。亡くなる前に引退したからといって、国民の気持ちが即、次の天皇に向くでしょうか。

保阪 先帝が亡くなって新しい時代がくるということが、もはや前提になっている。日本人の文化的な素養や制度はこの前提の上に成り立っている。

原 最後に譲位があったのは約二〇〇年前の江戸時代だ。現代を生きる我々の感覚では、譲位がないということが天皇制の歴史の全てというくらいの長い歴史に見えてしまう。生前退位はなかなかぴんと来ず、逆に「上皇」といった存在をつくることによる不安定さの方が国民感覚からすれば強いのではないか。

コメント論点4　皇室

御厨 貴

論点4は天皇以外の皇室のあり方、すなわち上皇、皇后、皇族など天皇制の周縁に話を進めていきます。

原武史×保阪正康「「生前退位」皇室のありかたを問い直す」

原氏と保阪氏の対談は、NHKのスクープ報道を受けてのごく早い段階でのものです。そのせいか、二人とも言葉を慎重に選んでいるという印象があります。ただ、退位後の天皇の呼び名をどうするのか（上皇という称号は有識者会議の最終報告で提示し、「天皇の退位等に関する皇室典範特例法」によって決定した。同法は二〇一七年六月十六日に公布、一九年四月三十日に施行）、現天皇と前天皇が「並立」した場合、象徴としての求心力はどうなるのかなど、この後で議論となる点があらかた出ているとも言えます。原氏の「皇太子も秋篠宮に譲位するなど選択の幅を広げられる」という発言も鋭い。ここで指摘された論点が、結局それほど深められていなかったのはなぜなのか、という点も考えなければなりません。

1 上皇

❶井上寿一「将来見据え皇室のあり方議論を」
❷河西秀哉「二重権威ありえない」
❸渡邉允「象徴のあり方 次世代に託す」

上皇についての論点は、二重権威の危惧と上皇の「お務め」とは何かという二点です。

井上氏のものは有識者会議の最終報告を受けての議論です。さすがだと思ったのは、上皇は天皇に公的行為まで譲るわけではなく、国民も国事行為と公的行為の違いを区別するとは限らないから、「象徴や権威の二重性の問題は未解決のまま残る」とはっきり述べていることです。また、有識者会議のヒアリングで、譲位の政治利用の可能性を危惧する意見があったことに反応したのも、井上氏だけだったのではないかと思います。

上皇という存在が生まれたことによる私の最大の懸念は、二重権威です。天皇の恣意性を回避する方法は「ない」のです。メディアが発達している現代において、二重権威は起こりえないと述べますが、果たしてそうでしょうか。

渡邉元侍従長は二重権威の問題をむしろ「お代替わりまでに国民がよく考え、心を定めておくべきことではないか」と述べます。平成の天皇の側近を長く務めただけに、両陛下の三宅島噴火のお見舞いとサイパン慰霊の旅とを対比して見るところなど、独自の視点があります。

上皇のお務めについて論じられたものはあまり見ません。ご自身ではお決めになりませんでしたし、我々もそれを決めるには至りませんでした。それらを全部列挙し、ガチガチに限定する必要はないかもしれません。でも、たとえば三本柱となるものを示してもよかったのではないかと若干の悔いが残ります。上皇となられた陛下は、現天皇にすべてを譲ったつもりかもしれませんが、それでも上皇がこれは私が行うと言った時に、天皇がそれは私の役割です、と言うことができるのか。たぶん、天皇はどうぞおやりください、と言うことになるでしょう。そうするとそこに、本書冒頭の座談会で佐藤氏が指摘したように、象徴の二重性が生じる危険があるのです。

2 皇后

三浦瑠麗「雅子さまは悩める女性たちの象徴です」

皇后とはどのような存在なのか。原武史氏の『皇后考』とは違った視点があります。そもそも皇室典範の原点に立ち返れば、世継ぎを産むことだけがその役割だった「天皇の女性配偶者」である皇后は、「国民の期待」という口実のもとに「常に厳しい視線に晒され」るようになった。しかし、世界を見渡せば「夫」が「配偶者」の役割を果たすケースも多い今、「配偶者」をそこまで特別視する必要があるのか、という根本的な問いを投げかけます。その上で、皇族も一人の人間なのであり、美智子妃の型を雅子妃に押しつけてはならないのだ、比較してはいけないのだ、と言うのです。そしてそれは、「美智子様が最も望んでいないこと」なのであり、「私たち国民は、雅子様の一人の女性としての姿に『共感』するだけでいい」と。

それぞれの時代にそれぞれの時代の天皇があり、それぞれの時代にそれぞれの時代の皇后がいる、それでよいのだ、とするこの議論を、国際政治学者らしいサステナビリティーが出ていると言うと、褒めすぎでしょうか。

3 国民との距離

八木秀次「インタビュー 公務縮小し、臨時代行も活用を」

皇室はもっと「開かれる」べきか、これ以上「開いてはならない」のか。この議論は戦後を通じて平行線を辿ってきた観があります。

たとえば現在の「開かれる」べき論の雄、君塚直隆氏は、本書冒頭の座談会でもそう主張していますし、『朝日新聞』二〇一六年十二月二十七日の「欧州の王室、すでに定着」でも、欧州の王室に比べて「日本では皇室と国民の間の距離が遠すぎる」と言っています。

一方、八木氏は「開かれた皇室」によって、平成の天皇の公務が昭和天皇の時代の数倍も増えたと指摘し、「それら全てが全身全霊でできて初めて天皇たり得ると非常にストイックな自己規定」をしてしまったと述べます。天皇の「ご存在の尊さ」は「男系男子による皇位継承という『血統原理』に立脚する」のであり、そこに「能力原理」を持ち込んではいけないのだと。退位は「封印されてきた『パンドラの箱』」を開けてしまうことであり、「日本の国柄の根幹を成す天皇制度の終わりの始まりになってしまう」、すなわち天皇制を維持するためには変えてはいけない、というのです。保守派の典型的な議論ですが、これが天皇ご自身のお考えに合わないというところに、天皇をめぐる議論のねじれが表れています。

4 皇居

原武史「象徴天皇制の〝次の代〟――「革新と断絶」から読み解く生前退位」

二〇一六年八月、「お言葉」直後のものですが、原氏がその後展開する議論があらかた入っているとみていいと思います。明治以降、天皇という存在は革新され続けてきた、それは家庭のあり方、子育てのあり方に如実に表れている、代替わりによって、それまでは考えられなかった変化が起きて当然なのだ、というのが基本としてあります。その点では、三浦氏の議論と共通するようでいて、反対とも言えると思います。この論に独自なのは、東京の皇居をどうするか、という問題です。明治以降、将軍家のいなくなった江戸城に入ったが、果たして次代の天皇・皇后はそこに住むべきなのか。京都に戻るのか、葉山や那須などの御用邸を使うのか。「都心の中枢にあたる広大な区域を皇室が占有し、そこが禁域であり続ける限り、明治以降の強大化した天皇制の『遺産』は残り続ける。そのことのマイナス面を、現天皇はよく考えているように見えます」。

結果的にいうと、この論点に言及したのは原氏のこの一篇にとどまったのではないでしょうか。

1 上皇

〈未解決の問題〉

将来見据え皇室のあり方議論を

井上寿一 学習院大学学長

（『産経新聞』二〇一七年五月十九日「正論」）

未解決のまま残された課題

有識者会議が最重要視したのは、長寿社会における安定的な皇位継承の問題だったと考えられる。有識者会議は摂政の設置による終身在位制の存続に対して、次のような疑問を呈している。「長寿社会を迎えた我が国において、例えば天皇が八〇歳のときに摂政を設置した場合、天皇が一〇〇歳となり、摂政である皇太子が七〇代になるというケースも想定される。このような長期間にわたり摂政を設置することや、摂政自身がかなりの高齢となられることは、象徴天皇の制度のあり方としてふさわしいのか」(一月二三日「今後の検討に向けた論点の整理」)

議論は譲位へ向かう。同時に象徴や権威の二重性の回避が論点となる。有識者会議の最終報告は、譲位後の天皇の称号として「上皇」を提示する。

しかし称号だけでは問題は解決しない。憲法が制限列記する国事行為のすべては新天皇に引き継がれる。他方で「上皇」は公的行為まで譲るのではない。国民は国事行為と公的行為の違いを見分けて区別するとはかぎらない。そうだとすれば象徴や権威の二重性の問題は未解決のまま残る。

別の観点からの問題もあった。有識者会議による専門家に対するヒアリングでは譲位の政治利用の可能性を危惧する意見が表明された。譲位を制度化するにしても、天皇による恣意的な譲位や時の政権の圧力による譲位などを回避する方法はあるのか。有識者会議の「論点の整理」は、「ある年齢に達すれば機械的に退位する制度としない限り」解決困難であると示唆している。しかし「ある年齢」とは何歳なのか。決めるのはむずかしい。

最終報告はさらに、譲位後「皇族数の減少問題」に言及している。皇位継承者を直系男子に限ることなく、たとえば笠原英彦慶應大学教授が提唱するような「女性皇族の配偶者として旧皇族の男系男子子孫の中から婿養子をとる方策」などの検討も必要である。

天皇陛下の存在は揺るがない

有識者会議の最終報告は以上のような課題の解決の方向づけを国会の議論に委ねている。昨年八月の天皇陛下の「お言葉」によって、事態の緊急性が明らかになったことを踏まえれば、最終報告の立場はやむを得ないだろう。

他方で国会が審議するのは一代限りの特例法案である。法案が成立しても課題は残る。それでも衆参両院の正副議長の見解は、皇室典範の改正による譲位の制度化を求める国民世論に配慮した特例法案を示しており、法律論とは別に政治的な文脈において評価に値する。国会の議論が国論を二分することなく、国民の総意の形成につながることを期待したい。

残された重い課題の解決は、国会だけでなく、国民一人一人にも投げかけられている。

象徴天皇制度は天皇と国民の相互作用によって機能している。NHKが一九七三（昭和四八）年から五年ごとに実施している「日本人の意識」調査によれば、昭和末年までの天皇陛下に対する感情は〈特に何とも感じていない〉が最も多かった。平成に移ると〈好感をもっている〉が第一位となり、〈尊敬の念をもっている〉が最も少なくなる。その後、〈尊敬〉は増加し、二〇一三（平成二五）年は〈好感〉の三五％に対し、三四％とほぼ並んでいる。〈特に何とも感じていない〉は調査開始以来、最低の二八％である。

今日のネット社会では皇室・皇族に関する情報も開放化が進んでいる。情報の開放化は功罪相半ばする。〈好感〉度が上がることはあっても、〈尊敬〉度が上がるとはかぎらない。〈好感〉だけでなく〈尊敬〉も重要である。

〈尊敬〉感情の増加は天皇陛下の統合力を強める。経済的な格差拡大や東日本大震災後の社会の分裂傾向にもかかわらず、あるいはそうだからこそ天皇陛下の存在は揺るがない。ご高齢の天皇陛下の被災地訪問や戦地慰霊に、国民は強い尊敬の念を抱く。

日本の目標にふさわしい制度へ

天皇陛下と国民は戦争と平和をめぐる時代感覚を共有している。国内の戦没者慰霊やサイパン、パラオなど国外での戦地慰霊は、この観点から重要な意味を持つ。昭和と平成に共通する戦争と平和をめぐる時代感覚は、大きな区切りを迎えつつある。次の時代の天皇陛下と国民はどのような時代感覚を共有できるのか。その感覚を共有する国民から尊敬される天皇陛下の下で、残された課題は解決に向かうだろう。

これからの日本の国家目標は、少子超高齢化社会での持続的な発展と先進国としての国際的な責任の分有になる。そうだとすれば、象徴天皇制度はこのような日本にふさわしいものとして存在していくべきだと考える。

❷〈二重権威〉

二重権威ありえない

河西秀哉 前掲
（『朝日新聞』二〇一六年十二月二十二日）

有識者ヒアリングには保守的なメンバーが並び、その方々が思った以上に保守的な意見に固執したという印象を受けた。

例えば、退位によって前天皇と新天皇の双方に権威が生まれ、対立したという過去の例を持ち出す人がいた。だがそれは情報発信が限られていた中世や近世の話で、メディアが発達し、象徴としての存在が常に国民にさらされている現代ではあり得ない話だろう。

大学の学生と話していると、精力的に活動する象徴天皇の姿が当然で、「存在するだけでいい」「閉じこもって祈ってくださるだけでいい」とは思っていない。ヒアリングは今後の象徴天皇制を考える場なのに、未来志向型ではなかった。その意味では人選ミスだったのではないか。

象徴天皇制は国民の総意に基づくのだから、皇室と関わりのないジャンルの方々も呼ぶべきだった。高齢になれば健康そうでも判断能力が落ちるという医師や、海外の王室の専門家らの意見を聞いてもよかった。今回の聴取メンバーは最年少の古川隆久・日大教授、八木秀次・麗澤大教授で五四歳。若い人や、より多くの女性の意見もあれば多様性が生まれただろう。

八月の天皇陛下のお気持ち表明は、自分だけではなく、今後の象徴天皇のあり方を考え抜いたうえでの問題提起だと思う。現天皇だけの退位を認める特例法にすることは、陛下の提起に真正面に答えない不作為に思える。とりあえず先送り、というスタンスでいいのだろうか。

私はやはり皇室典範を改正すべきだと考える。内閣は、典範改正のハードルが下がり、女性天皇や女性宮家を認める改正の動きにつながることを恐れているのではないか。退位に限った改正はさほど難しいとは思えない。

(聞き手・島　康彦)

❸〈側近から〉

象徴のあり方　次世代に託す

渡邉　允　前侍従長

（『日本経済新聞』二〇一七年十二月八日）

――平成が幕を閉じる日が確定しました。

「天皇陛下の在位はまだ一年半近く続くわけだから、寂しさとか総括するなどの気持ちにはならない。これからの残された時間は、われわれ国民の側が、両陛下が今まで国民のために一生懸命務めて下さったことに対して敬意と感謝を表す時間ではないか」

――退位問題を機に象徴天皇に関する議論がさかんになされました。

「たしかにかつてないほど天皇、皇室についての地道な関心が広まった。ただ、ようやく広がり始めたという感じで、深まったとはいえないのではないか。これからが正念場だろう」

「それでも若い人たちが天皇に関心を持ち始めている。たとえば、ある大学の映画学科の学生たちが、天皇に関わる映画を集めた映画祭を開催するので話を聞かせてほしいと取材に来た。それはいいことだと思う」

――両陛下の側近を長年務めて、心に残っている出来事は何ですか。

「二〇〇〇年に三宅島の噴火があり、犠牲者は出なかったが、全島民が何年も島を離れざるを得なくなった。この人たちの避難中から帰島まで、両陛下がきめ細かく、絶え間なく心のこもったお見舞いをされたことが印象深い」

「避難している島民が野菜などを作っていた農場が東京都の八王子市と夢の島にあって、風の強い寒い日に励ましに行かれた。また、静岡県の下田に漁民が避難しており、そこへも足を運ばれた。ヘリで上空から島を見に行かれたし、島民が帰島したあとには日帰りで訪問された」

「もう一つは戦後六〇年だった二〇〇五年のサイパン慰霊の旅。天皇陛下は以前から海外で戦没者慰霊をしたいと希望されていて、当初は南太平洋の各戦跡地が候補だった。しかし、移動手段の問題などもあり、いったんは立ち消えになった。『サイパンだけでも』という陛下のお気持ちで実現した。そこに至るまでの陛下の粘り強さ、慰霊への真剣さ、真摯さを強く感じた」

――両陛下が日本の社会と日本人の心に与えたものは何でしょうか。

「よき日本の姿を体現しておられるのではないか。常に国民のことを思い、幸せを願い続ける。穏やかで優雅な人柄でもある。それが国民に理解され信頼されていて、両陛下の姿を見るとほっとするというか、安心するということがあるんだと思う。災害被災地の人たちは大きな衝撃を受けて、あらゆる面で不安になっている。そこへ両陛下がいらっしゃるということは慰めになり、落ち着きが広がる」

――上皇と天皇が同時期に存在することで、権威の二重性への懸念もあります。

「二重権威と受け取るかどうかは国民の側の問題。昭和から平成へのお代替わりの際に天皇陛下は昭和天皇と比較され、ある意味、二重権威の状況で苦労された。そのようなことが再び起こってほしくないと思っておられるだろう。この問題はお代替わりまでに国民がよく考え、心を定めておくべきことではないか。私は新しい象徴と現役の世代を優しく見守るおじいさま、おばあさまという感じになると思っている」

――平成の象徴天皇のあり方は引き継がれていくでしょうか。

「具体的に何をやるかは次の世代、また次の世代が考えて決めていくことだ。根本には国民と苦楽をともにし、国と国民のために尽くすということがあり、それさえしっかりしていればよいと思う」

（聞き手・井上　亮）

2 皇后

雅子さまは悩める女性たちの象徴です

三浦瑠麗 国際政治学者
（『文藝春秋』二〇一九年六月号）

「令和」という新たな御代が始まりました。この代替わりにあたって、日本に皇室と元号が存在することの素晴らしさと有難さを改めて感じています。しかし、だからこそ思うのです。ここで一度胸に手を当てて考えねばならない問題があるのではないか、と。

平成の御代に、上皇陛下は、美智子上皇后陛下とともに、理想の「象徴天皇像」「皇后像」を追求され、国民にとって意味のある天皇・皇后になられようと、自らさまざまな活動を開拓されてきました。その姿に多くの国民も共感してきました。

しかし、その負担は想像を絶するものでした。だからこそご高齢により、その負担を担いきれなくなり、今回の代替わりに至ったわけです。

ここで考えるべきだと思うのは、そうした経緯を、私たちがどこまで真摯に受けとめているかです。

考えてみれば、私たち国民の側には、重責をか弱いお二人の身に負わせ、人権に重大な制限を課しておきながら、日頃の生活では、皇室報道に対して通り過ぎる時にちょっと手を休め、TV画面をちらっと振り返るだけのような〝他人事感〟があったのではないでしょうか。

今回の代替わりにあたっても、「新天皇・新皇后に期待することは？」という話にすぐなりがちです。しかし、天皇も皇后も生身の人間。国民の側が、人間の実像をはるかに超えた理想を一方的に押し付けるのは、どこか間違ってはいないでしょうか。皇族の方々にも「人権」があるはずです。そこを無視するのは、一種の暴力だと思うのです。

しかも平成を通じてカリスマ性を発揮されてきた平成の両陛下を引き継ぐだけで、今上両陛下は十分重い務めを背負われている。すでにそれだけの重荷を生身の個人に背負わせているという自覚を、私たち国民の側も持つべきではないでしょうか。

皇族も一人の人間

そのあり方がメディアで注目され、時に批判対象にもなりやすいのは、天皇よりも皇后の方です。「皇后への国民の期待」という口実の下に、常に厳しい視線に晒されています。しかし、そもそも「皇后の役割」とはどんなものなのでしょうか。

たとえば各国の大統領や首相の「ファーストレディ」が果たしている役割があります。女性の配偶者として、女性や子供や社会的弱者への配慮は、各国のファーストレディが体現し、気にかけていることです。天皇の女性配偶者である皇后も似た役割を担っていると言えます。

時代を遡れば、こうした皇后のあり方自体、考えられないことでした。「皇位は、皇統に属する男系の男子が、これを継承する」と定めた皇室典範の原点に立ち返れば、皇后に求められる役割とは、世継ぎを産むことだけだったからです。

かつての皇室では、子供の養育は、乳母らが担っていました。そこを美智子様は、自らの手で育てられた。とても画期的なことで、その姿に、多くの日本人は「理想の母親像」を見たわけです。しかし、世界を見渡せば、いまやメルケル首相やメイ首相など、女性のリーダーが次々に登場しています。日本でも女性総理の誕生は十分考えられるでしょう。

かつてであれば、英国のサッチャー首相を支えた夫の存在、最近、話題になった映画「ビリーブ——未来への大逆転」の例を持ち出せば、女性の米国最高裁判事を決して劣っていない夫があえて支えたという美談もありました。いずれも「夫」が「配偶者」の役割を果たしたわけですが、今日では、こうした例はいくらでもあり、「スパウス（配偶者）」という性的に中立的な言い方もある。しかし、そうであれば、そもそも「配偶者」をそこまで特別視する必要はあるのか、という根本的な疑問がわいてくるわけです。

雅子様は、皇太子妃になられてからは、「お世継ぎ」を産むことを最大の使命として期待され、個性を生かした公務を果たす機会に十分恵まれなかったように見えます。そして「妻」、「母」としてあまりに完璧だった美智子様と何かと比較されてしまう。

美智子様が素晴らしい皇后であったことは間違いありません。奥深い知性の持ち主で、心から敬意を覚えます。どんなことを聞かれても、美智子様のお答えは的確です。とくに印象的だったのは、「皇室の女性とはいかにあるべきか」という質問に、「皇室の女性というものはない。一人ひとり違うわけだから、一人ひとりの個性に従って考えればよい」という趣旨のお答えを即座になされたことです。

評論家としてそう述べるのは簡単です。しかし、ご自身も当事者の立場にあるのに、『皇室の女性』とは……」ではなく、「皇室の女性というものはない」と答えられたのには感じ入りました。それほど、ご自身を客観視されているのだ、と。

美智子様の言葉は、いずれも考え抜かれたものです。美智子様の佇まいや言動は、あたかも完成された「芸術作品」のようです。

しかし、だからこそ、美智子様のあり方を「皇后の見本」のように考えてはいけないと思うのです。美智子様の型を雅子様に押し付けてはいけない。それは美智子様が最も望んでいないことでもあります。

型の押し付けがいけないのは、単に「雅子様にプレッシャーをかけるのはよくない」からではありません。微妙なバランスの上に成立している天皇・皇后と皇室のあり方を壊しかねないからです。

平成の両陛下は、「象徴」としてのあり方を積極的に模索されました。あえて言えば、そのあり方は、時に「象徴」と「権力」という区別すべき一線を逸脱しかねない危うい面もありました。しかし、両陛下が「個人」として体現されていたからこそ、「象徴」に踏みとどまれたのです。

美智子様の皇后としてのあり方も、美智子様だからこそ、うまく成立していたところがある。それを美智子様の個性から切り離して、その鋳型を他の人格に当てはめることはできません。無理にそうすれば、鋳型だけが暴走してしまいます。そうなれば、皇后という存在が「偶像化」の対象になると同時に、些細なことで「バッシング」の対象になり、あるいは一つの「権力」になってしまう。結果として、日本社会に悪い影響を与えるだけでしょう。

雅子様に限らず皇族の女性が受けているプレッシャーは、現代の日本女性が日々受けているプレッシャーに通じるものがあります。

現代日本女性と雅子様

日本社会では、女性は、男性以上に、あるパターンやイメージを押し付けられる存在です。「女性はこうあるべきだ」と。

女性の社会進出が進みつつあることが望ましいのは、言うまでもありません。しかし、出産・育児の負担の大部分は、相変わらず、女性が担っている。だから、しっかり者の女性ほど、「妻」そして「母」としての役割を完璧にこなそうとします。

同時に、そんな女性は、職場でも男性と同じように〝戦力〟と見なされ、仕事も完璧にこなそうとします。しかし、そんな超人的なことなど誰にできるのか。しっかりした女性ほど、自分で自分の首を絞めるにいたっています。

今日では、一人の女性の「母」としての姿、「妻」としての姿、「一人の女」としての姿をもって「女性の象徴」とするのには、無理があります。女性は多様だからです。

しかし、敢えて、雅子様が象徴しているものを挙げるとすれば、そうした困難に日々直面している現代日本女性のあり方です。

外交官も務めたエリートのキャリアウーマンであったところ、ご結婚を機に家庭に入られ、世継ぎを産むことが求められ、おそらくは不妊治療の苦労も経験され、「妻」そして「母」として求められるプレッシャーのなかで精神的病を患われた。まさに現代女性が抱えているジレンマやストレスを象徴しています。

私たち国民は、雅子様の一人の女性としての姿に「共感」するだけでいいのではないか。その個人としての来し方行く末に想いを馳せることで、私たちも精神的に成熟できる。ところが、国民の側が雅子様に「共感」ではなく「期待」、しかも「過度な期待」を押し付けた。その結果が、雅子様の発病だったわけです。

一時、お子さまがなかなかできなかったことに関しても、証拠なしにいきなり雅子様のせいにされましたが、なぜ根拠もないのに、まずは女性の側に原因を見ようとするのか。その時、感じられたであろうプレッシャーを思うと居たたまれません。

「共感」ではなく「期待」を押し付けては、皇室と国民の双方に悪い結果しかもたらさないでしょう。もし保守派が主張するように、「象徴としての公務などは不要で、男子直系による継承だけが重要」なのであれば、そもそも大騒ぎする必要はない。世継ぎの誕生をひたすら静かに見守ればよい。ところが、皇室の方々はむしろ一挙手一投足を監視されバッシングを受けています。昨今は、眞子様のご結婚をめぐってもかまびすしい報道がありますが、単に「血統が続いて欲しい」のであれば、「なぜそんなに介入するのか？」というのが、私の疑問です。自らに都合の良い理屈をご都合主義的に持ち出すのは、保守派の欺瞞にほかなりません。

ただ一方で「単にそこにいなさい」だけでは、誰も生きられません。何らかの生きがいを見いだすことなしには人は生きられないからです。思うに、平成の両陛下も、だからこそ、あそこまでさまざまな活動を開拓されてきたのではないか。

雅子様の置かれてきた状況を考えると、結果的に、人として最低限の自己決定権すら許されてこなかったように見えます。

もちろん、ご結婚をお受けになった以上は、ある程度の制約は仕方がないのかもしれない。しかし、そのなかでも生きがいを見いだせる余地があるべきです。ご公務に関係することでも、あるいはご公務に直接関係なくとも、上皇陛下のハゼ研究のように、何かご自身で打ち込めるものがあっていい。

生きがいに負けず劣らず大切なのは、日常の交友関係における自己決定権でしょう。いつ誰とお会いになり、どこで誰と食事をされるのか。こうしたことに関して、雅子様の場合、非常に制約がありました。「身内ばかり優先して」とメディアが批判してきたからです。実は、そこが一番お辛かったのではないかと思うのです。

人は、抱えている問題が具体的に解決しなくとも、心を許す相手と話すだけで救われたりします。

そのお相手が陛下しかいなかった時に、たとえば実家のお母様にも頻繁に会えて頼ることができていたら、少しは違っていたのではないか。

雅子様の精神的な支えや生きがいとしては、愛子様の成長も大きな意味を持っていると思います。ただ、その場合も、「皇后としての理想の母親像」など体現されなくていい。ご自身が負われてきた制約を少しでも緩和して、愛子様を生きやすくしてあげて、皇族の身でも、もう少し自由に生きられるようになるだけで、愛子様の幸せにも雅子様の幸せにもつながるでしょう。

皇位継承者ばかりが注目されがちですが、皇室の問題は、皇位継承者だけの問題ではありません。私は皇族のそれぞれの方に幸せになってほしいと思います。「皇室は大事だ」と言われるのに、小姑的に完璧さを要求するばかりで、素朴にそう願う人が少なすぎる。「皇室を大事にする」とは、本当はどういうことなのかを考えるべきだと思います。

神聖化しすぎてはいけない

そもそも皇室の役割とは何でしょうか。

とくに平成の両陛下は、日本全国の津々浦々にいたるまで行幸啓され、精神的な絆を紡がれてきました。ご行幸、あるいはビデオメッセージなどを通じて絆を紡ぐことが、まさに「象徴」のお務めとしての「国民統合」なのですが、これは政治による統治システムとは別物です。むしろ別物でなければいけない。

もちろん、何らかの非常事態で国家としての日本の存在自体が揺らぎかねないような時には、天皇や皇室の存在が、ブレーキ装置として働き得ることは確かです。ただ通常、両者は切り離されていなければならない。それが憲法で定められた「象徴」の意味です。

平成の両陛下はさまざまな活動をしながらも、「象徴」としての一線を越えないよう配慮してこられました。ところが、むしろ国民やメディアの方が、時にその一線を越えることを要求している。天皇や皇室がこれほど親しまれているのは、それこそ平成の両陛下が身を削ったご努力の賜物です。ところが、かえって国民の側の依存度が増してしまい、さらなる要求をしている。これは、ちょっと異様です。

たとえば、日本の皇族よりも英国のエリザベス女王の方がだいぶ楽そうです。別に英国人の方が勝っていると言いたいのではありませんが、少なくとも王室との向き合い方に関しては、より〝大人〟である気がします。「敬愛の念」があまりに強すぎても、王室や皇室という制度は、かえって硬直化してしまうのです。

とくに平成の御代の終わりに至って、一種異様なほどの精神性が生まれています。たとえば、どんな権威も物ともしない辛辣なコラムニストでも、皇室のことになると文章の調子が変わってしまう。

そこで思い出すのが、オードリー・ヘップバーンが英国王室に参上した時の話です。彼女の印象について、エリザベス女王の母君は、「She's one of us（私達と同じ種族ね）」と述べたそうです。おそらくオードリー・ヘップバーンが自然体で接してくれたという意味でしょう。自分と同じモードで相手を気遣い、自分を慎みながらも、矜持を持つ女性と過ごすのは、とても楽だったことでしょう。

王族も生身の人間です。「一生に一度、初めてお目にかかった」という重々しい〝特別感〟ばかりに毎日接していては、耐え難いストレスとなるはず。そのストレスを少しでも和らげる方法があるとすれば、相手と同じように、できるだけ自然体で振る舞うことだけです。

皇室に人間性をはるかに超えた完全な人格や家族像を投影するのは間違っています。それに、もし仮に酷い人格の持ち主が皇位継承者となるようなことがあれば、いかに幻想を保つべく保守派が頑張ったとしても、日本の皇室をめぐる伝統は廃れてしまうでしょう。

結局、皇室の伝統は成り行きに任せるしかない。その緊張感が、むしろ文化や伝統を保つ作用となります。

ですから「とにかく粗相があってはいけない」と皇室をあまりに神聖視しすぎるのは、良くない。私が子供の頃は、メディアが皇室を語る時の口調にもう少し遠慮がなかったと記憶していますが、近年になるほど、ある種異様な「自己規制」が強力に働くようになっています。

たとえばアナウンサーも、皇室関連になると、ニュースを読み上げる声色まで変わってしまう。「絶対に噛んではいけない」という緊張感が肩のあたりまでみなぎっているのを感じます。コメントも、忖度の雰囲気が感じられるものが多い。

私はこういうところに、画一化が進む今の日本社会の怖さを感じるのです。「横並びの自己規制」の強迫観念の怖さです。これが、私たちの生きづらさや閉塞感を生み出しているように思います。

自分自身の本来の指向を大事にするよりも、他人からはみ出ることを極度に恐れる強迫観念がいまの日本社会には存在しています。リクルートスーツがその典型ですが、私生活でも、お受験をする母親や小学校の送り迎えまで皆、同じ格好をする文化もあります。

主体性を失うと、他人をジャッジすることが関心事になってしまう。自分自身がやりたいことではなく、なりたいものでもなく、相手の不足をあげつらうようになるのです。

おそらく、社会が豊かになり、皆が「上」を目指す必要がなくなったからこそ、「横」が気になるようになるのでしょう。しかし、そういう「横」ばかりを気にする視線は、暴走しかねません。雅子様も、そういう視線の犠牲者だったのだと思うのです。

権威と権力を区別した日本

皇室は、普段から意識される存在である必要はありません。むしろ普段の私たちは、皇室など意識しないで、自立的に生活して、自分の足で立っていくべきです。

近代が進むにつれて、天皇や皇室が必要とされる領域は、本来、狭まっていくはずでした。「政治」によってカバーされる領域が広がることが理想的であり、健全です。それができていないから、天皇や皇室が必要とされる領域が大きくなってしまう。

私が疑問に思うのは、そうした声が今の日本の「リベラル」からほとんど上がってこないことです。それどころか、天皇や皇室に「リベラル」の象徴を読み込もうとしている。

私は、自分を「リベラル」と位置付けていますが、今から振り返ると、私が受けた教育が大きく影響しているように思います。ある種の〝抑圧〟を経験したからこそ、個人を尊重する「リベラル」の大切さを身をもって学んだ気がするのです。

私は、しつけの厳しい家庭で育ちました。母が私たち子どもに教え込んだのは、品位と禁欲でした。母は、高校までカソリックの学校に通っていました。そして皇室に対する思いが人一倍強かったように思います。母の曾祖母が明治天皇の乳母の一人だったこともあり、天皇や皇室に親近感を持っていたということでしょう。とりわけ美智子様は、母にとって善き存在でした。そんな母は、私にカソリック的な禁欲教育と皇室的な品の良さを叩き込もうとしました。私は長じてのちそれに反発し、むしろ母を反面教師にして自我を形成しました。だからこそ品が悪くなってしまったのですが（笑）。

皇族であっても、それぞれの方の「個人としての生き方」に自然と目が向くのは、私がたまたまこうした教育を受けた結果にすぎないかもしれません。しかし、こういう個人としてのあり方を尊重する姿勢こそ、本来の「リベラル」ではないでしょうか。美智子様に思い入れをしすぎて偶像化するのは、本来の「リベラル」のあり方ではないと思います。

令和という新しい御代に、日本は、「天皇家の人権」という概念を受け入れるべきだと思います。皇室に私たちがベタッと依存ばかりしていては、天皇と皇室の存在を「政治」化してしまうだけです。すると、私たちの「自立」も失われてしまう。

そうした心構えがないと本当に危険です。「権威」と「権力」を一生懸命、分離しようとしてきた日本の良さが台無しになるからです。

3　国民との距離

インタビュー　公務縮小し、臨時代行も活用を

八木秀次　前掲

（『朝日新聞』二〇一六年九月十一日）

――お気持ち表明をどう受け止めていますか。

「随分踏み込まれたという印象だ。天皇はご存在自体に尊さがあるが、お務めをしてこそ天皇だとおっしゃった。それが本質だろうかという疑問を持った」

「ご存在の尊さは、男系男子による皇位継承という『血統原理』に立脚する。そこに『能力原理』を持ち込むと、能力のある者が位に就くべきだという議論になる。結果として、陛下ご自身が天皇制度の存立基盤を揺るがすご発言をなさったことになってしまう」

――なぜ、退位にそこまで反対するのですか。

「退位は明治の皇室典範制定以来、封印されてきた『パンドラの箱』だ。たとえ一回でも退位の前例を作れば、日本の国柄の根幹を成す天皇制度の終わりの始まりになってしまう。陛下のお気持ちへの配慮とともに、制度をいかに維持するかという視点が必要だ。そのために、心苦しいが、憎まれ役を買って出ている」

——朝日新聞の全国世論調査（八月六、七日）では八四％が退位に賛成です。

「陛下が具体的な制度の可否について言及され、それを国民が支持し、政府が検討を始めている。『天皇は国政に関する権能を有しない』と定めた憲法に触れる恐れがある。陛下のご意向だということで一気に進めるのは問題だ」

「天皇といえども生身の人間であり、ご自身のお考えをお持ちだ。しかし、それが公になれば政争に巻き込まれ、尊厳を汚される。憲法が政治的発言を禁じているのは、天皇をお守りするためでもある。宮内庁のマネジメント能力に問題があると言わざるを得ない」

——それでは、どう対応すべきだと考えますか。

「『開かれた皇室』によって、昭和天皇の時代よりご公務が何倍にも増えた。陛下は、それら全てが全身全霊でできて初めて天皇たり得ると非常にストイックな自己規定をされているが、縮小したり肩代わりしてもらったりすればいい」

「摂政を置くのは天皇がお務めをできなくなった場合なので、天皇は全く活動できなくなる。陛下は、そのような状況をお望みではないだろう。病気療養時や外国ご訪問時に限られている現在の運用を緩和し、国事行為の臨時代行で対応するのが最善ではないか」

（聞き手・二階堂友紀）

4 皇居

象徴天皇制の〝次の代〟——「革新と断絶」から読み解く生前退位

原　武史 前掲

（『世界』二〇一六年九月号）

なぜNHKは報じたか

天皇の「生前退位」は、七月一三日の午後七時にまずNHKが報じ、それをきっかけに各社が一斉に追随しました。NHKが事前に相当な準備を重ねていたことは、この日の夜のニュースでかなりの時間をかけて報道したことからも明らかです。しかも「誤報がない」のがNHKのスクープの特徴で、今回もその後各社が飛びついたわけです。

しかし、宮内庁は即座にこの報道を否定しました。生前退位は皇室典範の改正に絡む話なので、天皇の発言によってそれが動き出すとなると、憲法で禁止されている天皇の政治的発言につながりかねないからでしょう。だからこそ、二〇〇五年に女性・女系天皇を認めるべく、小泉政権が皇室典範の改正に着手しようとしたときには、天皇自身の意向が報道されることは一切なかったのです。そのようなことを百も承知で、なぜNHKは今回「生前退位」の報道をしたのか。参院選の投票日から三日後ということもあり、安倍首相のめざす改憲を天皇が牽制しようとしたのだとか、実は官邸からのリークであるとか、情報が飛び交っていて、真相はよくわかりません。

もちろん現天皇は、即位直後から護憲の姿勢を明確にしてきました。しかし、だからと言って「改憲の牽制」と解釈するのはどうでしょうか。

今回の報道を受ける形で、「陛下はもう八二歳になられるのに、いまなお数多くのご公務をこなされているのはおそれ多い」「長い間のご公務お疲れ様でした。どうかごゆっくりお休みくださ い」という同情や共感の声がさっそく国民の間から湧き起こっています。それなのに、現憲法では天皇が生前退位の意向を示すことすら政治的発言と受け取られかねないとなると、それはおかしいのではないかという反応が出てくるでしょう。つまり「改憲の牽制」どころか、逆に象徴という枠組みから天皇を解放し、元首にしたほうがよいという、現政権が画策する改憲を後押しする方向へと世論が向かうこともないとはいえないのです。

天皇は国政に関する権能を有しないと定めた憲法との関係を問題にする学者の声を、天皇に同情や共感を寄せる国民の声が完全にかき消してしまう状況を十分に予想した上で、NHKはあえて報道したのでしょう。そうだとすれば、究極の天皇の政治利用ということになります。この状況を、当の天皇はどう考えているのか。天皇自身が何らかのコメントをする機会はあるのかが気になっています。

「残滓」に入れられたメス

ここで思い出すのは、一九二一年一一月に大正天皇に代わって皇太子裕仁（後の昭和天皇）が摂政になったときのプロセスです。宮内省が天皇の病状をやや誇張して発表した上、必ずしも天皇自身の意に沿わない形で、半ば強引に皇太子を摂政にした。世界史的な君主政治の危機のなかで、より強い皇室のシンボルが求められたからです。このことは、天皇の権力がいまよりも強かった明治から敗戦までの天皇制においてすら、天皇個人の意思よりもシステムの刷新のほうが優先される場合があったことを意味しています。

しかし、安倍政権が政治利用しようとする意図があろうがなかろうが、現天皇が生前退位を望んでいるのは事実でしょう。二〇一三年には、葬儀を土葬から火葬に変えるとともに、明治以降に大規模化した天皇陵を縮小することが発表されました。今回の件も、このような近代天皇制の残滓の見直しと同じ流れにあると考えられます。

生前退位を認めることは、天皇の存命中は元号を変えないという原則の見直しにほかなりません。君主が在位している間は元号を変えない一世一元の制は、明治政府が当時の中国を参考にしながら採用し、それが戦後も受け継がれてきました。また中国では生前退位する皇帝が少なかったのに対して、日本では飛鳥時代の皇極天皇から江戸時代の光格天皇まで、天皇の生前退位がしばしば行なわれてきました。つまり生前退位は、明治以前の長い天皇制の伝統に立ち返ろうとする面もあるわけです。

宮中祭祀や行幸など、明治に入ってからつくられたり、大々的に復活したりした皇室の行事はたくさんあります。その多くが、戦後の象徴天皇制においてもそのまま受け継がれ、見直されないまま聖域化していきました。そもそも皇室典範からして、明治につくられたものと戦後につくられたものの間には強い連続性があります。ここ数年間で、天皇はそれらに少しずつメスを入れ、ついに皇室典範という聖域に踏み込もうとしているように見えます。しかし、年齢的に言ってもここまでで、後は次の代にゆだねざるを得ないでしょう。

革新されつづけてきた天皇像

古代以来の天皇制の歴史のなかで、明治から平成までの百数十年間というのは、天皇が強大な権力をもち、その「遺産」が戦後もなお色濃く残った特殊な時代といえるでしょう。現天皇は、それらを少しでも取り除いておくことが、長い目で見たときに天皇制の安定、ひいては永続につながると考えているようにも見えるのです。

しかし、明治天皇から大正天皇へ、大正天皇から昭和天皇へ、そして昭和天皇から現天皇へと、近代以降の代替わりを追っていくと、この百数十年間だけでも単なる元号の変更に止まらない深い変化、断絶と革新が起きてきたことがわかります。

たとえば、天皇の家庭のあり様をみると、明治時代には、表向きは一夫一婦を演出し、御真影も天皇と皇后一対のものが用意されました。西洋列強の目を意識して、日本の近代化をアピールするねらいがあったわけですが、実態としては後宮が存在して、子どもは皆、側室に当たる女官から生まれました。大正天皇もそうです。その意味でまだ江戸時代の名残があったわけです。

ところが大正天皇と貞明皇后は、後宮を有名無実化し、名実ともに一夫一婦制を実現させようとします。昭和天皇をはじめとする四人の男子は、すべて貞明皇后から生まれました。ただ実際には、『皇后考』（講談社）に書いたように、大正天皇にはお気に入りの女官が何人かいたばかりか、性的関係があった疑いすらあるので、一夫一婦制には綻びがあったわけですが。

昭和天皇の第一子は、照宮成子という女子でした。当時皇太子妃だった母親の良子、後の香淳皇后は、この成子内親王を里子に出さずに、自ら母乳で育てました。ただ、慣例にしたがわない昭和天皇と香淳皇后に高松宮や皇太后節子（貞明皇后）が反対し、結局、学習院に入学する際、成子は旧本丸（現皇居東御苑）にできた養育施設「呉竹寮」に入れられ、別居が始まります。しかし、母親のもとで数年でも成子が育てられたというのは、前の代までならば考えられなかったことです。

さらに時代が下ると、現天皇である皇太子夫妻が東宮御所で生活するようになる。第一皇子・徳仁（現皇太子）が生まれると、乳人を初めて名実ともに廃止して、皇太子妃が自ら料理をしたり、「ナルちゃん憲法」と呼ばれた育児の手引き書までつくって、自分たちだけで育てたりする、近代的な家庭を築くわけです。

また明治時代には、天皇が私的な理由で御用邸に行くことはありませんでしたが、大正になると毎年夏と冬に天皇と皇后がそろって御用邸に長期間滞在するようになります。代替わりすることで、前の代では考えられなかったことが起こり、当初は戸惑いや反発があっても、段々とそれが当たり前になってゆくのです。

大正から昭和になると、今度は天皇がしばしば皇居前広場に現れるばかりか、戦争の際には白馬に乗って二重橋に現れたりするなど、派手なパフォーマンスを演じるようになる。そして三島由紀夫のように、このような神格化した天皇の姿こそが本来の天皇だと思いこむ人まで出てきます。しかしこれもまた、昭和になって新しく創りだされた天皇像にほかなりませんでした。

昭和から平成になると、また新たな変化が出てくる。現天皇夫妻は一九九一年、雲仙普賢岳の噴火災害を受けて、即位後初めて、長崎県の避難所を訪れました。そのとき天皇皇后が膝をついて、被災者と同じ目線で話したのは、革命的な変化でした。これもまた当初は保守派の反発を招きましたが、いまや完全にそのスタイルが定着しています。

皇居をどうするか?

ですから代替わりすれば、平成には考えられなかった変化が起きることは容易に想像できます。しかし他方、現天皇の問題意識を引き継いでいく面もあると思います。たとえば、現天皇夫妻による「慰霊の旅」には、広島や長崎に加えて、沖縄や硫黄島、サイパン、パラオ、フィリピンなど、戦後の昭和天皇が訪問できなかった目的地が含まれています。かつての激戦地慰霊のための訪問を繰り返したことには、最晩年に沖縄を訪問する予定がありながら、癌の手術のためにそれができなかった昭和天皇の意向を、さらに積極的に展開する面もあるわけです。

では今回の生前退位が実現した場合、つまり現皇太子夫妻が天皇・皇后となった場合、どうなるのか。

おそらく、現天皇の最近の意向を踏まえる形で、明治から平成までずっと続いてきたものを見直す発想が出てくるでしょう。雅子皇后の体調に合わせて、徳仁天皇の公務を見直す可能性もあります。

具体的にいえば、まず考えられるのは行幸啓の縮小です。行幸啓は憲法に規定されていない公的行為で、国事行為ではありませんので、そもそもやる義務はないのです。平成の天皇制に慣れてきた国民は、当初その変化に戸惑うかもしれませんが、時間がたてば必ず受け入れると思います。それから、天皇が出なければならないものだけで一年に三〇回近くもある宮中祭祀の見直しもあり得ます。これについては行幸啓以上に保守派からの抵抗が予想されますが、宮中祭祀にほぼ必ず天皇が出るようになるのは昭和になってからです。現在でも雅子妃は祭祀にほとんど出ていませんので、雅子皇后の体調に合わせるとなると、その規模を大幅に縮小せざるを得なくなります。

それで最後の本丸は何かというと、東京の皇居をどうするかという、敗戦直後にも検討されたことのある問題が出てくると思います。明治以降、天皇が京都から東京に移り、将軍家がいなくなった江戸城に入った。しかし、二重の濠が巡らされた江戸城は、そもそも武家政権が君臨するところです。その痕跡が残り、鬱蒼とした森に囲まれ、周囲から隔絶されたところに、いまだに天皇皇后は住み続けている。雅子妃の体調を考慮するなら、果たして次代の天皇皇后がそこに住むべきかどうかが持ち上がるでしょう。

そうすると、退位する天皇皇后や、「皇太弟」になる秋篠宮夫妻を含めて、どこに住むのかという問題が出てきます。京都に戻るのか、それとも葉山や那須などの御用邸を使うのか。あるいは御用邸はなくても、皇室にゆかりの深い軽井沢も候補になるのか。また付随して、赤坂御用地をどうするのか。赤坂御用地には、一番北に東宮御所、東に秋篠宮邸、それから三笠宮邸、南に高円宮邸があります。旧寛仁親王邸はいま三笠宮東邸となっていますが、代替わりとともに空き家が増える可能性もあります。

宮内庁は、現天皇が八〇歳になった記念として、二〇一四年から春と秋に皇居の乾通りを一般公開し始めました。また、吹上御苑では二〇〇七年以降、年に数回、一般参加者を募って自然観察会を行なっています。これらの開放は現天皇の意向と思われますが、やはり昭和までは考えられないことでした。都心の中枢にあたる広大な区域を皇室が占有し、そこが禁域であり続ける限り、明治以降の強大化した天皇制の「遺産」は残り続ける。そのことのマイナス面を、現天皇はよく考えているように見えます。

天皇や皇居に関するタブー意識は、今後、ますます薄れてゆくでしょう。たとえ今回の報道が安倍政権の目指す改憲とリンクしているとしても、即位当初から護憲のメッセージを発してきた現天皇自身は、あくまでも象徴天皇制にあわせて身の丈にあったサイズへと縮小していく方向性を示そうとしたのかもしれません。天皇制というシステム自体は、驚くべき柔軟性をもっているのです。

上皇・天皇・皇太弟の「並立」

とはいえ、もしも生前退位が実現すれば、非常に変則的な状態になることは間違いありません。

生前退位しても皇籍離脱をしない限り、かつての太上天皇、すなわち上皇に相当する人物がいて、皇太后、そして天皇・皇后がいて、皇太弟に相当する秋篠宮と皇太弟妃に相当する秋篠宮妃がいる三すくみの構造となります。いままでは天皇に求心力があって、皇太子と秋篠宮は完全にその下にいた。それが、ある意味で並立することになるわけです。それは明治以降の天皇制では見られなかったことです。

ただ、こうした不安定な状態になることは、もちろん予測できるわけで、そのうえであえて生前退位が示されたのは、やはり天皇制の将来に関する強い不安、危機意識があるということだと思います。また、うがった見方かもしれませんが、生前退位の前例をつくると、皇太子と雅子妃が天皇皇后になったあと、秋篠宮夫妻へと速やかに皇位を継承させることも可能になります。そうすると、先ほどの三すくみは解消されるわけです。

しかし、今回の退位を考えるうえで、次の代の上皇、天皇、皇太弟に相当する現天皇、皇太子、秋篠宮の関係を見るだけでは十分ではありません。現皇后と皇太子妃、秋篠宮妃の関係も、それに劣らず重要だと思います。

先ほどは、宮中祭祀に雅子妃がなかなか出られない状況を踏まえれば、次の代に祭祀の規模の縮小が検討される可能性があると言いましたが、別の可能性もあります。新しい皇后が祭祀に出られないなら、皇太后や皇太弟妃となる秋篠宮妃が出ることで、その「穴」を埋めるかもしれないのです。そうすると、現皇后の宗教カリスマ性は秋篠宮妃に受け継がれることになります。

濠の内側　皇后の影響力

これまでの本で書いてきたように、大正、昭和の天皇制では、皇室内部における母子間や兄弟間の深い確執が、大きなウエートを占めてきました。具体的に言えば、貞明皇后と昭和天皇の関係や、昭和天皇と弟の秩父宮、高松宮の関係がそうです。昭和天皇は摂政になる直前の一九二一年に訪欧しますが、帰国するやライフスタイルをすっかり西洋風に改めてしまいます。このことが、四五年八月までずっと続く貞明皇后との確執の遠因になりました。もちろん表向きは天皇こそが「統治権の総攬者」であり、大元帥であったわけですが、宮中では天皇の体調が悪化する大正後期以降、皇后や皇太后が隠然とした権力を持つようになるのです。

『皇后考』では、貞明皇后を中心としてこの点につき考察しましたが、昭和天皇の妃だった香淳皇后にも注目する必要があります。戦時中、言論の自由がもっとも制限され、キリスト教も弾圧を受けていたときに、密かに宮中にキリスト教徒を呼び寄せ、定期的に聖書の勉強会を開いていたからです。それは相当の覚悟、意志がなければできないことです。占領期に天皇がキリスト教に接近していくのも、皇后の影響があるのではないかと思います。

昭和天皇、現天皇、いまの皇太子の三代は、とにかく男性の側が惚れ込んで、いろいろな困難を乗り越えて初志貫徹で一緒になった経緯があります。皇后が「お濠の内側」で大きな影響力を及ぼすようになるのは、こうした経緯も関係していると考えるのはうがちすぎでしょうか。

昭和から平成への変化として大きいのは、天皇と皇后の露出度が高まったことだと思います。常に二人一組でかつての激戦地や被災地などを訪れ、二人一組で黙禱する。宮中祭祀の模様が放映されることはほとんどありませんが、天皇と皇后が相並んで戦没者や災害の犠牲者に向かって深々と頭を下げる姿に、宮中で祈る姿を重ね合わせることができます。

戦後の憲法は、国事行為だけを規定していて公的行為に関する規定がありません。皇后についても規定がない。だから逆に、法の枠組みにとらわれない自由な活動ができるわけです。それが昭和までとは比べものにはならないほどの行幸啓の多さや、宮中祭祀に対する熱心さにつながっているのでしょう。

皮肉なことに平成になると、当初は違和感があったはずの、被災地などを訪れて人々と同じ目の高さで話しかける天皇と皇后の姿や、ことあるごとに祈る天皇と皇后の姿が、あたかも象徴天皇制の中核のように映るようになりました。つまり憲法に規定されていない行幸啓と祭祀こそが、平成の天皇制を特徴づけているわけです。次の代は、この二つの中核が大きく変わる可能性がある。ということは、平成の天皇制とは違った天皇制が、また生まれる可能性があるということです。

「平成」からは予測できないこと

たとえば日本会議のように、明治から敗戦までの天皇制に対する郷愁がある人たちにとって、天皇の生前退位は天皇制の縮小につながると感じられるでしょう。小堀桂一郎・東大名誉教授は産経新聞（七月一六日付）で生前退位について、「事実上の国体の破壊に繋がるのではないかとの危惧は深刻」と談話を寄せていました。自民党改憲草案では、天皇を元首にする、あるいはそれこそ自衛隊を国防軍にするとありますが、戦前の歴史を思い起こさせる内容です。

もちろん、戦後七〇年の全国戦没者追悼式をはじめ、最近の現天皇の「お言葉」からは、官邸の動きを警戒していることがうかがえます。けれども、もし代替わりが実現すれば、天皇と「皇太弟」が並立するばかりか、現政権の意向に反しない天皇が誕生する可能性もある。現天皇は、そうした事態が生じることを最も恐れているからこそ、生前退位することで本来ならば死去しない限り見ることのできない次の代の天皇制を見届けておきたいと考えたのかもしれません。

代替わりでは、その前の代ではあり得ないはずのことが起こります。その前の時代を生きている、たとえば昭和を生きてきた人間に、平成の天皇制のあり様は、想像もつかないものだったと思います。そして平成を生きる私たちにとっても、これから予測し得ない展開が生じることは確かです。先ほどの懸念が、まったく的外れであると言い切ることは、誰もできないのです。

コラム4　陛下と宮内庁のせめぎ合い——宮内庁その2

御厨　貴

宮内庁というものが誤解されているようです。宮内庁長官や宮内庁それ自体が天皇の意思を代行したり、あるいは天皇の意思を無視してでも（時には陰謀めいたことをしながら）何か守るべきものを守っているというようなイメージがあるのか。北田暁大氏や西村裕一氏といった、私からすれば若い世代の論者たちも、そう思い込んでいるフシがあります。でも、それは違います。宮内庁に意思はありません。私がコラム3に掲げたように、政府、官邸と宮内庁とのあいだで対立が起き、戦いが繰り広げられましたが、その実質は政府、官邸と当時の天皇皇后両陛下とのあいだで対立が起き、戦いが繰り広げられたということなのです。

宮内庁に意思があるとすれば、それは天皇や皇后、他の皇族たちに関する情報を一切外へ出さないということでしょう。

有識者会議で天皇の公務がどれほど忙しいのかが議論となり、宮内庁に陛下のある一週間の朝から晩までの日程表を提出してほしいと依頼したことがありました。しかし、宮内庁は天皇のプライバシーを侵すことは絶対にできないと言って、これを拒否しました。天皇は公的な存在です。我々は公的な仕事で多忙だという人の公的な部分の時間について知りたいのであって、私的な部分については空白にしておけばそれでよいのです。でも、宮内庁はできないと言う。

おそらく宮内庁側の意識を翻訳するならば、天皇と国民とのあいだにある程度隔絶したものがなければ、天皇制などというものは成立しないということでしょう。たしかに天皇や皇后、他の皇族たちが身ぐるみ剝がれて白日の下にさらされた時、国民は果たして彼らを敬愛することができるのか。女性週刊誌を見れば、その危惧はわからないではありません。

私はよく「テレビ天皇制」という言葉を使います。天皇陛下がテレビを通して国民の前に現れてお言葉を発したりしますが、あれは宮内庁としては本当に嫌なのだろうと思います。映像は見せたくないものまで見せてしまいます。天皇陛下がよろけるお姿や、足の出し方を間違えて皇后に直されているお姿とか。カメラの性能が良くなったせいで、陛下の皺がどのくらい増えているかもすべて写ってしまいます。

ただ、逆説的ではありますが、そういう映像を陛下ご自身も見ていますから、「これは大変だ。私はこんなに年をとったのか」と思い、高齢化社会における私の人権というものを考えてほしい、ということになる。陛下がご自分を象徴として限界だとおっしゃった時、宮内庁は何も言えないでしょう。「お疲れでしょうから、このお仕事はおやめになったほうが」「いざという時には摂政を立てられれば」ぐらいを言ったとしても、そこは陛下は頑として認めない。そこに陛下と宮内庁のせめぎあいがあるのです。

宮内庁が言うのはいつも、「陛下、それはいけません」ということです。戦後の昭和天皇の時代にこれを確立したのが、第二代宮内庁長官の宇佐美毅です。宇佐美は昭和二十八年から二五年の長きにわたって宮内庁長官を務めました。これだけ長く務めれば、天皇についてのありとあらゆることがわかります。天皇が何かこれまでと違うことを言った時に、それを押し返す言葉があるのです。「陛下、それは昭和○○年にこういうことがあって、その時にこうおっしゃったではないですか」というように。しかし最近のように四、五年で宮内庁長官が代わっていたら、天皇のほうに、昔こういうことがあったという経験と記憶が蓄積されていますから、大概のことは天皇のほうに勝ち目がある。

今回の天皇退位の問題が、ある種、カッコ付きで「革命的」なのは、これまで誰も言わなくて、それどころか誰も考えたことがなかった退位という問題を、天皇本人がいきなり持ち出したからです。これについて、そういう例はございませんといくらまわりが言ったところで、何の意味もありません。そんなことは天皇ご自身がいちばんよくわかっているのです。わかっていて、やらなければならないと議論を煮詰めておられた。だから宮内庁は太刀打ちできない。宮内庁参与の方々も太刀打ちできなかった。代替案は、腐りかけたような摂政案しか用意されていなかったのです。

「もっと皇室を開かなければならない」という論と「皇室を開きすぎてはいけない」という論があります。この対立は政府・官邸対宮内庁の対立に重なります。では、天皇ご自身はどちらの考え方に近いのでしょうか。平成の天皇が本心として、どれだけ国民に近づきたいと思っていたかは正直なところわかりません。でも、国民の支持を得なければ自分の存在はないという、強迫神経症的な思いは強くあったでしょう。実際、あれだけ国民の前に出て行くというのは大変なことですし、疲れることもあると思います。本当は家で休んでいたい時だってあったかもしれません。でも、天皇である以上、国民の前に出ざるをえないのです。国民から忘れられたら自分は終わりだと痛感している。陛下が断固として摂政は受け入れられないとおっしゃったのはそこに理由があると思います。摂政を立てたら自分は何もできなくなり――摂政は天皇が「病気」だから立てられるわけです――、国民とのあいだが遠くなってしまう。同じ「引く」ということであっても、自分の引き方があり、それが平成の天皇にとっては「上皇」というかたちだったのです。

論点5 ——「令和」以後

『ザ・議論!』第1部「天皇制」(抜粋)

井上達夫 東京大学教授
小林よしのり 漫画家
(毎日新聞出版、二〇一六年十一月)

(前略)

天皇と大衆

井上 それでは、天皇制の問題に入りますか。リベラルと保守の概念が混乱しているといっても、やはりその両者には違いがある。天皇制というテーマを編集部が提案したのも、その違いをはっきりさせようということでしょうから、その点を意識しながらやりましょう。

さて、私は、リベラリズムの観点から、天皇制はいずれ廃止すべきだと考えています。それは、これまでいろいろな論文に書いてきました。自称リベラルの人たちが今、天皇制に関してどういう立場をとっているのか知りませんが。

民主主義の観点から、つまり天皇制は反民主的だから、これに反対する、という議論はよくあります。でも、私の立場は逆です。天皇制は民主主義と相性が良く、天皇制の本当の問題点を捉えることができるのはリベラリズムだという立場ですから。

小林　ふむ。

井上　その違いは重要なので、あとでまた触れさせてもらいます。

天皇制についての考えは、私の中でも変遷がありました。先ほど、西部邁さん的な反大衆社会論にはリベラルな要素がある、と言いましたよね。大衆の暴走や同調圧力は少数者の権利を抑圧するので警戒しなければならない。そのために、民主主義だけでなく、「伝統」のような、暴走に歯止めをかける要素が必要かもしれない。「伝統」を重視するのは保守の立場ですが、それが少数者保護のために必要だというのはリベラルの発想です。

私も若いころは「保守的リベラル」と呼ばれていて、西部さん的な立場にシンパシーを感じていました。そのときは、天皇制のような「伝統」も、リベラルな機能を持ち得る、と楽観的に考えていた。

でも、一九八八年、留学先のハーバードから帰国したとき、考えが変わりました。

小林　何があったんですか。

井上　昭和天皇崩御の「御不例」騒ぎです。「御不例」というのは、天皇の病気の婉曲表現ですね。一九八八年九月に、天皇が発熱のために相撲観戦を取りやめるという報道がなされる。当初発表された病名は「慢性膵臓炎」でした。それから八九年一月に「腺癌」で亡くなるまで、そして亡くなったあとも、ものすごい自粛ムードが広がりましたよね。テレビコマーシャルで井上陽水が「みなさん、お元気ですか」と言うのが不謹慎だということで、音声が消されて口パクになりましたし。

小林　それは知らなかったな。

井上　朝日新聞ですら反天皇制をテーマにした本の広告を出さなかったし、本社が皇居の横にある毎日新聞は皇居側のブラインドを閉めろと言われたそうです。朝礼のときに屋上から皇居に向かってお辞儀をさせた会社もありました。

もう平成二八年だから、二〇代の人まであの騒動を知らないわけですよね。今の若い人が考えられないようなことがいろいろありましたよ。（中略）

自粛ムードの同調圧力に誰も逆らえない。歴史と伝統に根ざした天皇への求心力が、大衆社会の暴走の歯止めになるどころか、メディアも市民も企業もみんな同調圧力に駆られてひとつの方向に動いたわけです。あれを見ると、天皇制が大衆社会の同調圧力を抑える伝統の要になるとは思えない。むしろ天皇制そのものが大衆社会のシンボルだと考えるようになったんです。

知識人の沈黙

井上　私はあの経験が、天皇制に反対するひとつの理由になっています。天皇制は、大衆的な同調圧力を拡大する道具になってしまう。それは天皇自身の意図を超えた現象なので、私は「天皇」と「天皇制」を区別して使っていますけどね。天皇という人間および皇室の人たちがリベラルかどうかという話と天皇制は別で、天皇制というのは結局、天皇を公的存在とすることで、国民がそれに期待している役割を天皇に無理矢理やらせる制度です。天皇を公的な存在とする天皇制が、ああいう自粛騒ぎを起こし、社会にもの凄い同調圧力をかけて、最終的には長崎市長銃撃事件（一九九〇年一月、本島市長が右翼団体幹部に銃撃され、重傷を負った）まで行っちゃうわけよね。

ちなみに、この御不例騒ぎの最中、いわゆる知識人なる者で、「これはおかしい」と内心思っている人は少なくなかったでしょうが、はっきりと天皇の戦争責任を追及する文章をこの時期に公表した人は、私が記憶している限り、ほとんどいません。

小林 へえ。

井上 情けないことにね。私は、昭和天皇にも戦争責任があるということと、天皇へと求心されていく同調圧力の異様さを批判する原稿を書いた。それは「言論、戦争、そして責任」というタイトルで、平成元年の『アステイオン』（一九八九年夏号）に載りました。これは改訂して、『普遍の再生』（岩波書店、二〇〇三年。岩波人文書セレクション版は二〇一四年刊）の第一章「戦争責任という問題――「昭和末」の狂躁から」になっています。

『アステイオン』はサントリー文化財団がやっている雑誌で、私はサントリー学芸賞をもらったから原稿の依頼を受けていたんですね。当時の編集長は、かつて中央公論の名編集長だった粕谷一希さんです。粕谷さんは保守的リベラルで、たぶん私には、天皇の戦争責任論に水をかけるような議論を期待していたんだと思う。私の原稿を見て「えっ」という反応だったけど、さすが粕谷さんで、ボツにはしなかった。それどころか、四〇〇字一〇〇枚のところを、あと二〇枚あげるから保守派の論客の議論ももっと検討しろと言って、結局一二〇枚になった原稿を載せてくれた。

しかし、政治学者など、普段は政治評論をいっぱい書いてる知識人たちは沈黙していた。『世界』の「Z先生への手紙」（『世界』一九八九年二月号）で、天皇の戦争責任を否定する保守的論客のモデルにされた「Z先生」を批判した法学者の米倉明（東京大学名誉教授）さんくらいですね。
余談ですが、私の前に東大で法哲学の講座を担当していたのは、我が恩師の碧海純一（一九二四——二〇一三　法哲学者、東京大学名誉教授）。天皇の戦争責任を認める私に対して碧海先生が語気を荒らげて反論されたことがある。もしかしたら米倉さんも先輩教授の碧海さんとこの問題について私的会話で論争したのかもしれない。碧海さんの頭文字をとって「A先生への手紙」という表題にしようとしたけど、ギラつくので、アルファベットの順序を逆転させて「Z先生への手紙」にしたのではないか。これはただの臆測です。いずれにせよ、「Z先生」の主張には碧海先生と似ている部分がある。

それはともかくとして、米倉さんは憲法学者でも政治学者でもなくて、民法の先生ですよ。彼は、下手に空気を読まないで筋を通す一徹な研究者だったからこそ、この論文をこの時期に公表できたんでしょう。大方の知識人は、何か言うと危ないということで、沈黙したんです。「こんなのは昭和天皇だから起こった一過性の現象だ、すぐになくなるよ」とか自己弁護的に言っていた。私は腹が立ってね。

当時皇太子だった明仁さんは、「陛下の常々のお心に沿わない」と自粛を憂慮する発言をしました（一九八八年一〇月八日）。天皇に即位したときの記者会見でも、「言論の自由が保たれるということは、民主主義の基本であり大変大切なこと」だと言い、記者の「戦争責任について論じたり、あるいは天皇制の是非を論じたりするものも含んでいるというふうにお考えでしょうか」という質問にも、はっきり「そういうものも含まれております」と答えています（一九八九年八月四日）。

今度の生前退位の「お気持ち表明」(二〇一六年八月八日)でも、明仁さんの深い賢慮と強い意志を私は感じました。象徴天皇制が国民によって支持され続けるには、天皇自身が全国津々浦々で人々と日々直接交流しなければならない、その役割は、摂政で代行させることができるものではなく、天皇が加齢や病気でこの役割を持続的に遂行できなくなったら、退位して、新天皇にその役割を果たさせるべきだというのが第一の理由です。

副次的な理由として、昭和天皇から平成天皇への代替わりのときのように、前天皇の殯・葬儀の諸儀礼と新天皇即位の諸儀礼が並行して行われるのは、関係者の負担が過重になるだけでなく、国民の暮らしへの影響も懸念されることが挙げられていました。

しかし、私が感銘を受けたのは、こういう表向きの理由ではありません。この発言は皇室典範の改正を求める政治的含意をもちます。天皇の政治関与だという批判を招く危険を自覚しながら、このような発言を、あえて行った彼の勇気に感動しました。「憲法の下、天皇は国政に関与する権能を有しません」と断りつつも、だからこそ、現在の天皇制がもつ問題点を真剣に再考するのは国民自身の責務であることの自覚を国民に求めました。

そして、何よりも、このような問題提起を行う最小限の言論の自由が天皇にもあることを彼は暗黙裡に主張し、かつ可視的・不可視的な圧力に抗してこの自由を行使したのです。しかも、その「言論」の中身は、「退位の自由」という、これまた天皇の最小限の人権の尊重への要請です。

敗戦後、昭和天皇は「人間宣言」をしましたが、新憲法は天皇を「象徴」という非人間的な存在に転化させました。天皇が人間以上の「現人神」に祭り挙げられていた戦前の天皇制を否定したはずの戦後日本は、言論の自由も職業選択の自由も剝奪された人間以下の「奴隷」的地位に天皇――そして付随的に皇族――を縛り付けたのです。ＧＨＱ（連合国軍最高司令官総司令部）にやらされた受動的で実体のない昭和天皇の「人間宣言」に比べて、私は今回の「お気持ち表明」は、明仁さん自身の主体的意志に基づく真の「天皇人間宣言」だと思っています。

こういうふうに、明仁さんはリベラルな方なんだけど、天皇や皇族がそう思っていても、それが、知識人やメディアも巻き込んだ同調圧力の歯止めに必ずしもならない。「天皇」と「天皇制」は別だという、これも例証です。しかも、こういう明仁さんのリベラルな発言を封じ込めようとする動きが右にも左にもある。右は天皇制の現状を固守するために。左は天皇の政治関与を排除するために。

皇族の不自由

井上　既に言ったように、天皇制が同調圧力を拡大させる、ということに加え、私が天皇制に反対するもうひとつの理由は天皇・皇室の人権の蹂躙です。小林さんも『ゴーマニズム戦歴』の中で「天皇は、日本人の中で唯一、自由も基本的人権も認められない差別された存在である」と書かれていますが、まったくそのとおりで、私もかねてから「天皇制は最後の奴隷制だ」と主張してきました。まず職業選択の自由がないし、言論の自由もない。たぶん、小林さんが天皇になったら三日で「窒息死」するでしょう。

小林　おっしゃるとおりです。無理。

井上　小林さんはそれでも「天皇制を廃止すると日本社会が危うくなる」とおっしゃるのでしょう？

小林　はい。

井上　私は、日本人が確固たる国民的なアイデンティティを持つために特定の家系を持つ家族を奴隷的存在に押しとどめておくのは、嫌なんですよ。たとえばヘーゲルは「王室の役割は生殖と署名だ」と言いましたが、世襲制の下では女性が「産む機械」になってしまうわけですよね。それに、さっき触れた明仁さんの「お気持ち表明」で今大問題になっていますが、現在の皇室典範は退位の自由を認めていない。皇族の皇籍離脱も皇族会議の承諾が必要で、個人の自由意志だけではできません。これだけの奴隷的存在にしておくなら、せめて退位や離脱の自由は認めるべきだと私は思いますね。

いずれ天皇制は廃止すべきだと私は考えていますけど、天皇制支持者も、天皇制の存続を望むなら、天皇・皇族の人権、「人間としての権利」の尊重にもっと意を用いるべきです。今回の明仁さんの「お気持ち表明」は、加齢・病気による天皇退位の問題だけではなく、天皇・皇族にもっと人間的な自由を与えるような皇室典範の改革につなげるべきでしょう。イギリスの王室だって、シンプソン夫人との恋でエドワード八世が辞めたりして（英国王、エドワード八世が、離婚歴のある米国人女性ウォリス・シンプソンと恋に落ちて、一九三七年に結婚、そのために王位を退いた。「王冠を賭けた恋」と呼ばれた）、もっと人間的な制度じゃないですか。

小林　わしは、天皇や皇族の方々には本当に申し訳ないけれど「やっていただいている」という感覚なんですよ。差別を引き受けていただいているので、もし本人たちが「もう嫌だ」とおっしゃるなら、そのときは終わりにするしかない。だから、自称保守派の連中が皇太子や雅子妃をバッシングするのがまったく理解できないんです。その前には、美智子皇后をバッシングして失声症にまで追い込んだこともありましたよね。あれを見ていると、保守派を名乗りながら皇室を滅ぼそうとしているようにしか見えない。保守どころか極左の振る舞いでしょ。無理を承知でやっていただいているのに、叩いてどうするんですか。本人たちが嫌になって投げ出したら、もう成立しないんですよ、これは。

井上　そういう小林さんの見方にはすごく共感します。『宝島30』（一九九三年八月号）に「大内紀」という偽名で、宮内庁勤務者と称する人物が、美智子さんが「快楽主義」に走り、皇室の権威を破壊する宮廷変革をやってると誹謗中傷する文章を公表しました。宮内庁は記事が事実無根の内容を含み、筆者が宮内庁勤務者というのは疑わしいと反論しました。私はこの雑誌が出たときすぐ読みましたが、仮にそこに書かれていることが本当でも、美智子さんはただ皇室の生活をより人間的なものにしようとしているだけで、これを快楽主義だとか皇室の権威破壊と批判するのはまったく不当だと思いました。しかも、「偽名」で責任回避しながら、立場上十分な反論ができない美智子さんを叩くのは卑劣としか言いようがない。彼女が失声症に追い込まれたのも無理はないでしょう。

皇族のことを民主主義と矛盾する特権的なエリート階級だと思っている人が多いけど、実のところ皇族は、きわめてかわいそうな被差別家族なんですよね。これだけの人権剝奪状況に置いたまま、「日本人としてのアイデンティティを守るために悪いけど我慢してください」と、いつまで言えるのか。少なくとも皇籍離脱の自由は認めて、やりたい人にやってもらえばいいじゃないですか。
　雅子さんの病気だって、主治医の見立てによれば、要するに皇室という環境にいること自体が原因ということでしょ？　彼女は相当無理して我慢しているように見えます。私が皇太子だったら、皇位継承者の地位は弟に譲り、二人で皇籍離脱を要求して、ゆったりと暮らしたいと思うでしょうね。娘の愛子さんも連れて。夫として、妻を気の毒な状況に置き続けられませんよ。今の皇室典範では無理でしょうが。

小林　それに関しては、わしは違う見方をしているんですよ。自由を享受しているわれわれの側からは、イヤイヤながら仕方なくやっているように見えるんだけど、実はそんなに消極的なわけではないんじゃないかな。今の天皇陛下にしろ、皇太子殿下にしろ、もっと積極的にその立場を引き受けているだろうと思うんです。
　八月八日の玉音放送でも「天皇として大切な、国民を思い、国民のために祈るという務めを、人々への深い信頼と敬愛をもってなし得たことは、幸せなことでした」とおっしゃっている。後悔はないんです。

井上　それはどうかな。積極的にというより、避けがたい宿命だと思って背負っているんじゃないですか。明仁さんの皇太子時代に家庭教師をしたバイニング夫人（エリザベス・ジャネット・グレイ・バイニング　一九〇二―一九九九　アメリカの司書、作家。一九四六年にGHQによって明仁親王の家庭教師に選ばれ来日）の日記の中に、痛ましい記述があったのを記憶しています。英語のレッスンのとき、「あなたは大人になったら何になりたいですか」と、お決まりの例文で質問したら、明仁さんはすこしムッとしたような顔で「天皇になります」と答えたというの。それ以外の将来はないんですよ。だから、単なる英会話のレッスンであっても、彼にとってはものすごく残酷な問いなんです。そういう哀しみを、私は明仁さんに感じるのね。皇族に対して同情するから、彼らをそういう地位に置き続ける天皇制が日本人のアイデンティティであり伝統だというのは嫌なんです。

権威と権力

井上　ただし私は、前に言ったように、天皇制が民主主義と矛盾するから反対しているわけではありません。むしろ、この国の天皇制は、民主主義と両立するどころか、密接不可分だというのが私の持論です。

小林　天皇制に反対する人は、ふつう、「国民主権だから天皇は要らない」という言い方をしますが、井上さんは違うわけですね。

井上　はい。民主主義はわれわれ人民が統治者だということですが、人民にもさまざまな意見の違いや利害の対立があり、現実的にはみんなバラバラなんですよね。だから人民の集合的アイデンティティが必要になる。どこの国でもそれを作る結節点が必要なんだけど、日本においては、歴史的にも思想的にも現実的にも、天皇がそれになり得る基盤があるんです。だから、天皇制は、国民主権とも民主主義とも両立する。

（中略）

小林　しかし、天皇がいない日本がどうなるかを考えると、わしには心情的な不安とは別の合理的なデメリットがあると思います。やはり、権威と権力を分けたのが日本の知恵だと思うんですよ。いくら安倍晋三が権力を握っていても、そこにはまったく権威を感じないから、軽蔑してボロクソに批判できるわけですよね。しかし、ヒトラーみたいに権威と権力をひとりで持ってしまうと、これはもう完全に危ない。この二つが分立していることは、国民の側から見るとすごく安心なんです。だって、天皇が権威を持っているから、たとえば江戸幕府が腐敗して信用できなくなると、地方各地で「ええじゃないか」みたいな運動が自然発生したり、京都御所のまわりをグルグル回る「御所千度参り」が起きたりするわけでしょ。国民が窮地に陥ったときには、そうやって「自分たちを救ってくださる方はここにいる」という信仰心が発動されるんですよ。

これは権力にとって非常にヤバい事態ですよね。自分たちの権力基盤が危うくなるから、そこで考え直さなければいけなくなる。庶民が納得するような政策を打ち出さざるを得なくなるんです。天皇という権威には、そういう合理的な機能がある。

井上　かつて鷲田小彌太（札幌大学名誉教授）という元左翼の哲学者も、権威と権力の分立による権力の制御が天皇制の使用価値だという議論をしていました。「使用価値」という語はマルクス経済学の概念ですが、「権力なき権威」としての天皇存在は左翼の思考形態にも受け入れられる余地があるということです。でも日本史の中では、戦前の軍部の「統帥権干犯」論（一九三〇＝昭和五＝年、ロンドン海軍軍縮条約に調印した浜口雄幸内閣を、天皇の統帥権干犯だと軍部と野党が攻撃。以後、政府の軍への干渉が困難になった）だけでなく、天皇の権威が権力の御墨付として濫用されることも多かった。また、天皇のほうが権力を奪取しようとしたり、自分の権威で権力を操縦しようと暗躍することもままあった。織田信長、豊臣秀吉、徳川家康らはみな己れの覇権確立の手段として、天皇制を利用しようとしたし、もっと前の時代は後醍醐天皇（一二八八－一三三九　第九六代天皇。鎌倉幕府を倒して建武新政を行ったのち、南朝政権を樹立）がそうだったように、天皇自身が専制権力を奪取しようとした。

小林　それはそうです。

井上　後醍醐が失敗して以降、天皇はしばらくのあいだ権力も権威もなくしたんですよね。権威と権力の二重構造が再確立したのは、やはり徳川幕藩体制。ただし江戸の人間にとって、天皇なんて意識されていない。権力なき権威になったのは御公方様（徳川将軍）、権力を握ったのは大老・老中です。

小林　でも、天皇の権威そのものが完全に消滅していたら、いざ危機を迎えたときにそれに頼る動きは出てこないですよ。

「原理」の権威

井上　いずれにしろ、なぜ権威を天皇という人格に頼るのかがわからない。天皇という権威は権力に利用されることがあるけれど、権力に還元できない権威があるんですよ。それは、立憲主義や法の支配といった人格化されない原理や理念です。

小林　それに権威を感じるんですか？

井上　もともと日本の天皇制が権威として必要であることは、帝国議会を開設する前に福沢諭吉が指摘していました。議会制下では国民各層の自己主張が噴出し対立が先鋭化する。そのとき、その政治的対立を超越する人心収攬の中心として帝室（天皇・皇室）が必要だと。福沢のこの見解はイギリスのウォルター・バジョット（一八二六―一八七七　イギリスのジャーナリスト、経済学者、思想家。『イギリス憲政論』など）の英国国制論から影響を受けています。

イギリスは階級社会だから、「法の支配」や「立憲主義」と言われても、一般の民衆にはわからない。そこでバジョットは、国家のエスタブリッシュメントを二つに分けました。ひとつは、その能力によって統治する「実効的に機能する部分（the efficient part）」。これは政府や庶民院（議会下院）ですね。そしてもうひとつは「威厳を持つ部分（the dignified part）」。その威厳によって統治する。こちらは王室や貴族です。

実際の政策は下院議員や官僚などが決めているのですが、一般民衆は、自分たちと質的には変わらない成上り者で権力闘争の勝者にすぎない彼らの決定を尊重する気持ちになかなかなれません。議会で審議して決めたと言われたって、それがどうした、ということになる。しかしそれが政治的抗争から超越した権威ある国王や、やんごとなき身分の貴族の采配によるものだと思えば、納得して従うでしょう。本当の支配者である能力エリートは馬車の中に隠れており、表のパレードでは国王や貴族が国民に向かって手を振っているわけです。

そういうイギリス流の「王室の使用価値」と同じことを、福沢も考えました。今でも同じ発想はあるのでしょう。

しかし私は、これを続けるのは危ないと思います。能力エリートがいつも有能で信頼できる人間なら問題ありませんが、これは無能化・無責任化することがある。実際、日本でも関東軍が満州で暴走し出しても大日本帝国政府はこれを止められず、既成事実を次々追認して愚かな戦争の泥沼に日本を引きずり込んでしまった。

ちなみに、愚民操縦論的なバジョットや福沢の考え方に対して、津田左右吉（一八七三―一九六一　日本史学者、早稲田大学教授。『古事記及び日本書紀の新研究』など）の天皇制論はもっとラディカルでした。彼は、大日本帝国の機能的エリートがいかに無能かということを思い知らされていたんですね。戦時中は自分の科学的な記紀神話研究が迫害されたこともあって、戦後は天皇制批判をするのかと思いきや、天皇制を擁護する論文を岩波書店の『世界』（一九四六年三月号、四月号）で二本続けて書きました（「日本歴史の研究に於ける科学的態度」と「建国の事情と万世一系の思想」）。

簡単に言うと、彼の主張はこうです。今まで日本は君権も民権もどちらもなかった。そもそも主権という概念がなかったから、天皇主権から国民主権への転換という「国体」の変革もない。これから国民主権を初めて打ち立てるにあたっては、自ら国の統治をちゃんとやれる主権者たる国民を創出しないといけない。そこで、国民としてのアイデンティティを持つために天皇は必要だというわけです。

そこで津田は驚くべき大胆さで従来のイメージをひっくり返しました。それまでは「国民は天皇の赤子」というイメージでしょ？　しかし津田は、「国民みづから国家のすべてを主宰すべき現代に於いては、皇室は国民の皇室であり、天皇は『われらの天皇』であられる。『われらの天皇』はわれらが愛さねばならぬ。国民の皇室は国民がその懐にそれを抱くべきである」と言います（「建国の事情」論文五四頁）。つまり、津田によれば、天皇が国民を赤子として抱くのではなく、逆に、「国家のすべてを主宰すべき」国民こそが、天皇を懐に抱くべきである。天皇が国民の赤子なんですよ。国民が天皇への愛の共有によって結束し、国家を統治する集合的主体として自己を確立する。それによって、バカなエリートたちを国民が監視し統制する国民主権が確立されるんです。津田のこの立場は「下からの天皇制」の実にラディカルな思想的表現だと私は思っているんですよ。

要するに、天皇の権威に頼って機能的エリートの暴走を止めることはできない。国民自身が統治の責任主体にならなければいけない。天皇は統治主体としての国民の自己確立のための紐帯だ、というのが津田の思想です。私は日本の「権力なき権威」論の弱点を突く鋭さを津田に感じます。しかし、それでも「下からの天皇制」と結合した民主主義は同調圧力を生んで少数者を差別する要因になるという既に述べた問題は残ります。だから私は、やはり立憲主義や法の支配という原理が権威になるべきだ、と。

小林　われわれがそういう「原理」に権威を感じるなんてことが、本当にあるんですかね。それがわしにはよくわからない。

井上　時間はかかると思いますよ。戦後七〇年が経っても、法の支配や立憲主義のまともな理解を持っている人はあまりいませんから。護憲派なんか、むしろそれを裏切っている。だから今すぐは無理でしょう。

でも、そういう抽象的な原理に権威を認められる程度に日本人が成熟すれば、天皇という権威はおのずと必要なくなってくる。どうしても人格的な存在が必要なのであれば、ドイツ的な大統領制でもいいでしょう。フランスの大統領は強い権力を持っているけど、ドイツでは権力は首相にあり、大統領は権力を持たず、国民の精神的統合として政治家よりも尊敬される存在ですよね。ただし天皇制と違って、世襲的身分とは関係ない。

半世紀かかるか一世紀かかるかわかりませんが、いずれはそちらの方向に進むべきだと思います。そのためには、まず法の支配や立憲主義という原理への敬意を人々がちゃんと身につけないといけない。これは知識人すらロクにわかっていないから、教育や実践を通じて学んでいくしかないでしょうが。

（後略）

コメント論点5 「令和」以後

御厨 貴

井上達夫×小林よしのり『ザ・議論!』第1部「天皇制」(抜粋)

今回の退位をめぐるさまざまな議論の中で、法哲学者の井上氏は天皇制廃止を唱える、ほぼ唯一の存在でした。昭和から平成にかけての時期には、浅田彰氏ほか何人かの天皇制廃止論がありました。廃止論者がいなくなったとは思わないので、大方は沈黙を守っているということなのでしょう。

井上氏はリベラリズムの観点から天皇制を廃止すべきだと言います。理由は二つあって、ある危機的な状況などが引き金となってひどい同調圧力を生んでしまうこと、そして天皇と皇室の方々の人権の蹂躙であることの二つです。ただ、その廃止論は、今すぐに、というものではありません。「いずれ」「将来」という時間的な幅を持たせているのが特徴です。

もう一つ注目すべきなのは、権力と権威についての議論です。小林氏の言う「権威と権力を分けたのが日本の知恵」という見方は、論点1で見た、山崎正和氏の論と共通するものです。しかし、井上氏は「なぜ権威を天皇という人格に頼るのかがわからない」と、ある種の反論をしています。福沢諭吉や津田左右吉を挙げ、立憲主義や法の支配という原理こそが権威になるべきだと繰り返し主張する。ここで、小林氏は「われわれがそういう『原理』に権威を感じるなんてことが、本当にあるんですかね。それがわしにはよくわからない」と言いますが、本当に正直な感想だと思います。井上氏は答えとして、時間はかかるけれどもできる、抽象的原理を権威と認められる程度に日本人が成熟すれば、天皇という権威もおのずと必要なくなってしまうと言うのですが、これは本当にそうだろうかとやや疑問に思います。これが可能なのであれば、ここまで我々がしてきた議論が全部なくなってしまうことにもなります。

天皇制は廃止すべきだ、と始まった議論がここに着地するか、と思わないでもありません。法律を専門とする人は最終的に人というものに還元することを避け、主義や主張、原理に拠っていく。とはいえ、天皇についての議論の射程の長さが示されてもいるのです。

1 事実性

❶宮台真司×神保哲生「なぜ天皇の生前退位がそれほど大問題なのか」(抜粋)

❷長谷部恭男「奥平康弘『「萬世一系」の研究』(上)解説」

宮台氏と神保氏の「マル激トーク」は、NHKのスクープ直後の、事態がどちらに動くかが見えていない時期であるにもかかわらず、宮台氏はその後重要になる論点をきちんと押さえた上で議論しています。実際、ある程度の国民的議論を経て、法改正に結びつける形で、生前退位が決められていったわけです。宮内庁というものの理解も妥当だと思います。

宮台氏の議論は論点2ですでに一つ紹介していますが、そこで述べられていた天皇の「聖なる力」が、ここでは「聖性」として論じられています。つまり、社会体制の中に聖なる存在があった場合、それが何か発言することによって政治的な威力を発揮しうるということがそもそも想定されていないところに近代の問題があるのだ、と。象徴天皇制は一見人畜無害な枠組みのようだけれども、必然的に象徴には人権がなくなってしまう。「天皇として執務をされる方が、自らに人権が存在しないという事実を甘んじて受け入れて、国民のために祭祀をし続ける」。宮台氏はこれを「factuality」、事実性と言っていて、象徴天皇制は制度に推進力がないにもかかわらず、この事実性によって維持されている、というのです。

それに対して、国民の側はどう振る舞うべきなのか。制度にできないものなのであるから、「respect」が必要であり、ここにも事実性が必要だということになります。

次の長谷部氏も二度目の登場ですが、二〇一五年に死去した憲法学者・奥平康弘の『「萬世一系」の研究』の文庫版解説として執筆されたものです。時論ではありませんが、憲法学の見地から今回の退位をどう見るべきかがわかりやすく論じられています。

まず、長谷部氏は大日本帝国憲法の根幹である天皇主権原理がドイツから輸入された君主制原理であることから説き起こします。この君主制原理はしかし、法学的国家論として成立するかしないか、それも定かではない。だからこそ、美濃部達吉も宮沢俊義もその扱いに苦慮してきた。ところが奥平は「天皇主権原理の当否やその意味内容」ではなく、「皇位の継承にかかわる制度を検討の対象」とし、天皇制は皇室メンバーの人権を「深刻に侵害している」、したがって、皇室のメンバーに皇室制度から「脱出する権利」を認めるべきだと主張した。ここでの「人権」は明らかに天皇やその他すべての存在の上に立つものとして位置づけられています。

さて、天皇とすべての皇族に「脱出する権利」を認めた時、天皇制は制度として生き残ることができるのか。ここで出てくるのが皇室メンバーの「エスプリ・ドゥ・コール」、つまり団体や制度を持続的に支えようとする精神です。「エスプリ・ドゥ・コールが失われれば、退位の自由を含めた『脱出の権利』を否定したとしても、現在の姿の天皇制および皇室制度を維持することはおぼつかない」が、「逆に言えば、エスプリ・ドゥ・コールが維持されている限り、『脱出の権利』をたとえ認めたとしても、皇族が次々と脱出することはあり得ない」。ただ、エスプリ・ドゥ・コールは天皇や皇族を縛ります。そもそもが天皇の人権が憲法上の「飛び地」だとすれば、結局は「事実として」、天皇あるいは皇族が制度を持続的に支えようとしているからこそ成立していることになり、まわりまわって宮台氏が述べていた「事実性」と結びつくことになるのです。

後半に引用される上杉愼吉の議論について、もう少し展開してほしかった、そこが惜しまれます。

2 皇室制度

❶苅部直「皇室典範改正の出発点に」

❷笠原英彦「皇室制度の疲労 顕在化」

今回は日本国憲法、皇室典範などの制度変更はなされませんでしたが、今後を見据えたものとして二つの論を挙げます。

苅部氏のものは、有識者会議の「論点整理」を受けて執筆されています。天皇に退位を認めていないのは普遍的人権の原理に反する、これは皇室典範を制定する際の貴族院審議において南原繁が指摘した難点であった、というところに苅部氏らしい視点があります。

皇室制度自体の疲労に着目しているのは笠原氏だけかもしれません。ただ、男系男子を優先しつつ、「念のため女性宮家を創設するという整理の仕方を」という言い方は、各方面に気を配りすぎている嫌いがあるように思われます。

❸石原信雄「インタビュー 制度整備 議論急がず」

石原氏は官房副長官として、竹下内閣以降村山内閣まで計七つの内閣で事務方のトップを務めました。その特異な官僚が、平成改元の時にも天皇および宮内庁と相対した経験を踏まえての意見を開陳したものとして読むべきインタビューです。秋篠宮の発言については、インタビューの最後で「謙虚な気持ちから出たお言葉」としつつ、「皇族が政治に関わらないという原則との関係からすると限りなくグレーな部分」としています。

このインタビューで興味深いのは、石原氏の言葉そのものよりも、これまでの経緯をすべて了解した上で示したその姿勢のように思われます。あくまで中立的な立場を維持し、目新しいことを何も語っていないようでいて、すべてを語っているのです。

3 天皇制のゆくえ

❶三浦瑠麗「今上陛下のご意思表明を受けて」(抜粋)

天皇のビデオメッセージが放映された日に執筆されたブログ原稿。「今後健康寿命と寿命の差が開く超高齢化社会にあって、仮に深刻なお病気をされた場合、生命維持装置に繋がり続けなければならないこともあるかもしれません」——ここまで書くことができるのは、新しいメディアならではでしょう。ただし、三浦氏の言うように安倍総理の「眼にうっすらと水の膜がかかって」いたかどうかは、永遠の謎としておきたい。

❷牟田和恵「21世紀家父長制の悪夢と新天皇家の発する家族メッセージ」

日本社会を論じるのにジェンダー論が力を持つようになってきて、ずいぶん経ちます。「皇室の女性差別はこの社会全体の女性差別の原因でもあり結果でもあるのだ」とまで結論づけるのが妥当なのかどうか。正直なところ留保したいが、ジェンダー論を天皇の問題全体にあてはめ、歴史的に俯瞰して書いた論考として、読むに値すると思いますし、天皇制の将来を考える上で、踏まえておくべきだと思います。

❸君塚直隆「皇室は世界の安寧のために」

本書の掉尾を飾るのは一種の皇室弥栄論です。一〇〇年後、日本はヨーロッパの立憲君主国の「絶対的長子相続制」が適用され、皇族は増え、皇族たちは三谷太一郎先生が言うよりももっと徹底して能動的に皇室社会を形成している。まるでディズニーランドのような、とてもよくできた夢物語です。ただ、大事なのは、ここに書いてあることよりも、書いていないのは何か、ということです。奈良朝の天智・天武の両統対立の果ての孝謙天皇の登場、といった事実を君塚氏が知らないはずはないのですから。

1 事実性

〈機能〉なぜ天皇の生前退位がそれほど大問題なのか（抜粋）

宮台真司 前掲×神保哲生 ジャーナリスト

（「マル激トーク・オン・ディマンド」二〇一六年七月十六日）

（前略）

宮台　まず議論を論理的に整理しますと、なぜ今回ＮＨＫの「スクープ」——（笑）ですが——に始まって宮内庁がそれを否定し、しかし『毎日新聞』がその後、実は五月から宮内庁内にそういう審議をする委員会があって、という話になったのか。僕に言わせれば、これは全部シナリオです。宮内庁は基本的に天皇の政治利用から天皇を守る、あるいは天皇の政治的活動から行政、統治を守るという責務を負っている、ある種の防波堤なんですね。したがって、宮内庁は、表のドアから天皇が生前退位を希望しておられるので、天皇の意向にしたがって法改正、例えば皇室典範を変えてくれ、とは言うことができません。そういうことができない。してはいけない、というのが宮内庁の役回りです。

神保　正面から行ったら、政治行為になりますか。

宮台　必ずなります。一〇〇%なります。だからそれを回避するのは当然のことです。しかし、陛下が別の機会に、ご自分でそれを発言してしまう可能性はもちろんあるわけですし、あるいは天皇自身が職務ができなくなってしまうこと、あるいはしなくなってしまうことだってありうるわけです。そういう意味では、問題を裏口から出したのだとしても、公然化した上で、ある程度の国民的議論を経て、法改正に結びつけていくことが現実的なんです。

神保　要するに、議論をさせたいということですね。

宮台　おっしゃるとおりです。だから、陰謀でも何でもなくて、こういう展開になるのが当たり前だということです。まずはそれを整理しておきましょう。

次に生前退位、僕は譲位といったほうがいいと思いますが、譲位を禁じている理由です。実は譲位というのは、明治維新が始まる前は普通に結構あったのですが、譲位の禁止は、要は〝岩倉使節団系〟の非常に強い意向だったと思います。基本的に天皇はあくまで道具にすぎず、天皇にイニシアティヴが絶対に渡らないようにする必要があったということです。特に鎌倉時代には、いわゆる院政ですよね、上皇や法皇が、退位した後に実際に政治的な実権を握ってしまうという実例が数々ありましたけれど、それをなんとしても回避する必要があるということなんですね。こういう危惧、つまり明治維新政府の発想は、あながち古い歴史を覆した捏造という話でもなくて、結構現実的なことなのです。

例えば、みなさんよくご存じのように、今上天皇陛下はとてもリベラルな考えをもっておられます。例えば平成十三年十二月二十三日のおことばでは、「私自身としては、桓武天皇の生母が百済、武寧王の子孫であると『続日本紀』に記されていることに韓国とのゆかりを感じます」とおっしゃっていた。これは当時のいわゆる嫌韓ブームに対するある種の牽制で、かなり政治的な発言です。もちろんサイパンをはじめとする様々な場所を慰霊してまわられているということも、現政権の向かおうとしている方向から考えると、かなり政治的な機能を帯びているわけです。だから例えば巷に実際にそういう議論があることがネットを見るとわかりますが、例えば天皇が譲位して、自らは天皇でなくなった上で、今よりももっと積極的に反安倍的な、反anti-リベラル、つまりanti-anti-リベラル、つまりリベラルな方向で、政治的な発言をされようとしているのではないか、みたいな観測があるわけです。

神保 具体的にそういう懸念がある?

宮台 いやいや、僕は全くそうは思いません。全くないと思います。今上天皇陛下はそういう方ではないと確信するからです。

しかしここでの問題は、ユニバーサリズムです。つまり簡単にいうと、今の天皇陛下がどういう方かということは問題じゃない。誰が天皇になっても問題がないと言えるかどうかということだけが、実は制度の実効性・有効性や正当性を担保するということのポイントです。そういう観点でいえば、〝岩倉使節団系〟が、ずいぶん古い鎌倉時代の話を参照して、これはまずいな、と考えたというのは、実は合理的なことなのです。

神保 ひとつわからないので聞きたいのですが、天皇は一切政治的な行動ができない、上皇や法皇になれば、もはや天皇ではないから、政治的な動きができて、なおかつ場合によっては天皇を裏から操る、という論理なのですか。つまり、上皇や法皇は天皇と違って政治的な動きができる、ということが問題なのですか？

宮台 天皇を操るかどうかはさして問題ではないですよね。実際そういうことは、譲位するかどうかに関係なく起こりうることですから。誰かが誰かに個人的なことで影響する、ということは。

だからそういうことが問題なのではなくて、要は、天皇陛下であるということは非常に大きな責務を負っていらっしゃるわけだし、非常に大きな任務遂行の繰り返しをしておられるわけです。本当に、ほとんど人権がない状態だと僕なんかは思うんだけど。職業選択の自由、交通の自由、移動の自由もない。

神保 そこはちょっと後で話さなければなりません。だってやめる自由もないってことでしょ。

宮台 そういうことですね。で、まあそれは後で振り返りますけれども。そういう非常に大きな縛りのもとにある状態から、当たり前だけど、譲位をすれば、程度問題だけど、縛りのよりゆるい状態になるわけですよ。

神保 やっぱり結構フリーな立場になるってこと？

宮台 相対的にはそうですよね。最近譲位ということがないから、実際どうなるのかはわかりません。わかりませんが、危惧はありうるということですよね。そこだけがポイントなんです。

神保　逆に言うと官僚機構も、ちょっと嫌な言い方をしますけど、天皇ほど縛ることはできない可能性があるということ？

宮台　そういうことですね。

神保　勝手に出て行っていろんなこと話してしまうかもしれない？

宮台　だから、今の今上天皇陛下がそれをされるかどうかという問題では全くなくて、誰が天皇陛下になってもそれがないと言えるかどうかということが問題なんです。

そういう観点からいうと、皇室典範の現状のあり方には、合理性がないわけではありません。ただ、元になっている日本国憲法にそもそもの矛盾があると考えた方がいい、というのが僕の考えなんです。

当たり前のことですが、日本の天皇陛下は、king ではありません。むしろ、昔のビザンチン帝国にいたような、いわば emperor に近い側面があるわけです。たしかに政治的な実権はないから全く違うとも言える。とはいえ、政治的な実権がないにもかかわらず、しかし聖なる存在なんですね。西ローマ帝国の伝統では、たしかに宗教的な権力には世俗的な権力はないという、いわゆる双剣論、二剣論があります。しかしその場合、king は世俗権力であって、聖性、つまり sacred な性格というのは全くありません。ところが天皇陛下には、聖性、sacred な性格があるので、その政治的な発言がもつ威力には、規定不可能なものがあるんですね。つまり、近代の社会体制の中では、聖なる存在が社会の中にいて、それが何かを発言することによって政治的な威力がありうるなんていうことを想定していないんです。

神保　民主制は歪められるよね、確実に。

宮台　そうですよね。で、ところがそういう存在を、象徴天皇制という一見人畜無害な枠組みの中ではあるけれども、近代社会であるはずの憲政、constitutive な体制の中に置いてしまっているわけです。であるがゆえに、天皇陛下には人権がないわけです。必ずそうなってしまう。

神保　だからすべての矛盾を引き受けていただいているということになるわけでしょう？

宮台　そうなんです。日本国憲法、あるいは戦後体制の矛盾を引き受けているわけです。引き受けておられるからこそ人権もないし、おそらく、本当に多大な苦痛を背負って耐えておられるわけです。

神保　引き受けて、そろそろ疲れたよ、と言っているわけだ。

宮台　そうなんですよね。で、この問題を近代憲法、あるいは僕たちが constitutive と呼んでいる枠組みの中だけで処理するのは、実はかなり難しい問題なんだということを自覚する必要があります。つまり、象徴天皇制という枠組みに、そもそものすごい重大な瑕疵があるわけです。それは、天皇陛下、あるいは実際に天皇として執務をされる方が、自らに人権が存在しないという事実を甘んじて受け入れて、国民のために祭祀をし続けるかどうか。これはいわゆる事実性、factuality です。今までそうしてこられたということがあるから、かろうじて制度が回るように見えているだけで、言い換えれば、制度に力はないんですよ。恐ろしいことですがね。

神保　これは恣意性の問題に近いかもしれないけど、要するに、一つこれを認めてしまうと、法皇とか上皇が変な隠然たる権力を行使する、と同時に、これを認めると、恣意的な退位というのは要するに、本来天皇になるべき人が、いいよ、もう俺はなりたくないよとか、やめとくわ、みたいなこともありになってしまう可能性がある。だって退位できるんだったら、一秒だけ即位してやめればいい。

宮台 何だってありえますよ。例えば、何かに賛意を表するためにとか、何かに異論を表するために、あえてそのタイミングに辞めたと思わせることもできますよね。

神保 国会解散みたいみたいだけどね。でもともかく生前退位の中に、そういうことを勝手にやられるようになるというリスクもあるということも入っているわけ？　黒幕になるだけじゃなくて。

宮台 もちろん入っています。

神保 なり手がいなくなっちゃう可能性もあるよね。だって人権もなくってね、一回なったら最後、もう辞められませんとなったらね。そんなの誰もやりたくないじゃないかっていう。

宮台 そうです。それも今おっしゃった通りなんだけど、factuality、つまり実際にそうしてこられたということによって初めて制度が回るように見えているだけで、実際には制度には自律的な推進力が存在していないんです。

神保 だからたまたま今まで、もういい加減にしろという人がいなかったから回っているって言ったら、脆弱だよね。

宮台 そうです。だからその脆弱さを糊塗するのが宮内庁の役割だったわけです。

神保 でもあまりにも、宮内庁だけどれだけ頑張ろうが、あまりにもそれって脆弱じゃない。つまり、しかも男系男子しかダメだって決めていてね。今回、何と言っても長男に、浩宮、皇太子さまには男の子がいないと。だからたまたま弟の方にいたんでね、なんとか男系男子というのが繋がるということになっているみたいだけれども、そういうことも含めてね。だからすごく聞きたいのは、結局天皇陛下とか天皇制とかを、すごくありがたくね、これが日本にありがたくいただいていて、尊崇の念を持っている人ほど、辞められたら困るんだとか平気で言うのはなぜなのか、という話。彼らが男じゃなきゃダメなんだ、とか平気で言うのを見ているとね、その方々が本当に天皇制や天皇陛下を尊重、尊敬しているのかどうかが僕から見れば怪しく見える。

宮台 それがね、近代天皇制がもともと持っている不敬な部分なわけです。〃岩倉使節団系〃が、なぜ水戸学派の学説を取り入れて、いわゆる象徴天皇制を事実上明治憲法下で作っているのか。明治憲法を見るとそうは見えないかもしれないけど、これは顕教密教問題と言われる有名な問題ですよね。下の方から見れば、神聖政治、theocracy が行われているように見えるけれども、エリートから見ればそうではなくて、天皇は要はただの操り人形であると。統帥権の独立規定があるように見えて、しかしそれを徹底的に制圧できる内閣輔弼規定が存在すると。有名なことですよね。実際に明治憲法の運用はそのように行われていた。

神保 アメリカもそれを知っていたから、天皇の戦争責任の時には、それを考えたんだよね。

宮台 おっしゃる通りですね。しかし、なぜそういう明治憲法の体制があるのかと言うと、もうこれはすでに申し上げていることだけれども、それが政治にとって必要だったからです。つまり、日本人は、残念ながら〃田吾作〃が〃田吾作〃のいうことを聞かないような、横並びの形になっているわけですね。

例えばもし絶対神があれば、まあユダヤ・キリスト教の神ですけど、ヤハウェならヤハウェの言うことを述べ伝えるもの。教会なら教会の権威を引き継ぐもの。そうしたある種特権的な権威、authority と言いますけど、他の人が言っても正しくない、誰も動かないけれど、その人が言ったら動いてしまうというポジションというものがあるわけですけど、日本にはないんですね。それがまさに岩倉使節団がヨーロッパなどを回って学習したことです。日本にはやはり、そういう特異点、singularity が必要だ、と考えた。しかしその singularity がいわゆるイニシアティヴを取ってしまっては、もう自分たちに政治の実権はなくなってしまいますから、それはありえない。で、この体制そのものが、まさに天皇の政治利用なんですよ。だからこそ、今神保さんがおっしゃったように、占領軍は日本が戦後つつがなく親米的な民主政権、民主政体となるために、昭和天皇を徹底利用しようとしたわけです。だから天皇には発言権がない、あるいは政治的な発言をタブーとするという枠組みそのものが、実は天皇を政治利用するための体制だったということなのです。そしてそれが象徴天皇制という形で、日本国憲法に書き込まれているということに、そもそもの矛盾があるわけです。

（中略）

神保　じゃあこの先に、我々日本国民としては、どういう選択肢、あるいはどういう振る舞いがありえますか。こういう話が漏れ伝わってきて、前提としては、ご本人がやっぱりそういうふうに言われているであろうと思われるだけの根拠があるという前提に立った時はどうですか。

宮台　基本的には、天皇の政治利用の体制が、天皇の政治不介入だという この矛盾を、僕たちはまず理解する必要があるんです。それを理解した後、どういうコミュニケーションが可能なのかということですが、例えば立憲政体はこうあるべきだという仕方で議論することはできません。ならばどういうことが必要かというと、factualityに焦点を置いた議論です。陛下が、その後も今後も、別に退位の禁止だけではなく、僕たちが課せられていないはずの様々な義務を、人権規定に反しているにもかかわらず、今後もお引き受けになるかどうかという事実性という問題。あるいはそうした事実性にも関係すると思いますが、僕たちが、いわゆる〝田吾作〟による浅ましき天皇利用ではない形での、天皇のお心に対する忖度と尊重。まあrespectですよ。そうしたものを持ち続けるのかどうか。これも制度論ではなく、事実性です。三島由紀夫の言ったことを繰り返しますね。天皇陛下を尊敬しろ、尊敬しなかったらこうなるぞとか、あるいはこの組織の中では出世できないぞ、というのはダメなんですよ。これでは基本的にrespectにならない。ダメなんです。内側から湧き上がるような、まさに内発的なrespectがあるのかどうか。これもfactualityですよね。

つまり、すごく微妙なのは、制度に書き込むことが不可能であるような、事実性がいくつか車輪のようにして今後も回っていかないと、象徴天皇制が一見するとconstitutiveなフレームの中に入っているように見える体制は終わってしまいます。それだけは確実です。

神保　でもそれは、それこそ制度としてそんなものが回っていくことを担保するのは難しい。

宮台　制度としてはできない。

神保　制度としてもできないし……。それこそ自然にそうなるのを待つしかない、みたいなことですか。

宮台　僕に言わせると、日本的なものとか――まあ日本的ってもほんとは昔からあるものではなくてある時代から立ち上がってきたものだけれども――日本的なものを尊重しろっていうのであれば、制度に書き込めないようなものです。それは、三島由紀夫に戻れば、博物館的文化主義ではないようなタイプの心の自然さが必要なんです。

神保　だんだんエドモンド・バークみたいな話になってきましたね。書かれているものは大したものではないんですね。

宮台　そういうことですね。その社会の中における人々の生き方そのものであるような、そういう要素がないと、維持できないんですよ。それを共通感覚、common sense と呼んでいるわけです。

神保　それが伝承されていくということですね。

宮台　そうですね。だから、北一輝とか大川周明は、そのことをよく知っていたと思う。だから国民の天皇に類する概念をたてた。この説明もなかなか難しいものだけれども、基本的には今言ったような事実性の車輪がいくつか回っていれば、基本的には天皇の意思として、国民の意思が現れるという体制になると、こう考えるわけですね。だからこれは制度じゃないんですよ。そして、そうあるべきだ、って言ったから、そうなるという話でもない。

神保　だから本当に内発的でなきゃいけないってことですね。

宮台さん、日本人はそれができる国民だと思いますか。つまり何を言っているかというと、制度に関しては、この国は申し訳ないけどクソじゃないですか。メディアの制度を見たって、選挙制度を見たって、ろくなことができないですよ、我々は。全く意見集約できないし、いざ始まってもみんなブーブーブーブー言うし。結局ブーブー言って参加もしない、みたいな感じでしょ。でもそういうものじゃないんだ、これは。もっと内発的なもので、言葉にした瞬間に、たぶん嘘になる、みたいな。だからそれは、日本人が持っているか持っていないかですよね。それを、この問題を、日本人がきちんとハンドリングできるかどうかっていうのは、イエスかノーかというのもそうだけど、同時に、それは何によりますか。だって教育じゃないですよね、それは少なくとも。

宮台　一つヒントを申し上げますね。古い社会、特にポリネシアの社会を見ればわかるように、おそらく古い社会では、我々は人が見ていなければ悪いことをしたんですよ。しかし非常に小さなトライブ、あるいはトライバルな小さなユニットだったので、人が見ていないことが想定できないから社会が秩序立っていたんですね。しかし、特に僕たちが一万年くらい前から定住を始めて、とりわけ三千年前、あるいは四、五千年前くらいから文字を使い始めて大規模定住社会が可能になった。大規模定住が可能になって以降、僕たちの社会はいろんな矛盾を抱えるようになりました。その矛盾の解消の仕方にいくつか方法があった。その一つが一神教なんです。つまり、人が見ていなくても神様が見ている、という発想です。これは必ずしも唯一絶対神である必要はない。

例えば日本にも、お天道様が見ている。人が見ていなくても、神様が見ている、ご先祖様が見ている、という発想がありましたよね。ところがそれだけではより複雑な社会は営めないわけです。ちょっと複雑な社会を営めるようになった程度なんですね。より複雑な社会を営むためには、一神教か唯一絶対神でなければならなかった。結果からいうと、唯一絶対神を持つ社会だけが、人が見ていなくても、誰が見ていなくても、私は、私の良心に従う、という行為態度ができあがったわけです。それが単なる共同体の神であれば、みんなの意向と神の意向がだいたい一致しちゃうんですね。唯一絶対神になることによって、みんなの意向と神の意思が全く違ったとして、自分は神の意思に従うぞ、という態度が可能になって、神が死んだ後も、ある種の個人化された意志決定という行為態度の制度的惰性が続くわけです。皆がそう言っている、しかし私は自分の良心に従うぞ、という。一神教の文化、特に唯一絶対の一神教の文化がなかった所では、お天道様が見ていると言った場合には、それはだいたい共同体の道徳なんですよ。

それとは違って、みんなが後ろ指を指し石つぶてを投げるにしても、自分は絶対に良心に従い、良心に逆らうことはしない、ということができるためには、何が必要なのか。日本社会が近代社会と遜色ない複雑な社会システムが営めるか、というのは、実はそこにかかっているわけですね。たぶん、僕の考えでは、〝岩倉使節団系〟の人間たちの一部は、そこまで考えていたと思います。だから、まさにキリスト教的な唯一絶対神の機能的にイクイヴァレントな存在として、象徴天皇という形を思いついたということです。そう、当時からして既に、事実性としての象徴天皇だったんですね。

しかし、三島が気づいていたように、それはあくまでも事実性の問題なんです。なぜかというと、実際唯一絶対神に人々が従うかどうかというのも事実性の問題なんです。それが陛下の意向だというときに、僕たちがそれに従わざるをえないというか、それに大きな衝撃を受けてしまうという態勢、attitude があって、初めて象徴天皇が機能するんですよ。

いいですか、天皇の政治利用の一つの究極な形態が、天皇の政治的な囲い込み、天皇は政治的な発言をしてはいけない、ということなんですけど、それが機能するためにも、実は僕たちが天皇陛下に対するrespect、つまり天皇陛下がそれを本当にそう思っていらっしゃるのだとすれば無視できない、といった態度が必要なんです。

神保　政治性を超越していなければいけないということですね。

宮台　そうですね、なので、今後僕たちにどういう構えがありうるかといえば、これは三島由紀夫が考えたことだけれども、今言ったような論理構造を考えた上で、しかし僕たちが唯一絶対神の機能、つまりみんながそう思っているという原理を超えた、ルソー的にいえば集合意思を超えた一般意志ということになるんだけれども、そういう一般意志のある種の湧き出しの原点というか、発露として、天皇陛下をとらえ続けられるかどうかにかかっている。これも事実性ですよ。

しかしその陛下が、例えば、ある種の独裁者のような志向を持っていたときには、僕たちがそれに感染してしまう可能性があるわけです。だから実際、今回皇室典範を改正していく問題にしても、陛下が改正してくれと言ったから改正したということになれば、皇室典範は法律ですから、これはもうとんでもないことになるわけです。

神保　だから本当は言われる前に変えりゃよかった、ということなんですね。

宮台　そういうことなんです。

神保　全くそんなことを心配しなくていい年齢の頃に、自主的に、そうなった場合を想定して変えておかなきゃいけなかったんだ。でももう遅いね、それはね。

宮台　だから僕は、昔から繰り返し言っているけれど、明治維新以降の日本が近代国家だ、あるいは戦後再近代化して以降の日本も近代国家だ、と言い切ることがそもそもできないようになっている。これは極めて微妙な体制で、あたかも近代先進国であるかのように振舞ってこられたことが、実は奇跡なんです。これも何度も言うけれど、アメリカの力がなかったらできなかったのです。

（後略）

❷〈エスプリ・ドゥ・コール〉

奥平康弘『「萬世一系」の研究』（上）解説

長谷部恭男 前掲

（岩波現代文庫、二〇一七年三月刊）

Ⅰ　天皇主権——君主制原理の日本的現象形態

大日本帝国憲法の根幹とされる天皇主権原理は、同憲法制定時に井上毅をはじめとする法制官僚がドイツから輸入したもので、ドイツでは君主制原理（monarchisches Prinzip）と呼ばれていた。この原理は、全国家権力を本来的に君主が保有することを出発点としつつ、君主が国家権力を行使するにあたっては、君主自身の定めた憲法により規律されるとするものである。「天皇ハ国ノ元首ニシテ統治権ヲ総攬シ此ノ憲法ノ条規ニ依リ之ヲ行フ」とする大日本帝国憲法第四条の規定は、君主制原理を典型的に示している。

この原理は、全能の主権者である君主は、果たして自身の権能を拘束することが論理的に可能か、というパラドックスをひき起こす。中世のカトリック神学において、全能の神は自身でも持ち上げることのできないほど重い石を創造することができるか、という問題が議論されたことがあるが、それと同型のパラドックスである。そんな石を創造し得ない神は全能とは言えないように思われるが、いったん創造してしまえば、その石を持ち上げることのできない神は、やはり全能ではない。同様の問題が、自ら定めた憲法によって自らの統治権を制限する全能の君主についても生ずるはずである。

つまり君主制原理は、国民主権原理と両立し得ないだけでなく、そもそも筋の通った法学的国家論として成立し得るか否かも定かでない。美濃部達吉が天皇主権原理を法律学の領域から駆逐し、国家法人理論に基づく整合的な憲法解釈論を構築しようとしたことは、理に適っていた[1]。

宮沢俊義の八月革命説は、一九四五年八月、日本政府がポツダム宣言を受諾した時点で、この天皇主権原理が国民主権原理へと転換したとするものであった。

Ⅱ 「脱出する権利」

本書における奥平教授の議論は、これとは異なるレベルのものである。天皇主権原理の当否やその意味内容を問題としているのではない。意想外の視点から鋭く問題に切り込む奥平教授の学風が鮮やかに示されている。

奥平教授は、「天皇の地位の受け継ぎ」、つまり皇位の継承にかかわる制度を検討の対象とする。主要な論点は、女帝の可能性、庶出の天皇の認否、そして天皇の退位である。中でも、インパクトを与えたのは、天皇制は、皇室のメンバーの人権——つまり人としての生来の権利——を深刻に侵害している、したがって、こうした皇室制度から「脱出する権利」をメンバーに認めるべきだ、という主張である。奥平教授によると、天皇・皇族に認められるべき「脱出の権利」は、「かれらが「ふつうの人間」に立ち戻るための、あるいは「ふつうの人間が享有する、ふつうの人権」を自らも享有するための「切り札としての〝人権〟」に他ならない」（本書（下）第Ⅱ部第二章「はじめに」）。

この議論は、現行憲法に関する解釈論として提示されている。解釈論として主張されている以上、天皇および皇族の「脱出の権利」が、現行憲法の文面および体系と整合するという主張として受け取られる必要がある。しかし、整合するであろうか。その点に違和感を抱く読者も多いのではないかと推測される。

天皇および皇族の憲法上の権利は、すべての市民に平等な権利を保障する日本国憲法の体系と両立し得ない程に侵害されてはいる。しかし、それは天皇制という前近代的な身分制度の「飛び地」を意図的に残存させた日本国憲法による制度保障の所以である。女帝を認めないことが憲法違反（平等原則違反）であるという主張に対する奥平教授の冷ややかな態度の背景にも、天皇および皇族が享有するのは、天皇制という特殊な制度の内部に生きるメンバーとしての特権と義務に過ぎず、人一般が平等に享有する人権や基本権ではないという認識が控えている（本書（下）終章2参照）。天皇制を制度として保障する憲法の体系と、天皇および皇族に「脱出の権利」を認め、保障された制度からの脱出口を用意することは、果たして整合し得るのであろうか。

Ⅲ　天皇制——憲法上の制度保障

憲法上の制度保障（institutionelle Garantie）とは、ワイマール期のドイツで活躍したカール・シュミットが提示した考え方である。[2] シュミットは『憲法理論』[3] で、ワイマール共和国憲法を、憲法上の権利保障規定を含まないフランス第三共和政憲法と同様のものとして理解しようとした。

当時のリベラルな立憲主義（市民的法治国）思想からすれば、人が生来享有する一般的自由は、世論を反映しつつ、一般的抽象的法律の定立を通じて社会生活のルールを設定する議会の活動により、十分に保障されるはずであり、ワイマール憲法第二篇の定める基本権保障の諸規定も、例示と確認以上の意味は持たないはずであった。しかし、同憲法にはそれにとどまらない意味を持つかに見える規定がいくつかある。官僚制、地方自治、大学の自治、婚姻制度に関する規定等がそうである。これらは人が生来享有する権利を定めたものとは言いがたい。そこで、一般的自由の大海に浮かぶこれらの島々を、シュミットは、ドイツ社会の伝統的制度を憲法が特に保障したものとして理解した。これらの制度保障は、生来の一般的自由の保障と異なり、憲法改正の限界内にあるため、改正によって廃止することも可能である。

日本国憲法に関して言えば、天皇制について定めるその第一章（第一条〜第八条）を典型的な憲法による制度保障として理解することが可能である。この観点からすれば、いわゆる「天皇の人権」なるものも、憲法律レベル（改正の対象となりうるテキストのレベル）で、「飛び地」のように保存された「身分」および「特権」としてのそれにとどまることになる。[4]

Ⅳ　制度保障と「脱出する権利」

さて、日本国憲法自体がそうした特殊な制度を特に憲法上設けるという決定を下した以上、制度として保障された天皇制は維持せざるを得ないように思われる。しかし、奥平教授の解釈論が示唆するように、皇室典範を改正して、天皇の退位だけでなく全皇族に対して「脱出の権利」を認めたとき、天皇制は制度として生き残ることができるであろうか。

天皇に「脱出する権利」、つまり自身の意思に基づいて退位する自由を認めたとき、その結果として、譲位した前天皇が実質的権限を振るうリスクや、天皇が自身の意思に反して譲位を迫られるリスクがもたらされると言われることがあるが、天皇に政治的権能がない以上（憲法第四条一項）、前者のリスクは懸念するには及ばないであろうし、後者のリスクは、退位の前提として皇室会議の決議を要件とすること等で極小化することが可能である。そもそも、自由意思による退位を認めない根拠として、自由意思に基づかない退位を迫られるリスクを持ち出すことが議論として一貫しているのかという疑念もある。むしろ、最大の、かつ、致命的なリスクは、天皇制が持続不能となること、または持続不能となるのではないかとの懸念を世間一般に与えることである。イギリスのエドワード八世の退位に関連してビーヴァーブルック卿が指摘したように、君主制の要点は王位の安定性にある。[5]

直感的には、「皇位は、世襲のもの」（憲法第二条）という与件、およびその背後にある万世一系の皇位継承というイデオロギーと、天皇を含めた全皇族の「脱出の権利」を認めることとは、実際問題として、両立不可能であるかに見える。全皇族が文字通り脱出したら、天皇制が生き残ることは不可能ではないだろうか。そしてこの論点は、本書第Ⅰ部第二章1―iiiにおいて、奥平教授が明示的に指摘しているものでもある。

Ⅴ 皇族のエスプリ・ドゥ・コール

この疑問に対しては、皇位継承に対する皇族メンバーの真摯なコミットメントに賭けることができるという回答が可能である。官僚制にせよ、大学の自治にせよ、典型的な制度保障と言われるものは、当の制度を担い、支えるメンバーのエスプリ・ドゥ・コール（esprit de corps）なしには、そもそも存続し得ない。党派政治からの中立性を保ち、社会全体の中長期的利益の実現を目指す官僚群なくしては官僚制を制度として保障することに意味はないし、大学の自治も、真理の追究にいそしむ研究者集団なくしては意味をなさない。

天皇制および皇室制度を持続的に支えようとする皇族に共有される精神、つまりエスプリ・ドゥ・コールが失われれば、退位の自由を含めた「脱出の権利」を否定したとしても、現在の姿の天皇制および皇室制度を維持することはおぼつかない。つまり「脱出」の途を閉ざしたからといって、天皇制の存続が当然に保障されるわけではない。天皇が自発的に公務を放棄したら、摂政とされた皇族も次々に公務を放棄したら、また皇族が世間から当然に期待される行動や態度を示すことをやめたら、どうなるであろうか。つまり、すべての皇族がエドワード八世と同様に、平等に自由を保障された一般市民であるかのように振る舞いはじめたら、どうなるかという問題である。

逆に言えば、エスプリ・ドゥ・コールが維持されている限り、「脱出の権利」をたとえ認めたとしても、皇族が次々と脱出することはあり得ない。言い換えれば、皇族が一般市民に戻るための「脱出の権利」が、退位の自由を含めて、従来否定されてきたかに見えるのは、一般市民が抱くことのあり得ない、こうしたエスプリ・ドゥ・コールの存在が当然の前提とされてきたからである。

天皇に退位の自由を認めると、天皇制が立ち行かなくなるリスクがあるという議論は、天皇制を支えるこうしたエスプリ・ドゥ・コールの意義を見失った議論のように思われる。こうしたコミットメントが皇族に共有されている限りでは、退位の自由を認めたからと言って、天皇制が揺らぐことはないであろうし、逆に言えば、退位の自由を認めると天皇制が揺らぐと主張する人々は、皇室のメンバーが天皇制を真摯に支えようとしていないのではないかと疑っている人々だということになる。それを信頼し得ない以上は、具体的な皇室制度のあり方いかんにかかわらず、天皇制は遠からず潰えるものであることが見逃されている。木を見て森を見ない議論である。

そうだとすると、奥平教授の「脱出の権利」論は、天皇・皇族もそもそもは基本権を享有するはずであるから、そうした身分に帰還する権利が認められるべきだという単線的な議論として受け取られるべきではない。天皇制という制度を支える皇室メンバーの思い（の有無）をも視野に入れた、輻輳する多面的議論として受け取るべきことになる。

天皇制の存続に危機感をおぼえる人々は、退位の自由を認めるべきか否かよりはむしろ、エスプリ・ドゥ・コールが失われるリスクに（そうしたリスクがあるとすればであるが）いかに対処すべきかこそを考えるべきことになるであろう。

Ⅵ　天皇が先か、憲法が先か

問題はこれでおわりではない。天皇の退位を頑として認めるべきではないとする人々も、本書で紹介されている伊藤博文のように（(下)第Ⅱ部第二章2のii)、存在する。そうした人々が、前述したように、皇族のメンバーのエスプリ・ドゥ・コールに疑念を抱いているという可能性もあるが、別の思考の道筋を通っている可能性もある。たとえば、天皇機関説をめぐって美濃部達吉と論争した上杉愼吉は、西洋諸国と旧憲法下の日本とは、およそその国体を異にすると主張する。

西洋諸国は本来民主共和を以て国を建てたるものである。中世に至て封建制度行はれ、豪族の広大なる土地を占領し、人民を私有の奴隷と為す者所在に簇生し、互いに攻掠して、漸く強大を成せる者、遂に国王となった、これ現代西洋諸大国の前身であって、国王は極度なる専制政治を行ひ、民は塗炭に苦しんだのである。されば、西洋国王なる者は、一時仮のものであり、国家と終始するものではなく、彼らの建国の趣旨と相反するものである。国土人民を私有物とするに起源し、一人の私に非ず、民に身を捧げて、国をしろしめす我が天皇とは根本的に相異れる者であった。近世に至て、文化復興し、人心覚醒し、遂に国王を倒すべしとするに至れるは、彼に在りては、その本に反れるものである。[6]

したがって、一九世紀以降の西洋諸国があるいは王制を廃止し、王制を維持する場合も「ただ国王の名義を存して、その実民主共和の政治を行ふの仕組を立てた」のは、本来の姿に戻っただけの当然の解決であり、そうした西洋の国王は、「大統領と区別すべからざる」ものである。[7] 日本の国体は、「天皇定まりて日本国家あり」というものであり、[8] 天皇が定めた憲法により、天皇による統治権の行使は制限されるにとどまる。国王も憲法の定める一機関にすぎない西洋諸国とは、国体を全く異にしており、「縦令文字相同じきものあるも」、漫然西洋憲法と同様にこれを解釈し運用すれば、「一歩の差は千里の誤を生じ、遂に我が立憲の主義を敝ぶり、動もすれば累を国体に及ぼすことあらん」[9] とされる。

こうした思考の道筋からすれば、思考の出発点は天皇であり、その継続性こそが国の柱である。そして、それを支えているのが皇室典範である。憲法は、天皇が統治権を行使する上での手段にすぎず、その意義は二次的である。このような思考の経路をたどる以上は、天皇の退位を認めるべきか否かを憲法の保障する基本権を参照しながら語ること自体が根本的な誤りを犯していることになる。憲法の保障する制度やそれを支えるエスプリ・ドゥ・コールを参照する議論も、根本的な誤りを犯している点では特に変わりはないこととなるであろう。

ただし、こうした上杉の思考の道筋が、国民主権を基盤とする日本国憲法の下での天皇制について全く妥当し得ないことは明白であろう。上杉の思考枠組みからすれば、現憲法は、本来的に民主共和の国体であった西洋諸国と同じ国体であり、あくまでそうした国体の下での天皇制が制度として保障されていることになる。それが、宮沢が八月革命と呼んだ根本的な体制転換の帰結である。

二〇一六年八月八日、天皇はビデオメッセージを公表し、その中で退位への思いを強くにじませた。このメッセージは、「即位以来、私は国事行為を行うと共に、日本国憲法下で象徴と位置づけられた天皇の望ましい在り方を、日々模索しつつ過ごして来ました」ということばに示されるように、現在の天皇の地位が日本国憲法の下でのそれであることを出発点としている。ビデオメッセージが、現憲法が指し示す象徴天皇という地位を安定的に維持することに深くコミットした上でのものであることは、一見して明らかである。

今の日本では、まず憲法があり、その憲法の定める天皇制が、憲法の予定している姿のまま、いかにして存続することができるかが検討されることになる。奥平教授が検討対象としたのも、あくまで日本国憲法の下での皇位継承に関わる諸制度である。

(1) 長谷部恭男「大日本帝国憲法の制定——君主制原理の生成と展開」『論究ジュリスト』一七号(二〇一六年春号)四頁以下参照。

(2) 石川健治『自由と特権の距離〔増補〕』(日本評論社、二〇〇七年)参照。

(3) C・シュミット『憲法理論』(尾吹善人訳、創文社、一九七二年)二一二—二一七頁。

(4) 石川・前掲書二三六—二三七頁。本書(下)終章注(17)で奥平教授は、「飛び地」という捉え方への明示的な賛意を示す。

(5) **Cited in Vernon Bogdanor, *The Monarchy and the Constitution* (Clarendon Press, 1995), p.136.** エドワード八世の退位は、シンプソン夫人との婚姻を望む彼の自由な意思決定に基づくもので、大臣の助言によるものではなかった。とはいえ、退位を承認する国会制定法の審議において、ボールドウィン首相は、『ハムレット』第一幕第三場で、レアティーズが妹のオフィーリアに与える忠告の一部を引用している(ibid., p.137)。

ハムレットさまの意思は、ご自身の意思ではない、

あの方も生まれには従わねばならぬ、
身分卑しき者のような身勝手はかなわぬのだ。
あの方のご決断に、この国全体の安寧と繁栄がかかっている。

（6）上杉愼吉『憲法讀本〔第一五版〕』（日本評論社、一九四〇年）三八―三九頁。

（7）上杉『憲法讀本』三四頁。なお、上杉愼吉『新稿憲法述義〔第一〇版〕』（有斐閣、一九二九年）九九―一〇四頁参照。上杉の視点からすれば、西欧の君主は人民主権の下に人民の機関としての地位を有するに過ぎず、これら諸国は君主国体ではない。

（8）上杉『憲法讀本』三三頁。なお、上杉『新稿憲法述義』八六頁は、「天皇ノ統治権者タルハ、建国ト共ニ定マリ、天壌ト与ニ永遠無窮ナリ、天皇ハ大日本帝国ト共ニ始終ス、天皇アリテ大日本帝国アリ……天皇ト大日本帝国ト国体法トハ、同時ニ成立シ、共ニ永遠無窮ナリ」とする。

（9）上杉『憲法讀本』四〇頁。この上杉の行論は、『新稿憲法述義』一一一―一一三頁における天皇機関説批判に連なっている。

2 皇室制度

〈自由民主主義の原理〉

皇室典範改正の出発点に

苅部 直 前掲

（『毎日新聞』二〇一七年一月二十四日）

「天皇の公務の負担軽減等に関する有識者会議」の公式情報は、首相官邸のウェブサイト上で公開されている。会議を開催する法的根拠は昨年九月二三日付の内閣総理大臣決裁であり、その庶務を内閣官房が担当する。

手続きのことをわざわざ述べたのは、ほかでもない、日本国憲法における皇室の位置づけを示したいからである。天皇に大きな「統治権」を認めた大日本帝国憲法とは異なって、現行憲法は主権が国民にあると明記し、天皇は「象徴」となった。皇室の活動や皇位継承にかかわる事柄も、国会制定法である皇室典範にのっとって実施する制度に変わっている。そして国会の信任を受けた内閣総理大臣が、改革案の検討を有識者会議に諮った結果として生まれたのが、「論点整理」にほかならない。

有識者会議の設置が昨年八月八日に天皇陛下が発表されたおことばをきっかけにしていることは周知の事実である。だが政府による検討と、これから始まると思われる国会審議の過程は、まずそれと切り離して、独自に評価するのが本筋であろう。今回の一連の事態は、国家制度における皇室の位置づけについて、帝国憲法の改正審議のとき以来、七〇年ぶりに議論することのできる機会なのである。

世襲による皇室制度はデモクラシーの平等原則に反するのではないか。そういう批判も昔からあるが、現行憲法は国会議員や裁判官にも独自の特権を認めているし、デモクラシーの国家制度に世襲君主が組みこまれている例は諸外国にもあるので、問題にならない。

むしろ現行体制での皇室制度の弱点とも言うべき問題は、天皇の退位を認めていないことが、普遍的人権の原理に反するのではないかという疑問である。これは皇室典範制定の貴族院審議において、政治哲学者、南原繁が指摘した難点であった。

世襲による即位は伝統の継承としてやむをえないとしても、退位については天皇自身の自由意思を認めること。それが皇室制度を、自由民主主義の原理によって基礎づけるために大事な方向だろう。

そう考えると、有識者会議が発足する前から「政府関係者」の声として、一代限りの特別立法によって今上陛下の退位を可能にする案がメディアに発せられていたのには、疑問を感じざるをえない。政府は沈黙した上で、有識者会議による参考意見の整理をふまえ、国会での開かれた討議に付するのが、順当な手順ではなかったか。

憲法第二条には「皇室典範の定めるところにより」皇位を継承するとある。特別立法によって退位を認めるにしても、根拠となる条文を皇室典範に追加する改正作業が必要だろう。憲法第九条についてはいつも条文との整合性にしつこくこだわる法制局が、今回は柔軟(?)な姿勢をとっているのも疑問である。

皇室典範をめぐっては、皇位の継承者を男系男子に限っている規定など、再検討を要する点がほかにもある。今回の議論を、天皇の退位問題だけに終わらせず、これをきっかけにして皇室典範の見直しの作業へと、継続させてゆく措置が必要であろう。

(寄稿)

❷〈政治の不作為〉

皇室制度の疲労　顕在化

笠原英彦　慶應義塾大学教授

（『読売新聞』二〇一七年八月八日）

天皇陛下の退位は、社会の少子高齢化に伴う皇室の「制度疲労」という厳しい現実を突きつけた。

皇室制度では、皇族減少が一番深刻な問題といえる。若い皇族では、未婚の皇族女子七人に対し、皇位継承資格を持つ男系男子は秋篠宮ご夫妻の長男悠仁さま一人だけで、男女比が極端な構成になっている。皇位継承資格者を十分に確保できなくなっており、皇位継承はあまりにも不安定化している。しかし、皇統断絶の危機に直面しながら、「国民は皇室に何を期待し、何をなすべきか」という皇室の存在意義に関わる議論はこの一年、政治の場で深まっていない。

そもそも、歴代の内閣は皇室制度をめぐる問題の本質がどこにあるかを分かっていたはずだ。例えば小泉内閣で女性・女系天皇を、野田内閣では女性宮家をそれぞれ議論した。結果的にこれらの問題は具体的な解決策が講じられることなく放置されたままで、「政治の不作為」と言うほかない。

野田内閣の時には、皇族減少に危機感を覚えた宮内庁が主導する形で議論が始まったと関係者から聞いている。天皇陛下が退位の意向を示唆された昨年八月八日のビデオメッセージがなければ、安倍内閣は動かなかっただろう。特に、自民党内には皇室問題について全く違う考えを持っている人もいるので、議論をまとめること自体が難しい。

天皇陛下の退位を可能にする特例法が六月に成立し、付帯決議には「安定的な皇位継承を確保するための諸課題、女性宮家の創設等」の検討を政府に求めることが盛り込まれた。皇族女子が婚姻後も皇室にとどまれるようにする「女性宮家」を明記できたことは、皇位継承問題の解決に向けた足がかりになる。

一代限りでも女性宮家が作れるよう、「皇族女子は、天皇及び皇族以外の者と婚姻したときは、皇族の身分を離れる」とした皇室典範一二条の改正に向けた議論を始めるべきだ。

ただ、自民党などの保守系議員には男系男子による皇位継承を求める意見が多い。安定的な皇位継承のため、悠仁さまの代までは皇位継承順位を変えず、男系男子による継承を優先する一方、念のため女性宮家を創設するという整理の仕方をすればいいのではないか。

同時に、「天皇及び皇族は、養子をすることができない」と定めた皇室典範九条も改正し、戦後に皇籍離脱した旧宮家の男系男子を念頭に養子を解禁することも有力な選択肢だ。

秋篠宮家の長女、眞子さまの婚約発表も控えており、このままでは皇族が減る一方だ。将来にわたって安定的な皇位継承を実現していくにあたり、政治に残された時間的な余裕はない。

（構成・寺口亮一）

❸〈必要に応じた議論を〉

インタビュー　制度整備　議論急がず

石原信雄　元官房長官

（『日本経済新聞』二〇一九年五月二日）

――皇位継承の安定化策は今後の課題です。

「皇室典範は『皇位は、皇統に属する男系の男子が、これを継承する』と定めるが、男系男子は少なくなってきた。皇位承継の原則は非常に不安定な状況だという指摘は多い。二〇〇五年に当時の小泉内閣で皇室典範に関する有識者会議が課題を整理したが、問題となっている背景は当時と変わっていない」

女系天皇いない

――同会議は女性天皇や女系天皇を容認する報告書をまとめました。こうした考えを支持しますか。

「賛成か反対かは答えないことにしている」

――皇位の安定継承のため、女性皇族が結婚後も皇室にとどまる女性宮家を創設する案は野田内閣が一一年に「緊急性の高い課題」との認識を示して検討を始めました。

「女性宮家を創設するという議論は男系男子による皇位継承が困難になった場合を想定した話で、直ちに女性天皇の誕生を期待する議論ではない。男系男子による継承が可能なら、それが一番良いと考えている人は多いのではないか」

「女性天皇を想定した議論は将来の可能性としては否定できないが、今すぐには必要ないのではないか。過去に女性天皇はいるが、母方が天皇家の血筋を引く女系天皇は一人もいない。そういう歴史を踏まえた議論は必要だ」

――退位特例法の付帯決議は「安定的な皇位継承を確保するための諸課題、女性宮家の創設等」を法施行後に速やかに検討するとしました。すぐにでも議論を始めるべきでしょうか。

「安倍政権でこの問題を取り上げることはないのではないか。次の政権以降、皇位継承がいよいよ難しくなってきたときに議論すればよい。必要性が現実味を帯びてこないと一般の人も関心を持たないだろう」

――戦後に廃止した旧宮家を復活させ、末孫に皇族の身分を与えてはどうかとの声もあります。

「一部の学者や政治家の間にはあるが国民的な議論にはなっていないのではないか。女性宮家の議論が現実味を帯びてくれば、逆に旧宮家の皇籍復帰によって男系を維持すべきだという議論も出てくるかもしれない」

退位は一代限り

――退位が今後、制度化される可能性はあるでしょうか。

「今回の退位は特例法で定めた、上皇さま一代限りの対応だ。上皇さまのお言葉がきっかけとなったもので、新しい天皇になったのだから天皇は終身在位という本来のあり方に戻る。必要が生じたときに改めて一から議論を始めるべきだ。摂政という制度を活用すべきだという議論も残っている。ただ今回、退位という先例ができたということは間違いない」

「日本の歴史において時の政治権力の都合で退位を余儀なくされた天皇もいる。そういう歴史から考えると、天皇退位を恒久的な制度にすると、皇位継承の安定性への不安材料となる可能性はある」

――天皇の公務負担をどう軽減するかという問題も投げかけました。

「憲法で定められた国事行為の内容は変わらないが、それ以外の公務などの範囲は一定不変ではない。時の天皇や天皇を補佐する人々の考えによって広くもなれば狭くもなるものではないか。時代や社会情勢によって変わってくるだろう」

――天皇が初めて戦後生まれとなりました。象徴天皇のあり方も変わってきますか。

「新しい天皇陛下は新しい時代の天皇だ。どういう行動をなさるか、いろいろお考えがあるのではないか。どういう形で象徴天皇として行動されるのかは、まさに天皇陛下の考えによると思う」

「昭和から平成にかけて天皇は戦後の新しい憲法の下で、象徴天皇としていかにあるべきかを考え、戦没者慰霊や被災地訪問などに積極的に取り組んできた。国民の期待は大きくなっており、これまでの行為を減らすのはなかなか難しいのではないか」

――今回の退位は上皇さまのお言葉がきっかけでした。天皇と政治のあり方の点で新たな問題が提起された気がします。

「上皇さまのお言葉が一つのきっかけではあったが、特例法はそれによって決まったのではないというのが大事なポイントだ。天皇が退位することがあってよいのかどうかを巡り、あくまでも政府が有識者らの意見を聞いて国民の総意として作ったのが特例法だ」

「天皇が政治に関わらないという大原則はあるが、天皇や皇族の行為が国民に一定の影響を与えることは現実としてある。それは間違いないことだ。どこまでを政治的な問題として考えるかは一義的には決められない。公的な行為と私的な行為の境目は微妙だ。今後も慎重な運用が大事だ」

――皇位継承順位一位の皇嗣となられた秋篠宮さまは昨年十一月に大嘗祭への公費拠出に慎重な発言をされました。

「皇族が国民に大きな負担をかけるべきではないという謙虚な気持ちから出たお言葉だろう。ただ大嘗祭は皇室の行事だが、皇位継承に欠かせない公的な性格の強い行事だ。どういう形でどういう規模で執り行うかには政府も深く関わる。その経費負担を巡る発言は皇族が政治に関わらないという原則との関係からすると限りなくグレーな部分ではないか」

3 天皇制のゆくえ

〈超高齢社会の中で〉

今上陛下のご意思表明を受けて（抜粋）

三浦瑠麗 前掲

（二〇一六年八月九日付ブログ「山猫日記」）

今上陛下のお気持ちの表明動画が八月八日午後三時に発表されました。ＮＨＫは列島各地、ことに被災地や最近行幸があった地域や施設などの人々がＴＶで聴き入る風景を流していました。暑い夏のこと、七一年前の緊張を思い起こしたかつての少年少女もおられたでしょう。

ＮＨＫが譲位のご意思をスクープしてから、メディアが憶測で語るしかない様子見の期間というものがありました。今日のメッセージはその不安や疑いを晴れさせるに十分な、はっきりとしたものだったと思っています。

考えてみれば、日ごろから重責をか弱いお二人の身に負わせ、人権に重大な制限を課しておきながら、われわれの日頃の生活では、報道が通り過ぎるときにちょっと手を休めてTV画面をちらっと振り返るだけのような、他人事感があったのではないでしょうか。

「天皇」という概念が我々から遠い御簾の向こうの事柄であるという感覚は、人間宣言を行った昭和の時代から平成に移っても変わりませんでした。敗戦後しばらくたっても、昭和天皇の戦争責任をめぐる議論がくすぶり続けた影響は大きかったでしょう。そして「象徴」という現憲法における位置づけの分かりにくさもあり、殊に儀式と日本各地の訪問に力を入れてこられた今上陛下については、儀式好きな温和な天皇像という形でしか伝わってこなかったようにも思います。しかし、今上陛下は明治以来初めて、君主としてではなく即位された方です。古の儀式の復興に力を入れてこられたのも、日本各地を地道に回られたのも、本日のメッセージの格調高さと力強さ、そこに現れた知的な物事の把握力から推し量るに、決して故なきことではなかったのではないか、と今となっては思われるわけです。

いくつかの論点に従ってみていきましょう。

「個人」としての思い

そこに現れていたのは、まずはいささか強く発音された「個人」としての思いです。

個人としてまず今上が示されたのは思いやりでした。「天皇の終焉」（崩御のこと）時に生じるもがりの行事や、一年に及ぶ儀式の連続による家族の負担に馳せた思い。超高齢化社会において今上のみならず皇后陛下にも生じている負担と、公務を思うように果たせないことへのくやしさ。遠隔の地や島々への旅を含め、全国各地を訪れることが象徴行為として重要だとしたように、各地の国民と交流を重視する今上の公務負担は想像を絶するものです。

さらには、「天皇の終焉」間際の社会のはばかりや騒ぎ、崩御の際の長きにわたる社会の停滞。それを迷惑というのでもなく、はばかるのでもなく、むしろ当然のように淡々と述べた態度に、私はむしろ陛下の自信を見たような気がしました。国民の理解を得、国民とつながっていることに対する自負です。

今回のビデオ放映は、民衆とともにある天皇という自画像への、陛下の多大な責任感があらわになった瞬間だったということです。それは災害時に駆けつけ、人々に会って話を聞き、また皇居にあって祈るという形ではよく知られたお姿ではありますが、踏み込んでいえば、平成の時代に復古された民間信仰としての国民統合の象徴という解釈だったのかもしれません。では、今上が今回お示しになった国民統合の象徴という立場は、昭和の軍部支配がなされたときの天皇観とはどのような点で対立するものであり、また明治政府の築いた天皇観とどのように異なるのでしょうか。(中略)

「新・天皇機関説」の登場?

では、二〇一六年の日本においては、天皇制について意見の齟齬はないのでしょうか。どうやらそうでもなさそうです。二〇一二年に出された自民党の改憲草案を見てみると、天皇をあたらしく「元首」と位置づけ、内閣の「助言と承認」を不敬だと思ったのか、「進言」と直しています。また、現行憲法九九条では、天皇や摂政、国務大臣、国会議員、裁判官その他の公務員の憲法尊重と擁護義務を規定していたのが、自民の改正草案一〇二条では、国民の憲法尊重義務をもぐりこませているほか、天皇と摂政の憲法擁護義務を削除しています。改正草案が明示するように、天皇が元首ならば、天皇やその代理を務める摂政こそ憲法を擁護してもらわなければならないのですが。

では、自民党の改憲草案を起草しまた支持している人々は、軍部の天皇主権説へ回帰したいのか。どうもそれも違いそうです。国民主権ということははっきりと憲法草案に明記されていますし、天皇の政治・政策関与を排除する点では現行憲法と同じです。また驚くべきことに、こうした超保守的な方々が、どうも今上の御意思に疑念を投げかけ、皇室典範の改正の必要はないと言っているようなのです。こうした方々のオピニオン誌への寄稿を見てみると、かつての西郷どんのような暑苦しいまでの尊王の志は感じられません。そこに感じられるのは、ある種ヒヤリとするような官僚的冷たさです。杓子定規的な現行の法解釈に時折混ぜ込まれる（かくかくしかじかの混乱を）「天皇陛下は望まれていないだろう」（八木秀次「皇室典範改正の必要はない」『正論』九月号）という差し込みには、御簾の奥に今上を閉じ込めておこうとする意志があるのではないかとすら邪推してしまうほどです。あるいは、明治時代にさかのぼり、伊藤博文など憲法起草者である元老の当時の議論を援用して、譲位に伴うリスクや天皇制度の趣旨から譲位に反対する保守派の一部の態度には、天皇制度を利用して武士から建国者に上り詰めた長州閥の系譜を感じさせるところがあります。

つまり、平たく言えば、今回の譲位の御意思を快く思わない保守派には、明治～昭和期の伊藤から美濃部のような国家主義者の血が流れているということができるのです。二〇一二年草案に賛同するような改憲派は、「新・天皇機関説」論者と呼ぶことができるでしょう。もっとも、かつての天皇機関説が強い天皇像にかぶせられた制約に過ぎなかったのに対し、「新・天皇機関説」論者は天皇の主権も人格もなくして皇祖皇宗の伝統に閉じ込めておくことによって、より国家主義の度合いを強めているとさえ言ってよいと思います。

今上の示された共同体とは

しかし、それに抗ったのが今回の御意思の表明ビデオでした。今上はこれまで作り上げてこられた象徴天皇の解釈によって、民衆とつながる天皇という像を直接国民に語りかけることで実現したからです。今後健康寿命と寿命の差が開く超高齢化社会にあって、仮に深刻なお病気をされた場合、生命維持装置に繋がり続けなければならないこともあるかもしれません。現に多くの高齢者はそのような運命をたどっています。とにかく生きていればよい、というあり方では象徴天皇とはいえない。そのような考え方は、むしろ自身のこれまでの活動を適切に評価しているとは言えないと踏み込んで発信されたのだともいえます。

ここでビデオメッセージの中でとくに目を引いた言葉をあげてみたいと思います。「共同体」という言葉です。市井の人々が慈しみ存続させている、いたるところの共同体に、自らは象徴として息づいているのだというメッセージでした。正直申し上げて、衝撃を受けた人は少なくなかったのではないでしょうか。その共同体が残っているのは日本の地方でしかないかもしれませんが、そここそが自民党の地盤であり、もっぱらイデオロギー活動にいそしむ保守派論客が決して根を下ろそうとはしていない郷里だからです。私には、直後に短い会見をした総理の眼にうっすらと水の膜がかかっているように見えました。穿った見方かもしれません。真相は分かりませんが、多くの地方選出の保守系議員は今上陛下のお言葉を受け止めることができたのではないかと思うのです。

翻って、リベラルは代替わりをしつつあります。戦前回帰を戒め、天皇の影響力を極小化したい観点からは、今上のビデオメッセージによる直接の国民への呼びかけは心穏やかでない人もいるでしょう。政策に関与しないと明言されたとはいえ、その自信に満ちたご風からは、都市リベラルは戸惑いを感じる向きもあるでしょう。ですが、新しい世代は、より普遍的に物事を見たうえで、天皇家の人権という概念も受け入れる余地があります。もしくは今上の来し方から、すぐに戦前回帰という脊髄反射をしない傾向もあります。

制度変更における緊張関係

制度変更ということになると、一人の生身の人間の「引退したい」という意思と、譲位を制度化することによる潜在的な懸念との緊張関係の中で、制度設計が定まっていくことになるでしょう。もう一つの重要な観点は、憲法改正が現実的な問題として議題に上ってくる参院選後の今の日本において、天皇をどのように位置づけていくかということです。君主と国民主権と代議制民主主義という緊張関係を孕んだバランスのもとに、あらゆる人の人権を守っていくということは、天皇の独断も、多数の専制も、政治エリートの暴走も許さないということにほかなりません。今上の人権に配慮しつつ、政治エリートと主権者である国民が議論をしていく必要があるでしょう。

❷〈ジェンダー論から俯瞰する〉

21世紀家父長制の悪夢と新天皇家の発する家族メッセージ

牟田和恵　大阪大学教授

（『Journalism』二〇一九年四月号）

初出誌には写真図版4点が掲載されていますが、紙幅の都合上、これを割愛しました。（編集部）

「代替わり」が迫っている。二〇一六年夏に始まった現天皇の生前退位の報道から足掛け四年、この国はずいぶんとこのことに振り回されてきた。その最たるものが元号で、コンピュータのシステム担当者からカレンダー業者まで（前者はまさに現在進行形で、だろう）苦労している。こうした面以外にも、「平成最後の」のイベントや表現があちこちで花盛り、新元号になったらなったで、「〇〇初の」が喧伝されるのだろう。二〇一九年四月三〇日と五月一日は、ほかのどの日にちとも変わらずつながっていくのだが、この国ではあたかも截然（せつぜん）と時代が画されるかのような幻想を与える。今回は生前退位により四年にもわたってそれをしているわけだ。暦を新たにする元号とはまさに、権力が時間を支配することの象徴だが、民主主義国家となって七〇余年経過した二一世紀の現在、それをこうして目の当たりにさせられることに忸怩たる思いがする。

「家」制度の維持と継続

もう一つ、皇室が民主主義に違背しつつ称揚までされているのは、家父長制、言い換えれば女性差別だ。男系の継承しか認められていないこと自体、女性差別が歴然だが、女性天皇を認める法改正も議論されていたのが、二〇〇六年に秋篠宮家に男子が生まれたとたんにその論議がストップしたのはあまりにあからさまだった。現在も、女性宮家創設に関する議論があるが、それもこのままでは天皇を支える皇族が先細りだから、という「家」第一の発想でしかない。

敗戦によってもたらされた憲法改正で男女平等や個人の自由に反するとして民法の「家」制度が廃止されたなか、天皇家についてだけは男子継承が維持された。もともと、歴史上では古代から江戸時代まで女性天皇は存在したのに、明治になって皇室典範によって男子のみの継承が制度化された。国民全体のレベルでみても、そもそも「家」制度は武士階級のもので、近代以前は地域や階層によって女性による家継承は珍しくなかったのが、明治民法により男子継承が定められて女性差別が制度化されていった。新憲法でそれが廃止されたにもかかわらず、天皇家にのみ残り続けているのだ。

度重なる国連女性差別撤廃委員会からの是正勧告や世論の変化にもかかわらず夫婦同姓を強制する民法改正の勧告を日本政府は放置し続けているが、保守派の夫婦別姓への強力な反対も、かつての「家」制度から続く男性家長中心の家族秩序を壊すわけにはいかないという意志の表れだ。国民統合の象徴とされている天皇家が、近代に創造された男性至上主義を堂々と実践している限り、保守派は主張を変えることはないだろう。女性天皇の反対者たちは、「万世一系の伝統が崩れる」とかDNAがどうとか、さまざまな理屈を論拠とするが、それは実はロジックが逆なのではないか。

つまり彼らは、女性天皇が実現すれば、彼らが振りまき続けたい「男」が尊く女の上に立つものであるというイデオロギーの根幹が揺らぎかねないことを恐れているのではないだろうか。

皇室と家族イメージ

そうした制度面だけでなく、「インフォーマル」に見える家族の在り方についても、天皇一家の影響は測り知れない。

現在われわれはメディアの発達により、天皇や皇族の「家族」の姿をTVや雑誌、さらにはネット上でもよく目にするが、「家族の姿」を見せることは、近代ヨーロッパの王室や皇帝に始まる、国民統治戦略の一つだ。

家族史や社会史の分野に「近代家族」という概念がある。夫・妻とその子が情愛で結ばれ外部からは独立したあたたかな「ホーム」を営む家族の在り方は、多くの人々が「自然」なものと思い込んでいるが、実は近代に至る社会経済構造の変化の中で生まれてきたものだ。人類史をはるかに遡る狩猟採集時代でも「男が狩りに出かけている間、女は洞窟で子を抱いて待つ」というイメージが疑いもなく信じられていたり、石器時代を舞台にした映画やアニメから「家族のために働くサラリーマンの父親、家で家事や育児をする妻、家にはペットがいる」といったストーリーが提供されていたりする（図1「原始家族フリントストーン」）が、これらは幻想にすぎない。後者はあくまでフィクション、とも思われようが、人類発祥から男女は前者のような役割分業をしていたという信念があるからこそこうしたフィクションが受け入れ可能なお話になるのだろう。しかしながら夫・妻・子の極小の単位で人類が生存しえたはずはなく、人はより広い共同体の中でこそ生きることが可能だった。それが、近代に至る産業化の中ではじめて「夫・妻・子」よりなる独立した単位としての「家族」を形成するようになったのだ。つまり私たちの自明とする家族は没歴史的なものでも「自然」なものでもないという認識から、「近代家族」と呼んでいる。

「善き家族」の模範

近代家族の登場の担い手となったのは、産業革命にいたる前後から勃興成長したブルジョワジー（有産市民階級）だ。ブルジョワは、日本語では（すでに死語に近い言葉になっているが）「金持ち階級」のようなニュアンスで使われるが、本来の意味は、出自は平民でありながら経済的に成功し立派な社会的地位を有する人々のことだ。ブルジョワジーは、生まれながらに「尊い」身分で（「ブルー・ブラッド」と言われるとおり「血」が異なる）莫大な土地や財産を有する王や貴族と違い、商工業に携わり、あるいは専門的な職業によって財を成し豊かな生活を築き上げた人々だ。したがって彼らにとって、自らの階層を再生産しその地位を維持するには、日々の勤勉努力、将来を見据えた計画的な生活態度、そして安定的な家族生活を維持し子供の教育を行っていくことが必須である。とりわけ女性は、そのために、子の教育に熱意を持ち健康にも配慮する、善き母でなければならないのだ。

「勉強しなくては将来いい会社に入れない」と子供の成績や進学に腐心する現代の人々はまさにその末裔なのだが、近代に生まれたこうしたブルジョワ的価値観と家族の在り方は、その後、上下の階級に波及していく。

王たちは、本来そうした「ブルジョワ」的価値観とは無縁で、贅沢や奢侈、性的放縦が許されていたのだが、絶対王政の時代が終わり、市民社会の時代がやってきたとき、次第にブルジョワの「道徳的に正しい」家族の在り方に倣う必要が出てくる。そしてやがて王室や皇帝一家が「善き家族」の模範を積極的に示して国民統治を図ろうとするのだ。彼らは、子供たちと妻を愛する善き夫（図2のドイツ皇帝）として、愛する夫との間に九人の子をなし続け愛情豊かな女王（イギリス・ビクトリア女王）として君臨した。とくにビクトリア女王は、イギリスが大英帝国として世界の覇権を握った時代の君主だが、善き妻・善き母として表象され、その「帝国の母」「慈愛」のイメージが大英帝国の維持・拡大の礎となったといわれている。

こうした王家の家族の肖像は、数多く描かれ、国民に家族のモデルイメージを提供し続けた。そしてこうした家族像には、頑健で勇ましい男性（図2のように男は軍服や水兵服を身に着け）と優美でたおやかな女性（女は華やかではあるが清楚な白いドレスやワンピースをまとっている）という男女のありようを対称的・補完的に描くジェンダーステレオタイプが刻印されているのである（三成美保『ジェンダーの法史学――近代ドイツの家族とセクシュアリティ』勁草書房、二〇〇五年）。

明治天皇の家族の表象

欧米の先進国に並ぶ文明国となることを至上命題とした日本で、時を同じくして位についた明治天皇家も、こうしたヨーロッパの王室に見倣う必要からか、明治三二（一八九九）年に「皇室御団欒御真影」（岡道孝コレクション・川崎市市民ミュージアム蔵）が描かれている（図3）。明治天皇・皇后（美子）と、皇太子（のちの大正天皇）および妃（節子）の若夫婦と子供たちが居並ぶ家族肖像図なのだが、男は軍服、女は華やかなドレス（さすがに女児にワンピースは着せていないが）というところは共通しているものの、実はこれらの人物の親子関係は複雑だ。子供たち七人のうち節子妃に抱かれている赤ん坊含め三人の男児（前列中央がのちの昭和天皇）は皇太子と妃の実子だが、同じくらいの年齢の少女四人は、明治天皇の子であり皇太子のきょうだいなのだ。つまりこれら幼い四人の女児たちは男児たちの叔母なのだ。

このように年の離れたきょうだいはかつての多産の時代には珍しくはなかったが（サザエさんの母フネは多産ではないが、ワカメちゃんはフネさんの子で、サザエさんの子であるタラちゃんの叔母である）、皇太子と内親王たちの実母は異なる。明治天皇には五人の側室がいたが、図の女児たちの実母は明治天皇の最後（五番目）の権典侍（ごんのてんじ）（側室）であった園祥子であり、皇太子の実母は三番目の側室であった柳原愛子である。つまりこの「皇室御団欒御真影」で「母」として存在している美子皇后の実子は誰一人いないのだ。

現在の感覚から言えば、「ドロドロ」とでも形容できそうな家族関係だが、明治期においては、明治三（一八七〇）年の新律綱領では妾は妻と同等の二等親と定められており、この図が描かれた直前の明治三一（一八九八）年の戸籍法で戸籍面から「妾」は消えたものの、華族はもちろん平民においてもとくに豊かな階層では妻妾同居や庶子の存在などは珍しくもなかっただろう。実のところ、美子皇后も節子皇后も、摂関家に生まれた側室の子である。

しかし欧州の王室は言うまでもなく一夫一妻で妾などは忌避するクリスチャン・ファミリーである。「皇室御団欒御真影」は、「見かけ」としては欧州を範としたのだろうが、その実は似て非なる「家族」であった。

美智子妃の母イメージの大衆化

「夫婦とその子供たち」のスイートホーム像を大衆的に確立したのが、現天皇皇后である。彼らの成婚は昭和三四（一九五九）年であるが、まだ見合い結婚のほうが多数であった（国立社会保障・人口問題研究所「出生動向基本調査」）このころに、平民出身、テニスコートの恋、とロマンチックに彩られた彼らの結婚が一大イベントとなったのは昭和史のよく知られる一コマである。結婚し子をなしてからは、皇室の伝統を破って、授乳を含めた手ずからの養育、東宮御所に作らせたキッチンに立ち家庭料理を作る、幼稚園の遠足で子と芋掘りをする、幼子のままごとの相手をする等々と、よき母、優しい母としての美智子妃の姿は、女性雑誌を中心に広く流布し、それが皇室の人気を高めた（右下写真）。

「良妻賢母」教育は、明治半ばに始まり高等女学校で教化されていくが、大衆レベルでは専業主婦は産業化が進行したのちの戦後の高度経済成長を経てからようやく一般化する。まさにこの時期、流布されていく美智子妃の姿は、夫と子供に尽くす愛情深い母としての規範を体現していただろう。いまだに消えず女性たちを苦しめている、母乳信仰や三歳児神話も、一部は、美智子妃が提示したこうした母親像から発しているのではなかろうか。しかしもちろん、美智子妃は「専業主婦」ではなく海外を含めた各地訪問をはじめとする公務を果たしていたし、看護師や侍従など浩宮ら子の世話をする多くのスタッフがいたわけで、その像はメディアが切り取った姿にすぎないのではあるのだが。

「皇室ご一家」

「皇室御団欒御真影」に戻れば、敗戦後まもなく天皇は、戦中の軍服姿から背広姿に変わって「人間」としての姿を見せていく。その中で、皇后や娘たちとの「家族」の肖像も活用され、現在に至るまで新聞掲載が続いている正月の「ご一家」写真は一九五〇年に始まる（北原恵「戦後天皇『ご一家』像の創出と公私の再編」、『大阪大学大学院文学研究科紀要』二〇一四年五四巻）。二〇一九年の正月写真が現天皇を中心とする「ご一家」写真の最後となるのだろうが、明治三二年の「皇室御団欒御真影」とは違って、いうまでもなく現代の「皇室御一家図」には側室の子などはおらず、三世代の清く正しくあたたかい家族像が表象されているが、側室制度があったからこそ、世継ぎの不足に悩むことなく天皇制が維持されてきたことを考えると、なんとも皮肉だ。女性天皇や女性宮家に断固反対する保守派は、本音では側室制度の復活を目指したいのかもしれないが、国民の支持はとうてい得られないだろうし、また近代家族規範をしっかりと内面化している皇室の当事者も「世継ぎ」のための側室など考えられないだろう。そもそも側室を設けようにも、明治天皇からさかのぼる過去の帝の側室は、公家以下、誰もがこぞって娘を差し出していたのだが（園祥子も柳原愛子も皇室の藩屏（はんぺい）たる華族の側室の子である）、今では納得される供給源など考えられない。

つまり皇室の後継者不足は、男系絶対の制度のままに近代家族規範を取り入れてしまった、自縄自縛の矛盾に陥った結果だといえよう。明治天皇の「皇室御団欒御真影」は欧州の王室を真似ながらもその内実は近代的一夫一婦制を裏切るキメラであったが、現在では欧州の王室はいずれも王位後継は男女平等の立場に立っているにもかかわらず、日本の皇室は近代家族規範に立ちながらも女性差別を維持し続けているわけで、一〇〇年以上の時を経てもキメラであることに変わりはないようだ。

新天皇家の発するメッセージ

五月に即位する新天皇は、両親が作り出した、欠けることない幸福な家族イメージをそのまま模倣するには至らなかった。成婚時には、雅子妃はキャリア・ウーマンで国際派の新皇太子妃として、まさに現代的な模範として表象されたが、皇室や宮内庁の環境は彼女には厳しく、長い適応障害に苦しめられている。男児に恵まれなかったことも天皇家の「嫁」としての「汚点」だ。いまどき、心に不調を来したり望んでも子を持てなかったり親とうまくいかなかったりくらいはどの家庭にも珍しくもなくあることで、一般の家族と変わるところはないのだが、保守派からは非難の矢が浴びせられているのはまことに気の毒だ。

このように大衆的ハッピーファミリーの模範であることは止めたものの、新天皇家もやはり、女性差別を常に体現し国民に見せつけることになるのは火を見るよりあきらかだ。

まず、五月一日に行われる新天皇即位の儀式「剣璽等承継の儀」には、女性皇族は列席できない。三〇年前の代替わりの前例を踏襲したとされているが、政府がこの問題を素通りしたのは、女性・女系天皇の是非論に飛び火するのを避けるためと言われている。新元号が何になるかは本稿執筆の時点では不明だが、「〇〇初」の公的女性差別が堂々と国民に伝えられるわけだ。

それにもちろん懸念されるのが愛子内親王の将来だ。今年一八歳になる彼女は、遠くないうちに結婚が取りざたされることになるだろうが、皇室典範が変わらないままに結婚するならば、これまで結婚した内親王たちと同様に、皇室から「降嫁」することになる。親王（男児）であれ内親王（女児）であれ同じ両親から生まれた子であるのに、一方は生まれながらに皇位の後継者となることが（次男以下であれば新宮家の主となることが）決まっている。それなのに他方は、女であるというだけで生まれた家から出されてしまう。一般の家庭でいまどき相続は息子だけ、娘は排除、などということをしたらトラブルは必至で民事訴訟が相次ぐだろう。現実にそういう目にあって悔しい思いをしている娘さんたちも少なからずおられるにちがいないが、それを堂々と行う範型がここにあるわけだ。それどころか、図4は去る二月二三日の日本経済新聞に掲載されたものだが、新天皇皇后にも皇嗣皇嗣妃にも娘がいるというのにすでにその存在が無視されている。これについては、「皇位継承順位を表しているのだから当たり前」との反応もあろうが、伝統であれ制度であれ慣習であれ、何らかの理由をつけて無視されたり区別されて当然とされたりするのが、まさしく差別であり女性蔑視なのだ。こうしたあからさまな女性差別が継続的に見せつけられていくことが日本に生きる人々のメンタリティに無関係であるはずがないだろう。

天皇制の未来

天皇家の男女平等を問う以前に、天皇制そのものが身分差を作り出すもので廃止すべきという意見もある。天皇家の人々の立場から考えても、職業選択や結婚の自由さえ認められない、人権侵害の制度ではないかとも言えよう。

そうした観点が不要と言いたいわけではないが、しかし、現実に天皇制が存在し維持され、そこで強力な女性差別の実践が行われて女性排除とジェンダーステレオタイプなメッセージが出され続けていることを看過するわけにはいかない。

国連女性差別撤廃委員会が、日本が女性天皇を認めていないことに懸念を表明したうえで、皇室典範の改正を勧告しようとしていたのを、日本政府は「国民から支持されている皇室制度について十分な議論がないまま取りあげるのは不適切だ」と、削除を強く要請したことがあきらかになっている（二〇一六年三月九日午前の菅義偉官房長官の記者会見報道）。しかしこれは、皇室が国民から支持されていることを、女性差別の皇室の制度を国民が支持しているかのようにすり替える詭弁だ。実際、日本世論調査会によると、女性も皇位を継げるようにすべきという女性天皇容認派は八割を超えているのだ（二〇一九年一月三日報道）。前述したように政府は夫婦別姓選択制のための民法改正も繰り返し勧告されていながら、「世論が夫婦同姓を支持している」という、現実とはすでにずれている理由で無視し続けている。こうしてウソの世論を根拠としてまで女性差別を維持したいのは、そこにメスを入れることがこの社会にさまざまなレベルではびこるさまざまな女性差別の問題化につながることを阻止したいからに違いない。

日本社会に広範かつ根深く存在する女性差別のおかげで皇室の女性差別はむしろ当然視される。皇室は日本社会において神聖で特別の存在とされてそこにおける女性差別にメスを入れるのは論外・タブーとされ、そのことによって日本社会全体の女性差別が容認され続ける。つまり、皇室の女性差別はこの社会全体の女性差別の原因でもあり結果でもあるのだ。このように認識するならば、皇室の「健全」な将来の方向はいずれか、述べるまでもないと思うのだがいかがだろうか。

❸〈一〇〇年後〉

皇室は世界の安寧のために

君塚直隆 前掲

(『アステイオン』九一、二〇一九年十二月)

今からおよそ一〇〇年前の一九二一(大正一〇)年、皇太子裕仁(のちの昭和天皇)は第一次世界大戦の爪痕がいまだ深く残るヨーロッパ諸国を歴訪した。特にイギリスでは、立憲君主制のあり方や王族の生活様式から深い感銘を受け、即位後の自らの君主としての態度にもいかそうと試みた。その二〇年後に日英は開戦し、日本は敗北した。

一九四七(昭和二二)年以降の日本は、「象徴天皇制」を擁することとなった。「象徴」の意味については、八九年から裕仁を継いだ明仁天皇によって、日々経験を積まれながら、次第にそのかたちも見え始めてきた。そしてそれは、二〇一九年五月に徳仁天皇へと引き継がれ、皇室は新しい時代を迎えた。しかしこの間に皇族数の減少や皇位継承の危うさなど、深刻な問題が山積し、皇室は国民とともに真剣に検討しなければならなくなっていた。

今から一〇〇年後の二一二〇年、日本の皇室はどのようになっているのだろうか。以下は筆者の希望的空想であり、二二世紀における理想の皇室像でもある。

徳仁天皇の即位後、皇室は政府、国会、そして国民からの協力の下に、現存する世界で最古の伝統を誇る皇室を存続させるために、皇室典範の改正を成し遂げた。男系男子のみに認められていた皇位継承は、女系女子にも拡げられた。二一世紀初頭までにヨーロッパ各国王室に根づいていた「絶対的長子相続制（性別に関係なく第一子が継承で優先される）」が採用されたのだ。しかもそれは徳仁天皇の長子、愛子内親王から適用された。

さらに、それまで皇族以外の男性と結婚する場合には「臣籍降下」していた女性皇族は、結婚後も皇族としてとどまり、その家族も皇族待遇とされることになった。

二〇四四年、徳仁天皇は父に倣い八四歳で退位した。ここに近代最初の女性天皇として愛子天皇が即位する。第二次世界大戦後に確立し、定着した「象徴天皇制」においては、天皇はもとよりその配偶者にも政治的な野心など示せるはずもない。「皇婿」として愛子天皇の夫となった人物は、かつてのイギリスのエディンバラ公爵や、愛子天皇と同世代のベルギーのエリザベート女王、オランダのカタリナ・アマリア女王、ノルウェーのイングリッド・アレクサンドラ女王らの王配殿下を見習い、妻をよく助け、また子どもたちのよき父親ともなった。

二一二〇年、その愛子天皇の孫が天皇に即位した。愛子天皇のいとこにあたる秋篠宮家の内親王がたや親王にも複数のお子様が誕生され、さらに三笠宮家や高円宮家でも子宝に恵まれ、いまや二〇人ほどの皇族で国内外を問わず種々の公務に勤しんでいる。

これより一〇〇年前までは、皇族が名誉総裁や名誉会長といった「パトロン」を務める各種団体の数は一〇〇にも満たなかった。それが徳仁天皇・雅子皇后の時代から、子どもや女性の支援、世界的な紛争や内乱のあおりを受けて日本に逃れてきた難民の支援・擁護、日本に職を求めてきた移民への日本語教育、日本にもますます増えているLGBTの人々の権利の擁護、そしてさらに深刻化した地球温暖化や水問題に対処するなど、皇族が深く関わる団体の数は三倍以上となった。

もちろん政府もこれらの問題に積極的に対処はするが、これ以外にも外交や軍事、通商や国家財政、ますます拡がる経済格差の是正や少子高齢化に伴う貧困問題への対応などで、政府の支援体制にも限界がある。こうして政府や各都道府県庁、国会や市町村議会による施策から「こぼれ落ちてしまった」諸問題の解決にあたり、皇族たちは各種団体の人々やボランティアらと協力しながら、日夜努力しているのである。

国家や市町村の財政難も深刻化している。こうしたなかで、皇室自身も国民による負担を軽減するとともに、皇族と国民との関係をより親密にしていくために、「開かれた皇室」政策を積極的に推進した。重要な行事などが行われていない時期には、皇居は有料で一般公開され、三の丸尚蔵館では毎月斬新な展覧会が開催される。日本が世界に誇る国宝や重文の数々が趣向を凝らして展示されるだけではなく、詳細なカタログや絵はがきも売りに出され、それらはとりわけ海外からの観光客に人気が高い。京都御所や桂離宮もほぼ通年にわたって公開され、ここでも同様に皇室に莫大な収入をもたらしてくれる。

これらの収入は、皇室関連の施設の維持や改修、皇室による広報の拡充、伝統的な宮中祭祀の実施、さらには皇室が関わる諸団体への寄付などに、幅広く活用される。こうして二一二〇年の皇室は日本に住むすべての国民にとっての「象徴」であるだけでなく、日本の伝統文化の発信者、さらには世界全体の安寧のための重要な要となっているのである。

授、同大学教授などを務める。主な著書に『憲法と天皇制』『象徴天皇制の構造——憲法学者による解読』（共著）など。

渡辺 治　一橋大学名誉教授
1947年生まれ。東京大学法学部卒業。同大学社会科学研究所助教授などを経て一橋大学教授。主な著書に『日本国憲法「改正」史』『日本の大国化とネオ・ナショナリズムの形成』『現代史の中の安倍政権』など。

渡部昇一　上智大学名誉教授
1930年生まれ。上智大学文学部卒業、同大学大学院修士課程修了。専門の英語学のほか、『知的生活の方法』『ドイツ参謀本部』『渡部昇一「日本の歴史」』全7巻などエッセイ、歴史論の著作も多い。

渡邉 允　元侍従長
1936年生まれ。東京大学法学部卒業。外務省入省。中近東アフリカ局長、駐ヨルダン大使、儀典長、式部官長などを経て、1996年から2007年まで侍従長。12年より宮内庁参与。著書に『天皇家の執事 侍従長の十年半』などがある。

渡辺 靖　慶應義塾大学教授
1967年生まれ。上智大学外国語学部卒業、ハーバード大学大学院人類学部博士課程修了。Ph.D. 慶應義塾大学助教授を経て、現職。著書に『アフター・アメリカ』『沈まぬアメリカ』『リバタリアニズム』など。

ケネス・ルオフ　ポートランド州立大学教授
1966年生まれ。ハーバード大学卒業、コロンビア大学でキャロル・グラックに指導を受ける。博士（歴史学）。著書に『紀元二千六百年』『国民の天皇』『天皇と日本人』など。

平川祐弘　東京大学名誉教授
1931年生まれ。東京大学教養学部卒業、同大学大学院博士課程修了。博士（文学）。主な著書に『和魂洋才の系譜』『夏目漱石　非西洋の苦闘』『平和の海と戦いの海』など。ダンテ『神曲』など翻訳も数多い。

保阪正康　作家・評論家
1939年生まれ。同志社大学文学部卒業。編集者などを経てフリーに。主な著書に『死なう団事件』『東条英機とその時代』『秩父宮』『昭和史七つの謎』『昭和天皇』『昭和史の大河を往く』1-12、『昭和の怪物 七つの謎』など。

三浦瑠麗　国際政治学者
1980年生まれ。東京大学農学部卒業、同大学大学院法学政治学研究科博士課程修了。博士（法学）。2014年にブログ「山猫日記」開設。主な著書に『シビリアンの戦争』『21世紀の戦争と平和』『孤独の意味も、女であることの味わいも』など。

三谷太一郎　東京大学名誉教授
1936年生まれ。東京大学法学部卒業。同大学法学部長・大学院法学政治学研究科長などを務める。2006年より宮内庁参与。主な著書に『大正デモクラシー論』『近代日本の戦争と政治』『日本の近代とは何であったか――問題史的考察』など。

宮崎 緑　千葉商科大学教授
1958年生まれ。慶應義塾大学法学部卒業、同大学大学院修了。1982年から６年間、ＮＨＫ「ニュースセンター９時」のキャスターを務める。東京都教育委員会委員。

宮台真司　首都大学東京教授
1959年生まれ。東京大学文学部卒業、同大学大学院博士課程満期退学。博士（社会学）。主な著書に『終わりなき日常を生きろ』『まぼろしの郊外』『14歳からの社会学』『おどろきの中国』（共著）など。

牟田和恵　大阪大学教授
1956年生まれ。京都大学文学部卒業、同大学大学院博士課程退学。博士（人間科学）。佐賀大学助教授、甲南女子大学助教授、同大学教授などを経て現職。主な著書に『実践するフェミニズム』『部長、その恋愛はセクハラです！』など。

八木秀次　麗澤大学教授
1962年生まれ。早稲田大学法学部卒業、同大学大学院博士課程中退。高崎経済大学教授などを経て現職。「新しい歴史教科書をつくる会」会長などを務める。主な著書に『反「人権」宣言』『本当に女帝を認めてもいいのか』など。

山崎正和　劇作家・評論家。大阪大学名誉教授
1934年生まれ。京都大学文学部卒業、同大学大学院博士課程中退。博士（文学）。関西大学教授、大阪大学教授、東亜大学学長、文部科学省中央教育審議会会長などを歴任。『世阿彌』など戯曲のほか、『鷗外 闘う家長』『柔らかい個人主義の誕生』『世界文明史の試み』など。

横田耕一　九州大学名誉教授
1939年生まれ。国際基督教大学卒業、東京大学大学院法学政治学研究科博士課程単位取得退学。九州大学助教

佐藤 信　東京大学先端科学技術研究センター助教
1988年生まれ。東京大学法学部卒業、同大学大学院博士後期課程単位取得退学。主な著書に『鈴木茂三郎 1893-1970』『60年代のリアル』『日本婚活思想史序説』など。

清水真人　日本経済新聞社経済解説部編集委員
1964年生まれ。東京大学法学部卒業、日本経済新聞社に入社。政治部、経済部、ジュネーブ支局長などを経て現職。主な著書に『官邸主導』『首相の蹉跌』『財務省と政治』など。

神保哲生　ビデオジャーナリスト
1961年生まれ。15歳で渡米。コロンビア大学大学院修士課程修了。ＡＰ通信など米国報道機関の記者を経て独立。99年、日本初のニュース専門インターネット放送局「ビデオニュース・ドットコム」を設立。

杉田 敦　法政大学法学部教授
1959年生まれ。東京大学法学部卒業。同大学助手、新潟大学助教授などを経て現職。主な著書に『権力の系譜学』『権力』『政治的思考』『境界線の政治学 増補版』『憲法と民主主義の論じ方』（共著）など。

鈴木邦男　政治団体「一水会」名誉顧問
1943年生まれ。早稲田大学政治経済学部卒業、同大学大学院修士課程中退。72年「一水会」を設立し、99年まで代表を務める。主な著書に『愛国と憂国と売国』『失敗の愛国心』『〈愛国心〉に気をつけろ!』など。

田原総一朗　ジャーナリスト
1934年生まれ。早稲田大学文学部卒業。岩波映画製作所、テレビ東京を経て独立。87年より『朝まで生テレビ！』、89年より『サンデープロジェクト』の司会・出演を務める。主な著書に『電通』『メディア王国の野望』『日本人と天皇』など。

津田大介　ジャーナリスト
1973年生まれ。早稲田大学社会科学部卒業。在学中にライターの仕事を開始。編集プロダクション勤務を経て「ネオローグ」を設立。主な著書に『Twitter 社会論』『動員の革命』『ウェブで政治を動かす！』など。

西村裕一　北海道大学大学院法学研究科准教授
1981年生まれ。東京大学法学部卒業。首都大学東京准教授などを経て現職。主な論文に「美濃部達吉の憲法学に関する一考察」「情念の行方：象徴・代表・天皇制」「天皇機関説事件」など。

長谷部恭男　東京大学名誉教授
1956年生まれ。東京大学法学部卒業。学習院大学助教授、東京大学教授などを歴任。主な著書に『憲法学のフロンティア』『憲法とは何か』『憲法と民主主義の論じ方』（共著）『憲法学の虫眼鏡』など。

原 武史　明治学院大学名誉教授
1962年生まれ。早稲田大学政治経済学部卒業、東京大学大学院博士課程中退。明治学院大学助教授、同大学教授などを歴任。主な著書に『「民都」大阪対「帝都」東京』『大正天皇』『皇居前広場』『皇后考』『平成の終焉』など。

太平記』『カストロの尻』など。『目白雑録』1～5、『たのしい暮しの断片』などエッセイ集も多い。

苅部 直　東京大学法学政治学研究科教授
1965年生まれ。東京大学法学部卒業、同大学大学院博士課程修了。博士（法学）。主な著書に『丸山眞男』『鏡のなかの薄明』『「維新革命」への道』『基点としての戦後』など。

河西秀哉　名古屋大学大学院人文学研究科准教授
1977年生まれ。名古屋大学文学部卒業、同大学大学院文学博士課程後期課程修了。博士（歴史学）。神戸女学院大学准教授などを経て現職。主な著書に『明仁天皇と戦後日本』『近代天皇制から象徴天皇制へ』。

姜尚中　東京大学名誉教授
1950年生まれ。早稲田大学政治経済学部卒業、同大学大学院博士課程修了。国際基督教大学助教授、東京大学大学院情報学環教授、聖学院大学学長などを歴任。主な著書に『オリエンタリズムの彼方へ』『在日』『心』など。

北田暁大　東京大学情報学環教授
1971年生まれ。東京大学文学部卒業、同大学大学院博士課程単位取得退学。博士（社会情報学）。東京大学社会情報研究所助教授などを経て現職。主な著書に『広告の誕生』『嗤う日本の「ナショナリズム」』『終わらない「失われた20年」』など。

君塚直隆　関東学院大学国際文化学部教授
1967年生まれ。立教大学文学部卒業、上智大学大学院博士後期課程修了。博士（史学）。神奈川県立外語短期大学助教授などを経て現職。主な著書に『ヴィクトリア女王』『物語 イギリスの歴史』『立憲君主制の現在』『エリザベス女王』など。

小林よしのり　漫画家
1953年生まれ。福岡大学在学中に『東大一直線』でデビュー。『おぼっちゃまくん』が大ヒットとなる。92年連載開始の『ゴーマニズム宣言』は社会派漫画、思想漫画として話題になる。その他の著書に『戦争論』『反米という作法』（共著）など。

小林 節　慶應義塾大学名誉教授
1949年生まれ。慶應義塾大学法学部卒業、同大学大学院博士課程単位取得満期退学。博士（法学）。主な著書に『政治問題の法理』『小林節の憲法改正試案』など。

近藤誠一　元文化庁長官
1946年生まれ。東京大学教養学部卒業。同大学大学院研究科を中退し、外務省入省。在アメリカ合衆国日本国大使館公使、ＯＥＣＤ事務次長、ユネスコ日本政府代表部特命全権大使などを歴任。2010年文化庁長官に就任（～13年）。

佐伯啓思　京都大学名誉教授
1949年生まれ。東京大学経済学部卒業、同大学大学院博士課程単位取得退学。滋賀大学教授、京都大学教授などを歴任。主な著書に『隠された思考』『「アメリカニズム」の終焉』『経済学の犯罪』『「保守」のゆくえ』など。

執筆者一覧

東 浩紀　批評家・哲学者
1971年生まれ。東京大学教養学部卒業、同大学大学院博士課程修了。博士（学術）。主な著書に『存在論的、郵便的』『一般意志2.0』『弱いつながり』『ゆるく考える』など。

石川健治　東京大学大学院法学政治学研究科教授
1962年生まれ。東京大学法学部卒業。同学部助手、東京都立大学助教授、同大学教授などを経て現職。主な著書に『自由と特権の距離』『学問／政治／憲法』（編著）など。

石原信雄　元内閣官房副長官
1926年生まれ。東京大学法学部卒業後、地方自治庁（現総務省）入庁。自治事務次官などを歴任。87年に竹下内閣の内閣官房副長官に就任後、村山内閣まで7つの内閣で副長官を務める。

伊藤之雄　京都大学名誉教授
1952年生まれ。京都大学文学部卒業、同大学大学院博士課程満期退学。博士（文学）。名古屋大学助教授、京都大学大学院教授などを歴任。主な著書に『伊藤博文』『昭和天皇伝』『大隈重信』（上下）など。

井上達夫　東京大学大学院法学政治学研究科教授
1954年生まれ。東京大学法学部卒業。千葉大学助教授などを経て現職。主な著書に『共生の作法』『法という企て』『リベラルのことは嫌いでも、リベラリズムは嫌いにならないでください』など。

井上寿一　学習院大学学長
1956年生まれ。一橋大学社会学部卒業、同大学大学院博士課程単位取得退学。博士（法学）。学習院大学助教授、同大学教授などを経て現職。著書に『危機のなかの協調外交』『アジア主義を問いなおす』『戦争調査会』など。

大石 眞　京都大学名誉教授
1951年生まれ。東北大学法学部卒業、同大学大学院修士課程退学。千葉大学助教授、九州大学助教授、京都大学教授などを歴任する。主な著書に『日本憲法史』『憲法秩序への展望』『統治機構の憲法構想』など。

笠原英彦　慶應義塾大学法学部教授
1956年生まれ。慶應義塾大学法学部卒業、同大学院博士課程修了。博士（法学）。主な著書に『歴代天皇総覧』『象徴天皇制と皇位継承』『皇室がなくなる日』など。

片山杜秀　慶應義塾大学法学部教授
1963年生まれ。慶應義塾大学法学部卒業、同大学院博士後期課程単位取得退学。主な著書に『近代日本の右翼思想』『音盤考現学』『音盤博物誌』『未完のファシズム』など。

金井美恵子　作家
1947年生まれ。19歳で「愛の生活」が太宰治賞候補となりデビュー。主な著作（小説）に『岸辺のない海』『プラトン的恋愛』『タマや』『恋愛

御厨 貴（みくりや・たかし）

1951年東京都生まれ。東京大学法学部卒業。ハーバード大学客員研究員、東京都立大学教授、政策研究大学院大学教授、東京大学教授、放送大学教授、青山学院大学特任教授などを歴任。「東日本大震災復興構想会議」議長代理、「天皇の公務の負担軽減等に関する有識者会議」座長代理などを務める。現在、東京大学先端科学技術研究センター客員教授、サントリーホールディングス㈱取締役などを務める。著書に『政策の総合と権力』（サントリー学芸賞）、『馬場恒吾の面目』（吉野作造賞）『明治国家の完成 1890-1905 日本の近代 3』『権力の館を歩く』など多数。

天皇退位（てんのうたいい） 何（なに）が論（ろん）じられたのか
——おことばから大嘗祭（だいじょうさい）まで

〈中公選書〉

編著者 御厨（みくりや） 貴（たかし）

2020年3月10日 初版発行

発行者 松田陽三

発行所 中央公論新社
〒100-8152 東京都千代田区大手町 1-7-1
電話 03-5299-1730（販売）
03-5299-1740（編集）
URL http://www.chuko.co.jp/

DTP 今井明子
印刷・製本 大日本印刷

Published by CHUOKORON-SHINSHA, INC.
Printed in Japan ISBN978-4-12-110104-4 C1331
定価はカバーに表示してあります。

中公選書　新装刊

102
建国神話の社会史
――史実と虚偽の境界

古川隆久著

天照大神の孫が地上に降りて日本を統治し始めた――。『古事記』『日本書紀』の記述が「歴史的事実」とされた時、普通の人々は科学や民主主義との矛盾をどう乗り越えようとしたのか。

105
〈嘘〉の政治史
――生真面目な社会の不真面目な政治

五百旗頭　薫著

政治に嘘がつきものなのはなぜか。絶対の権力というものがあるとすれば、嘘はいらない。世界中に嘘が横行する今、近現代日本の経験は嘘を減らし、嘘を生き延びるための教訓となる。

106
神道の中世
――伊勢神宮・吉田神道・中世日本紀

伊藤　聡著

神道は神仏習合や密教、禅や老荘思想など、さまざまな信仰や文化を取り込んで自らを形作ってきた。豊穣な中世文化を担った、知られざる神道の姿を最新の研究から描き出す。